Yo sé por qué canta el pájaro enjaulado

A

No se permite la reproducción total

Maya Angelou
Yo sé por qué canta el pájaro enjaulado

Traducción de Carlos Manzano

Libros del Asteroide

Primera edición en Libros del Asteroide, 2016
Título original: *I Know Why the Caged Bird Sings*

El título *Yo sé por qué canta el pájaro enjaulado* procede
del poema «Sympathy», de Paul Laurence Dunbar.

Ilustración de cubierta: © SongSpeckles
Fotografía de la autora: © Henry Monroe

Publicado por Libros del Asteroide S.L.U.
Avió Plus Ultra, 23
08017 Barcelona
España
www.librosdelasteroide.com

ISBN: 978-84-16213-66-5
Depósito legal: B. 2.725-2016
Impreso por Reinbook S.L.
Impreso en España - Printed in Spain
Diseño de colección: Enric Jardí
Diseño de cubierta: Duró

Este libro ha sido impreso con un papel ahuesado,
neutro y satinado de ochenta gramos, procedente de bosques
correctamente gestionados y con celulosa 100 % libre de cloro,
y ha sido compaginado con la tipografía Sabon en cuerpo 11.

Dedico este libro a
MI HIJO, GUY JOHNSON,
Y A TODOS LOS FUERTES Y PROMETEDORES
PÁJAROS NEGROS
que desafían a los hados y a los dioses
y cantan sus canciones.

Agradecimientos

Agradezco a mi madre, Vivian Baxter, y a mi hermano, Bailey Johnson, que me incitaran a recordar. Doy las gracias al Harlem Writers' Guild por su interés y a John O. Killens por decirme que valía para escribir y a Nana Kobina Nketsia IV, quien insistió en que debía hacerlo. Mi gratitud eterna a Gerard Purcell por creerlo en concreto y a Tony D'Amato por entender. Doy las gracias a Abbey Lincoln Roach por brindarme el título de este libro.

Por último, gracias a mi editor de Random House, Robert Loomis, quien me aguijoneó con cariño para que recordara los años perdidos.

¿Por qué me miras así?
No he venido a quedarme...

No era tanto que hubiese olvidado cuanto que no podía ponerme a recordar. Había cosas más importantes.

¿Por qué me miras así?
No he venido a quedarme...

Que pudiese o no recordar el resto del poema carecía de importancia. La verdad de esa afirmación era como un pañuelo empapado que tuviese yo apretado en las manos y cuanto antes lo aceptaran antes podría abrir las manos para que el aire me secase las palmas.

¿Por qué me miras así...?

Los niños de la sección infantil de la Iglesia Metodista Episcopal de Personas de Color estaban agitándose y lanzando risitas ante mi proverbial despiste.

Cada vez que respiraba, mi vestido de tafetán de color lavanda crujía y, al aspirar aire para exhalar la vergüenza, sonaba como el papel rizado en la parte trasera de un coche fúnebre.

Al ver a la Yaya poner volantes fruncidos en el dobladillo y plieguecitos muy monos en torno a la cintura, había comprendido que, cuando me vistiese con él, parecería una estrella de cine. (Era de seda, lo que compensaba su horrible color.) Iba a parecer una de esas lindas niñas blancas que eran el ideal de todo el mundo, el sueño de un mundo como Dios manda. Delicadamente apoyado en la negra máquina de coser Singer, parecía mágico y, cuando me lo vieran puesto, vendrían corriendo a decirme: «Marguerite (algunos «querida Marguerite»), perdónanos, por favor; no sabíamos quién eras», y yo respondería generosa: «No, no podíais saberlo. Desde luego, os perdono».

Solo de pensarlo, pasé días enteros como si un hada me hubiese tocado con su varita, pero el sol de las primeras horas de la mañana de Pascua Florida había revelado que ese vestido era un remiendo feísimo de un desecho, en tiempos púrpura, de una mujer blanca. Era largo como el de una señora mayor, pero no ocultaba mis flacas piernas, untadas de vaselina y empolvadas con arcilla roja de Arkansas. Con su tono descolorido, hacía parecer mi piel sucia como el barro y todos los presentes en la iglesia estaban mirando mis flacas piernas.

¡Menuda sorpresa se llevarían el día en que despertara de mi feo sueño negro y mi pelo de verdad, largo y rubio, ocupase el lugar de la crespa maraña que la Yaya no me dejaba alisar! Mis claros ojos azules iban a hipnotizarlos, después de todo lo que habían dicho —que si mi «papá debía de haber sido chino» (creía que querían decir hecho de porcelana china, como una taza) y demás—, porque tenía ojos muy pequeños y estrábicos. Entonces entenderían por qué no se me había pegado nunca el acento del Sur ni hablaba la jerga común y por qué habían de forzarme para que comiese coles y morro de cerdo: porque era, en realidad, blanca y una cruel madrastra duende, celosa, lógicamente, de mi belleza, me había convertido en una chica negra fuertota, de crespo pelo negro y pies grandes y con un hueco entre los dientes por el que habría cabido un lápiz del número 2.

«¿Por qué me miras así?...» La esposa del pastor se inclinó hacia mí, con su cetrino y largo rostro embargado de pena. Me susurró: «Vengo a decirte que hoy es Pascua Florida». Lo repetí juntando las palabras: «Vengoadecirtequehoyespascuaflorida», con la voz más baja posible. Las risitas se cernían en el aire como nubarrones en espera de descargarme la lluvia encima. Alcé dos dedos, muy cerca del pecho, para indicar que había de ir al servicio y me dirigí de puntillas a la parte trasera de la iglesia. En determinado momento, me llegó, débil, por encima de la cabeza la voz de unas señoras: «El Señor bendiga a la niña» y «Alabado sea Dios». Yo llevaba la cabeza alta y los ojos abiertos, pero no veía nada. Cuando iba por la mitad de la nave, la iglesia prorrumpió en el «¿Estabas tú presente cuando crucificaron a mi Señor?» y tropecé con un pie que sobresalía del banco de los niños. Me tambaleé y empecé a decir algo o quizás a gritar, pero un caqui verde o tal vez un limón se me trabó entre las piernas y se exprimió. Sentí su agrio sabor en la lengua y en el fondo de la boca.

Luego, antes de llegar a la puerta, la picazón me abrasaba piernas abajo hasta los calcetines domingueros. Intenté contenerla, reabsorberla, impedir que se acelerara, pero, cuando llegué al porche de la iglesia, sabía que debía dejarla escapar o, si no, probablemente me volvería a subir hasta la coronilla y mi pobre cabeza estallaría como una sandía, al caer en el empedrado, y los sesos, la saliva, la lengua y los ojos se me derramarían por todo el suelo, conque salí corriendo al patio y la dejé escapar. Corrí, orinando y llorando, no hacia el servicio, sino hacia casa. Con ello me iba a ganar una azotaina, seguro, y los niños maliciosos iban a tener otro motivo para chincharme. Aun así, me eché a reír, en parte por el alivio; de todos modos, la alegría mayor se debía no solo a haberme liberado de la absurda iglesia, sino también a saber que no moriría con la cabeza reventada.

Si bien el proceso de desarrollo de una muchacha sureña negra es doloroso, la sensación de estar fuera de lugar es como el óxido de la navaja que amenaza con cortarte el cuello.

Es un insulto innecesario.

1

Cuando Bailey tenía cuatro años y yo tres, habíamos llegado a aquel pueblecito atrasado con marbetes en las muñecas que informaban —a quien correspondiese— de que éramos Marguerite y Bailey Johnson hijo, procedentes de Long Beach (California) y con destino a Stamps (Arkansas), c/o señora Annie Henderson.

Nuestros padres habían decidido poner fin a su desastroso matrimonio y Papá nos envió a casa de su madre. Nos había dejado a cargo de un mozo de tren, que el día siguiente se apeó en Arizona, y mi hermano llevaba los billetes prendidos en el bolsillo del abrigo.

No recuerdo gran cosa de aquel viaje, pero, cuando llegamos a la segregada parte meridional del trayecto, la situación debió de mejorar. Los pasajeros negros, que siempre viajaban con fiambreras repletas, se apiadaron de «los pobres huerfanitos tan monos» y nos atiborraron con pollo frito y ensaladilla.

Años después, descubrí que miles de niños negros atemorizados habían cruzado solos los Estados Unidos para reunirse con sus padres, que habían conseguido una situación acomodada en ciudades del Norte, o para volver con sus abuelas en ciudades del Sur, cuando el Norte urbano dejaba de cumplir sus promesas económicas.

La ciudad reaccionó con nosotros como lo habían hecho sus habitantes, antes de nuestra llegada, con todas las cosas nuevas. Por un tiempo, nos estudió con curiosidad, pero con cautela, y, tras ver que éramos inofensivos (y niños), se nos acercó y nos rodeó, como una madre verdadera abraza a un niño ajeno: con cariño, pero sin demasiada familiaridad.

Vivimos con nuestra abuela y nuestro tío en la parte trasera de la Tienda (siempre se hablaba de ella como si fuese un nombre propio), de la que aquella era propietaria desde hacía unos veinticinco años.

A comienzos de siglo, la Yaya (pronto dejamos de llamarla abuela) vendía almuerzos a los aserradores del almacén de maderas (Stamps oriental) y a los trabajadores de la desmotadora de algodón (Stamps occidental). Sus empanadas de carne crujientes y limonadas frescas, unidas a su milagrosa capacidad para estar en dos lugares a la vez, garantizaron su éxito comercial. De vendedora ambulante de comida pasó a regentar un chiringuito entre esos dos puntos de interés financiero y atendió las necesidades de los obreros durante unos años. Después, mandó construir la Tienda en el centro de la zona negra. Con los años, llegó a ser el centro de las actividades seculares del pueblo. Los sábados, los barberos sentaban a sus clientes a la sombra, en el porche de la Tienda, y los músicos ambulantes, en su incesante trajinar por el Sur, se recostaban en sus bancos y cantaban sus tristes canciones de The Brazos, mientras tocaban sus birimbaos y sus guitarras, hechas con cajas de puros.

El nombre oficial de la Tienda era Almacén General Wm. Johnson. Los clientes podían encontrar en ella comestibles, una buena diversidad de hilos de colores, salvado para los cerdos, maíz para las gallinas, petróleo para quinqués, bombillas (para los ricos), cordones de zapatos, brillantina para el pelo, globos y semillas de flores. Lo que no estuviera a la vista bastaba con encargarlo.

Hasta que nos familiarizamos lo suficiente con la Tienda y ella con nosotros, estuvimos encerrados en una atracción de feria cuyo vigilante se hubiera marchado para no volver.

Todos los años, veía yo el campo situado frente a la Tienda volverse de un verde oruga y después, gradualmente, blanco como la escarcha. Sabía exactamente cuánto tiempo pasaría hasta que los grandes camiones entraran en el patio delantero y cargasen, al amanecer, a los recolectores de algodón para llevarlos a las plantaciones que habían sobrevivido desde la época de la esclavitud.

Durante la temporada de la recolección, mi abuela se levantaba a las cuatro de la mañana (nunca usaba despertador), se arrodillaba en el crujiente entarimado y salmodiaba con voz somnolienta: «Padre nuestro, gracias por dejarme ver este nuevo día. Gracias por no permitir que la cama en que yací anoche fuera la tabla en que reposara mi cadáver ni la manta mi sudario. Guía por el camino recto mis pasos en este día y ayúdame a poner freno a mi lengua. Bendice esta casa y a todos cuantos en ella viven. Gracias, en nombre de tu hijo Jesucristo, amén».

Antes incluso de haberse levantado, nos llamaba y daba órdenes, después metía sus grandes pies en zapatillas hechas en casa y recorría el desnudo piso de madera, fregado con lejía, para encender el quinqué de petróleo.

La lámpara de la Tienda daba la sensación de estar en un apacible mundo de ensueño que me hacía sentir la necesidad de hablar en voz muy baja y caminar de puntillas. Durante toda la noche se habían mezclado los olores de cebollas, naranjas y petróleo y no se disipaban hasta que se quitaba de la puerta el travesaño de madera y se abría paso hasta el interior el aire de la temprana mañana, junto con los cuerpos de personas que habían caminado varias leguas para llegar al lugar en que las recogerían los camiones.

«Jefa, deme dos latas de sardinas.»

«Hoy voy a trabajar tan rápido, que vosotros, a mi lado, vais a parecer postes.»

«Póngame una rebanada de queso y unas galletas saladas.»

«A mí deme un par de tortas de cacahuete de esas tan mantecosas.» Esto podía haberlo dicho un recolector de algodón que se llevaba el almuerzo y se metía la grasienta bolsa de papel marrón tras el peto del mono. Se iba a tomar el dulce como un refrigerio antes de que el sol del mediodía diera la señal de descanso a los trabajadores.

En aquellas tiernas mañanas, la Tienda estaba llena de risas, bromas, jactancias y fanfarronerías. Un hombre iba a recoger cien kilos de algodón y otro trescientos. Hasta los niños prometían llevarse a casa cuatro y seis reales.

El campeón del día anterior era el héroe del amanecer.

Si profetizaba que ese día el algodón iba a estar muy disperso en el campo y se iba a pegar, como goma, a las vainas, todos los que escuchaban le daban, sinceros, la razón mascullando.

El sonido de los sacos de algodón arrastrados por el suelo y los murmullos de personas que se desperezaban resultaban entrecortados por la caja registradora, conforme cobrábamos los artículos de a cinco centavos.

Si bien los sonidos y olores de la mañana contaban con la unción sobrenatural, la caída de la tarde presentaba todos los rasgos de la vida normal de Arkansas. A la mortecina luz del sol, la gente arrastraba más su cuerpo que los sacos de algodón vacíos.

De vuelta en la Tienda, los recolectores se apeaban de los camiones, doblaban las piernas, muy desanimados, y se dejaban caer en el suelo. Por mucho que hubiesen recogido, no era bastante. Con su paga no podían saldar la deuda que tenían con mi abuela, por no hablar de la descomunal cuenta que los esperaba en el economato de los blancos, en el centro de la ciudad.

Los sonidos de la nueva mañana habían quedado substituidos por el refunfuñar sobre los patronos tramposos, las básculas trucadas, las culebras, la escasez de algodón y las ringleras polvorientas. Años después, yo iba a oponerme con tan desmesurada rabia a la descripción estereotipada de alegres recolectores de algodón cantando mientras trabajaban, que «mi paranoia», según decían, iba a resultar violenta hasta a amigos negros, pero es que yo había visto los dedos heridos por las aviesas vainas de algodón y había presenciado la resistencia de espaldas, hombros, brazos y piernas a satisfacer una sola exigencia más.

Algunos de los obreros dejaban los sacos en la Tienda para recogerlos la mañana siguiente, pero algunos tenían que llevárselos a casa para repararlos. Se me encoge el corazón al imaginarlos cosiendo un material tan basto a la luz de un quinqué con dedos agarrotados por el trabajo de la jornada. Al cabo de pocas horas, habrían de volver a pie a la Tienda de la hermana Henderson para comprar los víveres y montar en los camiones otra vez. Entonces habrían de afrontar otro día en el que intentar ganar bastante para todo el año, sabiendo —como, por desgracia, sabían— que iban a concluir la temporada igual que la habían comenzado: sin el dinero ni el crédito necesarios para mantener a una familia durante tres meses. En la temporada de la recogida del algodón, los atardeceres revelaban la dureza de la vida de los negros en el Sur, que a primeras horas de la mañana había quedado suavizada por los dones de la naturaleza: el amodorramiento, el olvido y la tenue luz del quinqué.

2

Cuando Bailey tenía seis años y yo uno menos, recitábamos la tabla de multiplicar tan rápido como los niños chinos de San Francisco —según iba a ver yo posteriormente— manejaban sus ábacos. Nuestra barriguda estufa, que en verano estaba de color gris, se ponía, durante el invierno, de un rojo radiante y, si no andábamos vivos y cometíamos errores, se convertía en una severa amenaza punitiva.

El tío Willie se sentaba, como una gigantesca zeta negra (había quedado inválido de niño), a escucharnos, mientras atestiguábamos la eficacia de la Escuela del Condado de Lafayette. Tenía el lado izquierdo de la cara caído, como si hubiesen aplicado una polea a sus dientes inferiores, y su mano izquierda era solo un poquito mayor que la de Bailey, pero, al segundo error o la tercera vacilación, su gigantesca mano derecha atrapaba al reo por la parte trasera del cuello de la camisa, al tiempo que lo empujaba hacia la estufa, de un rojo apagado, que palpitaba como un dolor de muelas diabólico. Nunca llegamos a quemarnos, si bien yo estuve a punto: cierta vez me sentí tan aterrada, que intenté lanzarme sobre la estufa para eliminar la posibilidad de que siguiera siendo una amenaza. Como la mayoría de los niños, pensaba que, si podía afrontar el peligro voluntariamente y *triunfar,* tendría poder sobre él por siempre jamás, pero mi intento de sacrificio quedó frustrado. El tío Willie siguió aferrándome de la ropa y solo llegué a estar lo bastante cerca para percibir el seco y limpio olor del hierro al rojo. Aprendimos la tabla de multiplicar sin entender el grandioso principio a que responde: simplemente porque teníamos la capacidad para ello y no había otra opción.

La tragedia de la invalidez parece tan injusta a los niños, que se sienten violentos ante ella y, recién salidos como están del molde de la naturaleza, comprenden que se han librado por poco de ser otra de sus bromas. Aliviados al haber escapado por los pelos, desahogan sus emociones con intolerancia y reproches para con los desdichados inválidos.

La Yaya no se cansaba de contar, sin dar la menor muestra de emoción, que, cuando el tío Willie tenía tres años, una niñera lo había dejado caer al suelo. No parecía sentir rencor a la niñera ni a su justo Dios, que había permitido el accidente. Consideraba necesario explicar una y otra vez a quienes ya conocían la historia al dedillo que «no había nacido así».

En nuestra sociedad, en la que robustos hombres negros con dos piernas y dos brazos apenas podían satisfacer, en el mejor de los casos, las necesidades vitales, el tío Willie, con sus camisas almidonadas, zapatos lustrosos y estantes llenos de comida, era la víctima propiciatoria y el blanco de las bromas de jornaleros explotados. El destino no solo lo había dejado incapacitado, sino que, además, había puesto una doble barrera en su camino. Para colmo, era orgulloso y susceptible, conque no podía fingir que no estaba inválido ni engañarse pensando que su defecto no repelía a la gente.

Solo una vez, en todos los años en que procuré no mirarlo, lo vi fingir ante sí mismo y ante otros que no estaba inválido.

Un día, al llegar de la escuela, vi un coche obscuro en nuestro patio delantero. Entré corriendo y encontré a un hombre y a una mujer desconocidos (después el tío Willie dijo que eran maestros en Little Rock) bebiendo Dr. Pepper al fresco de la Tienda. Tuve la sensación de que algo no andaba bien, como si un despertador hubiera sonado sin que lo hubiesen puesto.

Sabía que no podía ser cosa de los forasteros. No constantemente, pero con bastante frecuencia, algunos viajeros se desviaban de la carretera principal para venir a comprar tabaco o refrescos en la única tienda de negros que había en Stamps. Cuando miré al tío Willie, comprendí qué era lo que me chocaba. Estaba erguido, detrás del mostrador, sin inclinarse hacia delante ni apoyarse en la pequeña repisa que habían construido para él: erguido. Sus ojos parecían retenerme con una mezcla de amenazas y súplica.

Saludé, como Dios manda, a los forasteros y paseé la mirada por la sala en busca de su bastón. No se veía por ningún lado. Dijo: «Humm... es... es... es... humm, mi sobrina. Acaba... humm... de llegar de la escuela». Y añadió, dirigiéndose a la pareja: «Ya saben... cómo... humm... son los niños... a-a-ahora... se pasan todo el d-d-día jugando en la escuela y es-es-están impacientes por llegar a casa para ju-jugar un poco más».

Los forasteros sonrieron muy cordiales.

Añadió: «Anda, nena, sal a ju-jugar fuera».

La mujer se rio y, con suave voz de Arkansas, dijo: «Sí, claro, señor Johnson, solo se es niño una vez, como se suele decir. ¿Tiene hijos también usted?».

El tío Willie me miró con una impaciencia que yo no había visto en su rostro ni siquiera cuando tardaba treinta minutos en hacerse las lazadas de los botines. «Me... me parece que te he dicho que te vayas... a jugar fuera.»

Antes de marcharme, lo vi apoyarse en las estanterías de tabaco de mascar Garret Snuff, Prince Albert y Spark Plug.

«No, señora... ni hi-hijos ni esposa.» Esbozó una sonrisa. «Tengo una ma-madre anciana y los do-dos hijos de mi hermano de los que-que ocuparme.»

No me importó que nos utilizara para quedar airoso. En realidad, habría fingido ser su hija, si me lo hubiese pedido. No sentía la menor lealtad para con mi padre y, además, me imaginaba que, si hubiera sido hija del tío Willie, habría recibido un trato mucho mejor.

La pareja se marchó al cabo de pocos minutos y desde detrás de la casa vi el coche rojo asustar a las gallinas, levantar polvo y desaparecer hacia Magnolia.

El tío Willie avanzaba por el largo corredor que quedaba entre las estanterías y el mostrador apoyándose primero en una mano y luego en la otra, como un hombre que saliera trepando de un sueño. Me quedé callada y lo contemplé tambalearse por un lado y tropezar por el otro hasta que llegó a la altura del bidón de petróleo. Metió la mano en ese obscuro hueco, cogió el bastón con la mano buena y desplazó su peso hacia el apoyo de madera. Pensaba que había salido airoso.

Nunca sabré por qué era tan importante para él que aquella pareja (después dijo que no los conocía de nada) se llevara de vuelta a Little Rock la idea de un señor Johnson normal.

Debía de haberse cansado de estar inválido, como se cansan los presos de los barrotes carcelarios y los culpables de las acusaciones. Sencillamente, los botines, el bastón, sus incontrolables músculos, su torpe lengua y las miradas, de desprecio o compasión, que padecía lo habían hartado y una tarde, durante unos minutos de una tarde, quiso no tener nada que ver con ellos.

Lo entendí y en aquel momento me sentí más unida a él que nunca antes o después.

Durante aquellos años pasados en Stamps, conocí a William Shakespeare y me enamoré de él. Fue mi primer amor blanco. Aunque disfrutaba con Kipling, Poe, Butler, Thackeray y Henley y los respetaba, reservaba mi joven y leal pasión para Paul Lawrence Dunbar, Langston Hughes, James Weldon Johnson y la *Letanía en Atlanta* de W. E. B. Du Bois, pero fue Shakespeare quien dijo: «Cuando te ves abandonado de la fortuna y desacreditado ante los hombres». Esa era una situación con la que me sentía de lo más familiarizada. En cuanto a que fuera blanco, me tranquilizaba diciéndome que, al fin y al cabo, llevaba tanto tiempo muerto, que ya no podía importar a nadie.

Bailey y yo decidimos aprendernos de memoria una escena de *El mercader de Venecia,* pero comprendimos que la Yaya nos preguntaría por el autor y habríamos de decirle que Shakespeare era blanco y a ella no le iba a dar igual que estuviese muerto o no, conque, en su lugar, elegimos «La Creación» de James Weldon Johnson.

3

Pesar los cuartos de kilo de harina, sin contar el cucharón, y depositarlos sin levantar polvo en las bolsas de papel fino representaba una simple aventura para mí. Adquirí maña para calcular cuánto debía llenar un cucharón, que parecía de plata, con harina, frangollo, salvado, azúcar o maíz a fin de que la aguja de la báscula subiera hasta las ocho onzas o la libra. Cuando acertaba totalmente, nuestros agradecidos clientes decían admirados: «La hermana Henderson tiene unos nietos pero que muy listos». Si fallaba a favor de la Tienda, las mujeres, ojo avizor, decían: «Pon un poco más en esa bolsa, nena. No intentes sacar beneficio a mi costa».

Entonces me castigaba a mí misma silenciosa, pero persistentemente. Por cada fallo, la multa era la prohibición de comer Besitos, las chocolatinas envueltas en papel de plata que apreciaba más que ninguna otra cosa en el mundo, excepto Bailey, y tal vez la piña en lata. Mi obsesión con la piña estuvo a punto de volverme loca. Soñaba con la época en que fuera mayor y pudiese comprar toda una caja para mí sola.

Aunque las doradas rodajas en almíbar permanecían

todo el año en nuestros estantes dentro de sus exóticas latas, solo las probábamos por Navidad. La Yaya usaba el jugo para hacer tartas de fruta casi negras. Después revestía sartenes de hierro, cubiertas de hollín por fuera, con las rodajas de piña, que, al dar la vuelta a la sartén, quedaban sobre las exquisitas tartas. Bailey y yo recibíamos un trozo cada uno y yo tardaba horas en comerme el mío, desmenuzándolo hasta que no me quedaba sino el perfume en los dedos. Me gustaría creer que mi deseo de piñas era tan sagrado, que no se me habría ocurrido robar una lata (lo que era posible) y comérmela a solas en el jardín, pero debí de sopesar, seguro, la posibilidad de que el olor me traicionara y no tuve valor para intentarlo.

Hasta que cumplí los trece años y abandoné Arkansas para siempre, la Tienda fue mi lugar favorito. Solitaria y vacía como estaba por las mañanas, parecía un regalo, sin abrir, de un desconocido. Abrir la puerta delantera era como desatar la cinta del inesperado regalo. Entraba una luz tenue (la fachada daba al Norte) y se abría paso por los estantes de caballa, salmón, tabaco, hilo. Daba de lleno en la gran tina de manteca y en verano, hacia el mediodía, la grasa se había reblandecido hasta formar una sopa espesa. Siempre que entraba en la Tienda por la tarde, la sentía cansada. Solo yo era capaz de oír su lento latido a mitad de jornada, pero justo antes de la hora de acostarnos, después de que numerosas personas hubieran entrado y salido, hubiesen discutido sobre sus cuentas o bromeado sobre sus vecinos o se hubieran dado una vuelta por allí simplemente «para decir "Hola, ¿qué tal?" a la hermana Henderson», la promesa de las mañanas mágicas volvía a la Tienda y se difundía sobre la familia en sucesivas olas de vida purificada.

La Yaya abría cajas de galletas curruscantes y nosotros nos sentábamos en torno al tajo de partir carne, en la trastienda. Yo cortaba cebollas y Bailey abría dos o incluso tres latas de sardinas y dejaba que su jugo de aceite y barcas pesqueras se derramara por los lados. Eso era la cena. Por la noche, cuando estábamos solos así, el tío Willie no tartamudeaba ni temblaba ni daba señal alguna de tener una «afección». Parecía que la paz del fin de un día era la garantía de que el pacto de Dios con los niños, los negros y los inválidos seguía en vigor.

Algunas de nuestras tareas vespertinas eran las de echar maíz a las gallinas con un cazo y mezclar para los cerdos el salvado rancio con sobras de comida y grasienta agua de lavar los platos. Bailey y yo íbamos derramando líquido por senderos crepusculares y hasta las cochiqueras y, desde los primeros travesaños de la cerca, vertíamos esas gachas, tan poco apetitosas, a nuestros agradecidos cerdos, que hundían sus tiernos y rosados hocicos en la bazofia y hozaban y gruñían de satisfacción. Nosotros siempre les respondíamos con un gruñido solo a medias en broma. También nosotros estábamos agradecidos de haber concluido la tarea más sucia y de habernos embadurnado solo los zapatos, los calcetines, los pies y las manos con aquella inmundicia tan apestosa.

Un día, cuando estábamos dando de comer a los cerdos a la caída de la noche, oí un caballo en el patio delantero (en realidad, debería haberse llamado «paso de carruajes», solo que no teníamos carruaje alguno con el que entrar en él) y corrí a ver quién había entrado a caballo un jueves por la noche, cuando incluso el señor Steward, el lacónico y apesadumbrado propietario de un caballo de montar, estaría descansando junto a su cálido fuego hasta que la mañana lo hiciera salir a remover su tierra.

Era el antiguo sheriff, montado con desenvoltura en su caballo. Su impavidez iba encaminada a transmitir su autoridad y poder incluso sobre las bestias y mucho más sobre los negros: eso por descontado.

Su gangueo sonaba como un látigo en el aire gélido. Desde el flanco de la Tienda, Bailey y yo le oímos decir a la Yaya: «Annie, más vale que se esconda Willie esta noche: dígaselo. Un chalado negro se ha metido hoy con una señorita blanca. Algunos de los muchachos van a venir luego por aquí». Aun después de tantos y lentos años, recuerdo la sensación de miedo, que me dejó la boca seca y me abrió las carnes.

¿Los «muchachos»? ¿Muchachos aquellas caras de cemento armado y miradas de odio que te quemaban la ropa, si por casualidad te veían paseando un sábado por la calle principal del centro del pueblo? Parecía que nunca hubieran conocido la juventud. ¿Muchachos? No, más bien hombres cubiertos por el polvo y la edad de las tumbas, sin belleza ni sabiduría: la fealdad y podredumbre de viejos horrores.

Si, en el Día del Juicio Final, San Pedro me instara a atestiguar el bondadoso detalle del antiguo sheriff, nada podría decir a su favor. Su convencimiento de que mi tío y todos los demás hombres negros que se enteraran de la próxima batida del Klan correrían a escabullirse bajo sus casas y esconderse entre los excrementos de las gallinas era demasiado humillante. Sin esperar a que la Yaya le diese las gracias, salió cabalgando del patio, convencido de que así debían ser las cosas y de que él era un noble caballero generoso que salvaba de las leyes del lugar, por él disculpadas, a aquellos siervos meritorios.

Mientras los cascos de su caballo resonaban con fuerza en el suelo, la Yaya se apresuró a apagar los quinqués. Mantuvo una conversación tranquila y firme con el tío Willie y nos llamó a Bailey y a mí para que entrásemos en la Tienda.

Nos ordenó que sacáramos las patatas y las cebollas de sus compartimentos y retirásemos los paneles que los separaban. Después, con tediosa y temerosa lentitud, el tío Willie me dio su bastón con punta de goma y se agachó para meterse en el vacío compartimento, ahora agrandado. Tardó una eternidad en tumbarse y después lo cubrimos con patatas y cebollas, capa sobre capa, como una cacerola. La abuela se arrodilló a rezar en la Tienda, sumida en la obscuridad.

Fue una suerte que los «muchachos» no entraran a caballo en nuestro patio aquella noche y obligasen a la Yaya a abrir la Tienda. Seguro que habrían encontrado al tío Willie y, desde luego, lo habrían linchado. Se pasó toda la noche gimiendo, como si hubiera sido culpable, en realidad, de un crimen horrendo. Aquellos penosos sonidos se abrían paso por entre la capa de verduras y yo me imaginaba la comisura derecha de su boca caída y la saliva derramándose sobre los retoños de las patatas nuevas y esperando ahí, como gotas de rocío, el calor de la mañana.

4

¿En qué se distingue un pueblo sureño de otro o de un pueblo o aldea del Norte o de un alto edificio urbano? La respuesta debe estribar en la experiencia compartida entre la mayoría que no sabe (ellos) y la minoría que sabe (tú). Al final, todas las preguntas infantiles sin respuesta deben transmitirse al pueblo y en él responderse. En ese primer ambiente nos encontramos por primera vez con los héroes y los fantasmas, los valores y las antipatías, y los calificamos. En años posteriores cambian las caras, los lugares e incluso las razas, las tácticas, las vehemencias y las metas, pero, por debajo de esas máscaras penetrables, muestran por siempre jamás los rostros de la infancia con sus gorros.

El señor McElroy, que vivía en la enorme y laberíntica casa contigua a la Tienda, era un hombre muy alto y robusto y, aunque en la época en que yo lo conocí los años le habían consumido la carne de los hombros, no habían podido con su voluminoso vientre ni con sus manos y pies.

Era el único negro por mí conocido, exceptuados el director de la escuela y los maestros visitantes, que llevaba pantalones y chaquetas haciendo juego. Recuerdo que, cuando me enteré de que así se vendía la indumentaria de los hombres, llamada «traje», pensé que se trataba de una idea muy brillante, pues hacía parecer a los hombres menos masculinos, menos amenazadores y un poco más semejantes a las mujeres.

El señor McElroy nunca reía y raras veces sonreía y decía mucho en su favor que le gustara charlar con el tío Willie. Nunca iba a la iglesia, lo que, a juicio de Bailey y mío, mostraba también que era una persona muy valiente. Qué maravilloso habría sido pasar la infancia así, poder oponerse a la religión, sobre todo viviendo en la casa contigua a la de una mujer como la Yaya.

Yo lo contemplaba con la emoción de saber que podía esperarme cualquier cosa de él en cualquier momento. Nunca me cansé de hacerlo ni me sentí decepcionada ni desencantada con él, si bien ahora, desde la atalaya de la edad, lo veo como un hombre muy llano e insulso que vendía medicinas y tónicos patentados a la gente, menos mundana, de las aldeas circunvecinas de la metrópoli de Stamps.

Entre el señor McElroy y la abuela, parecía haber un acuerdo. A nosotros nos resultaba evidente, porque nunca nos echaba de su terreno. En verano, solía yo sentarme, a la puesta de sol, bajo el cinamomo de su patio, rodeada por el intenso aroma de su fruta y adormecida por el zumbido de las moscas que se alimentaban con sus bayas. Él, vestido con su traje de chaleco marrón, estaba en su porche balanceándose en un columpio de tablas y cabeceando con su amplio panamá al compás marcado por el zumbido de los insectos.

Un saludo al día era lo único que podía esperarse del

señor McElroy. Después de sus «Buenos días (o buenas tardes), niña», nunca decía una sola palabra, aunque me lo volviera a encontrar en la calle delante de su casa o más abajo, junto al pozo, o me tropezara con él al escapar, en el juego del escondite, hasta detrás de la casa.

Durante toda mi infancia siguió siendo un misterio. Un hombre propietario de su terreno y de una casa con numerosas ventanas y un porche que la envolvía por entero: un hombre negro independiente, casi un anacronismo en Stamps.

Bailey era la persona más admirable de mi mundo y la fortuna de que fuera mi hermano, mi único hermano, y yo no tuviese hermanas con las que compartirlo era tal, que me hacía proponerme llevar vida cristiana tan solo para demostrar mi gratitud a Dios. Mientras que yo era grandota, torpona y atravesada, él era pequeño, garboso y afable. Mientras que a mí nuestros compañeros de juegos me describían como de color de caca, a él lo alababan por su piel de terciopelo negro. A él el pelo le caía en rizos negros, mientras que yo tenía la cabeza cubierta de lana de acero negro y, aun así, me quería.

Cuando los mayores decían cosas poco agradables sobre mis facciones (la hermosura de mi familia era tal, que llegaba a resultarme dolorosa), Bailey me guiñaba un ojo desde el otro extremo de la habitación y yo sabía que no tardaría en vengarse. Dejaba a las señoras mayores acabar de preguntarse cómo diablos había podido salir yo así y después interpelaba con voz tan agradable como la grasa de cordero fría: «Oh, señora Coleman, ¿cómo está su hijo? Lo vi el otro día y parecía enfermo a morir».

Las señoras, horrorizadas, preguntaban: «¿Morir? ¿De qué? ¡Si no está enfermo!».

Y, con voz más zalamera que la anterior, contestaba con expresión muy seria: «De puro birria».

Yo contenía la risa, me mordía la lengua, apretaba los dientes y con la mayor seriedad desterraba de mi cara hasta el menor vestigio de una sonrisa. Más tarde, detrás de la casa y junto al nogal negro, nos reíamos y nos reíamos a carcajadas.

Bailey no tenía que temer grandes castigos por su constante conducta afrentosa, pues era el orgullo de la familia Henderson/Johnson.

Sus movimientos eran —como más adelante describiría él los de un conocido— como los de una máquina perfectamente engrasada. Además, el tiempo le cundía como si sus días tuvieran más horas que los míos. Acababa las tareas domésticas y los deberes escolares, leía más libros que yo y practicaba los juegos colectivos con los mejores en la falda de la colina. También sabía incluso decir las oraciones en voz alta en la iglesia y se daba maña para substraer, ante las narices del tío Willie, pepinillos del barril situado bajo el mostrador de la fruta.

En cierta ocasión, estando la Tienda llena de clientes que compraban el almuerzo, metió el colador, que también usábamos para tamizar los gorgojos del salvado y la harina, en el barril y pescó dos gruesos pepinillos. Los atrapó y colgó el colador del borde del barril, donde estuvieron goteando hasta el momento en que pudiera llevárselos. Cuando sonó la última campanada de la escuela, cogió los pepinillos, casi secos, del colador, se los apretujó en los bolsillos y tiró el colador detrás de las naranjas. Salimos corriendo de la Tienda. Como era verano, llevaba pantalones cortos, por lo que el jugo de los pepinillos le bajaba por sus cenicientas piernas formando amplios churretes. Saltaba con sus bolsillos llenos de botín y los ojos destellando con un hilarante «¿Qué te ha parecido?» Olía como un barril de vinagre o como un ángel avinagrado.

Después de haber hecho nuestras tareas de las primeras horas de la mañana, mientras el tío Willie o la Yaya atendían la Tienda, teníamos libertad para dedicarnos a jugar, siempre y cuando nos mantuviéramos a una distancia desde la que pudiésemos oír, si nos llamaban. Al jugar al escondite, la voz de Bailey era fácil de identificar, mientras recitaba: «Ronda, ronda, quien no se haya escondido que se esconda. Que voy, que voy, quien no se haya escondido tiempo ha tenido». Al «seguir a la madre», a él era, naturalmente, a quien se le ocurrían las cosas más atrevidas e interesantes que hacer y, cuando iba a la cola en el juego del látigo, salía girando como una peonza, se caía riendo y, al final, se paraba, justo antes de que mi corazón diera el último latido, y ya volvía a estar otra vez en el juego sin dejar de reír.

De todas las necesidades (ninguna imaginaria) que tiene un niño solitario, la única que se debe satisfacer, para que haya esperanza, esperanza de integridad, es la infalible necesidad de un Dios inconmovible. Mi hermanito negro era mi Reino de Dios en la Tierra.

En Stamps existía la costumbre de hacer conservas con todo lo que se pudiese preservar. En la temporada de la matanza, después de la primera escarcha, todos los vecinos se ayudaban a matar los cerdos e incluso las tranquilas vacas de grandes ojos, si habían dejado de dar leche.

Las señoras misioneras de la Iglesia Episcopal Metodista Cristiana ayudaban a la Yaya a preparar la carne de cerdo para hacer embutido. Metían hasta el codo sus gruesos brazos en la carne picada, la mezclaban con gris y aromática salvia, pimienta y sal y hacían bocaditos sabrosos con los que premiar a todos los niños obedientes que traían leña para la brillante estufa negra. Los hombres cortaban los trozos mayores de carne y los colocaban en el ahumadero para empezar el proceso de curación. Abrían el jarrete de los perniles con sus mortíferos cuchillos, sacaban determinado hueso redondo e inocuo («podría echar a perder la carne») y hacían salir a la superficie la sangre restregando la carne con sal, una sal gruesa y marrón que parecía grava fina.

Durante todo el año, hasta la próxima escarcha, obteníamos nuestra comida del ahumadero, del huertecillo que estaba juntito a la Tienda y de los estantes de las conservas. En estos había un surtido que podía hacer la boca agua a un niño hambriento: conservas de judías verdes, siempre partidas con el tamaño adecuado, berzas, coles y jugoso tomate rojo, que como mejor sabían era acompañadas de bollos humeantes y untados de mantequilla, salchichas, remolachas, bayas y todas las frutas que se cultivaban en Arkansas.

Pero, al menos dos veces al año, la Yaya consideraba que, por ser niños, debíamos comer carne fresca. Entonces nos daba dinero —monedas de penique, de cinco y de diez centavos, que confiaba a Bailey— y nos enviaba a comprar hígado en el pueblo. Como los blancos tenían neveras, sus carniceros compraban la carne a mataderos comerciales de Texarkana y se la vendían a los ricos, incluso en pleno verano.

Al cruzar el sector negro de Stamps, que, con la limitada apreciación de los niños, parecía todo un mundo, nos veíamos obligados por la costumbre a pararnos a hablar con todas las personas que nos encontrábamos y Bailey a jugar unos minutos con cada uno de sus amigos. Era una dicha ir a la ciudad con dinero en los bolsillos (lo mismo daba que fueran los de Bailey o los míos) y tiempo a nuestra disposición, pero, al llegar al sector blanco del pueblo, el placer se esfumaba. Cuando abandonábamos la fonda Visítenos Por Favor del señor Willie Williams, última parada antes de Blancolandia, teníamos que cruzar el estanque y aventurarnos por las vías del tren. Éramos exploradores que entrábamos desarmados en el territorio de los animales antropófagos.

La segregación en Stamps era tan completa, que la mayoría de los niños negros no tenían pero lo que se dice la menor idea sobre el aspecto de los blancos. Solo sabían que eran diferentes y les inspiraban temor y en este iba comprendida la hostilidad del desvalido al poderoso, del pobre al rico, del trabajador al patrón y del andrajoso al bien vestido.

Recuerdo no haber creído nunca que los blancos fueran de verdad reales.

Muchas mujeres que trabajaban en sus cocinas compraban en nuestra Tienda y, cuando llevaban de regreso a la ciudad la ropa limpia después de la colada, con frecuencia posaban sus enormes cestos en nuestro porche delantero y mostraban lo bien que planchaban o lo ricas y opulentas que eran las prendas de sus patronos.

Yo echaba un vistazo a los artículos que no exhibían. Sabía, por ejemplo, que los hombres blancos llevaban calzoncillos, como el tío Willie, y que tenían una abertura para sacarse la «cosa» y orinar y que los pechos de las mujeres blancas no iban, como algunos decían, incorporados a sus vestidos, porque había visto sus sostenes en los cestos, pero no podía hacerme a la idea de que se tratara de personas.

Personas eran la señora LaGrone, la señora Hendricks, la Yaya, el reverendo Sneed, Lillie B., Louise y Rex. Los blancos no podían ser personas, porque tenían pies demasiado pequeños y piel demasiado blanca y transparente y, al caminar, no apoyaban el pulpejo de los pies, como las personas: apoyaban los talones, como los caballos.

Personas eran quienes vivían en mi sector de la ciudad. No todos me gustaban —de hecho, ninguno de ellos demasiado—, pero eran personas. A esos otros, los extraños seres pálidos que vivían en su ajeno sinvivir, no se los consideraba personas. Eran blancos.

5

«No permanecerás sucio» y «no serás descarado» eran los dos mandamientos de la abuela Henderson de los que dependía nuestra salvación total.

Todas las noches, en el más crudo invierno, nos obligaba a lavarnos la cara, los brazos, el cuello, las piernas y los pies antes de irnos a la cama. Solía añadir, con esa sonrisita que las personas decentes no pueden reprimir cuando se aventuran por territorio profano: «Y lavaos hasta donde podáis y después lo que falte».

Íbamos hasta el pozo y nos lavábamos en la clara agua helada, nos untábamos las piernas con densa vaselina, igualmente helada, y después volvíamos de puntillas hasta la casa. Nos quitábamos el polvo de los dedos de los pies y nos poníamos a hacer los deberes de la escuela; después venían el pan de maíz, la leche cuajada, las oraciones y la cama, siempre por ese orden. Sabíamos que la Yaya era capaz de levantar los edredones, después de que nos hubiéramos quedado dormidos, para examinarnos los pies. Si no le parecían bastante limpios, cogía la palmeta (guardaba una detrás de la puerta de la alcoba para casos de urgencia) y despertaba al transgresor con dolorosos toques de recuerdo asestados con pericia.

De noche, la zona en torno al pozo estaba obscura y resbaladiza y los chicos decían que a las culebras les encantaba el agua, conque quien tuviera que sacar agua de noche y después quedarse a lavarse, ahí solo, sabía que serpientes de agua, serpientes de cascabel, víboras del desierto y boas constrictoras avanzaban culebreando hacia el pozo y llegarían cuando la persona que estaba lavándose tuviera los ojos cubiertos de jabón, pero la Yaya nos convenció de que de la limpieza a la santidad solo había un paso y la suciedad era la madre de la desdicha.

Dios detestaba al niño descarado, que era una vergüenza para sus padres y podía acarrear la destrucción a su casa y a su descendencia. Había que dirigirse a todos los adultos con «señor», «señora», «señorita», «tía», «primo», «tío», «tato», «chacho», «señora», «hermano» y otros mil apelativos que indicaban la relación familiar y la humildad de quien los pronunciaba.

Todas las personas a quienes yo conocía respetaban esas leyes consuetudinarias, excepto los niños de los pelagatos blancos.

En las tierras de cultivo de la Yaya, situadas detrás de la escuela, vivían algunas familias de pelagatos blancos. A veces venían en pandilla a la Tienda y llenaban todo el espacio, expulsaban el aire e incluso cambiaban los aromas habituales. Los niños trepaban a las estanterías y se metían en los compartimentos de las patatas y las cebollas, sin cesar de ganguear con sus voces agudas como guitarras hechas con cajas de puros. Se tomaban libertades en mi Tienda que yo nunca me habría permitido. Como la Yaya nos decía que cuanto menos se hablara con los blancos (o incluso los pelagatos blancos) mejor, Bailey y yo guardábamos un silencio solemne en el aire desplazado, pero, si una de aquellas traviesas apariciones se acercaba a nosotros, yo le daba un pellizco: en parte por frustración airada y en parte porque no creía en la realidad de su carne.

Llamaban a mi tío por su nombre de pila y le daban órdenes por toda la Tienda. Él los obedecía —cosa que me hacía llorar de vergüenza— renqueando: tip, top-top, tip, top-top.

También mi abuela obedecía sus órdenes; solo, que ella no parecía servil, porque preveía sus necesidades.

«Aquí está el azúcar, señorita Potter, y aquí la levadura. El mes pasado no compró usted bicarbonato sódico: probablemente le haga falta.»

La Yaya siempre se dirigía a los adultos, pero en algunas ocasiones —¡oh, cuán penosas!— le respondían las mugrientas y mocosas niñas.

«No, Annie...» ¿A la Yaya? ¿La propietaria de la tierra en la que vivían? ¿A quien no llegaban ellas ni a la suela del zapato? Si había la menor justicia en el mundo, ¡Dios debía dejarlas mudas al instante! «Deje, denos más galletas saladas y un poco más de caballa.»

Al menos, no la miraban nunca a la cara o yo nunca las sorprendí haciéndolo. Nadie con una pizca de educación, ni siquiera el más rústico, habría sido capaz de mirar a los ojos a una persona adulta. Eso significaba intentar sacarle las palabras antes de que estuvieran formadas. Aquellas sucias niñas no lo hacían, pero lanzaban sus órdenes por toda la Tienda como trallas de un látigo de nueve ramales.

Cuando yo tenía unos diez años, aquellas niñas zarrapastrosas me hicieron vivir la experiencia más penosa y desconcertante que había tenido nunca con mi abuela.

Una mañana de verano, después de haber barrido las hojas, los envoltorios de chicle de menta y las etiquetas de salchichas de Viena caídas, rastrillé la tierra de color amarillo rojizo y dibujé medias lunas cuidadosamente para que resaltaran con claridad, como máscaras. Dejé el rastrillo detrás de la Tienda y fui por la puerta trasera a reunirme con la abuela, que estaba en el porche delantero y llevaba puesto su amplio delantal blanco, tan tieso por el almidón, que habría podido mantenerse vertical por sí solo. La Yaya estaba admirando el patio, conque me reuní con ella. Parecía en verdad la cabellera de una pelirroja atusada con un peine de púas gruesas. La Yaya no dijo nada, pero noté que le gustaba. Miró hacia la casa del director de la escuela y, a la derecha, hacia la del señor McElroy. Abrigaba la esperanza de que uno de esos pilares de la comunidad viera el dibujo antes de que el trajín del día lo borrara. Después miró hacia arriba, hacia la escuela. Mi cabeza había girado al tiempo que la suya, por lo que vimos casi al mismo tiempo a una caterva de chiquillas de pelagatos blancos bajar la cuesta y pasar por delante de la escuela.

Miré a la Yaya en espera de instrucciones. De cintura para abajo, desempeñó a las mil maravillas el papel de persona abatida, pero, de cintura para arriba, parecía que iba a subirse a la copa del roble que había al otro lado de la calle. Entonces empezó a gemir un himno. Tal vez no gimiese, pero el son era tan lento y el compás tan extraño, que podría haber estado gimiendo. No volvió a mirarme. Cuando las chicas llegaron a la mitad de la cuesta, a media distancia de la Tienda, dijo sin volverse: «Niña, vete para dentro».

Sentí deseos de rogarle: «Yaya, no las esperes. Vente conmigo adentro. Si entran en la Tienda, tú te vas a la alcoba y me dejas despacharles a mí. Solo me asustan cuando estás tú delante. Cuando estoy yo sola, sé mantenerlas a raya». Pero, naturalmente, no pude decir nada, conque entré y me quedé mirando por la mampara.

Antes de que las chicas llegaran al porche, oí su risa chisporrotear y estallar como troncos de pino en un fogón. Supongo que mi paranoia de toda la vida nació en aquellos minutos fríos y lentos como melaza. Por fin llegaron y se quedaron plantadas delante de la Yaya. Al principio, fingieron una actitud seria. Después una de ellas se metió el brazo derecho por entre el izquierdo, sacó el morro y empezó a tararear. Comprendí que estaba imitando a mi abuela. Otra dijo: «No, Helen, no es así. Mira cómo es». Entonces alzó el pecho, se cruzó de brazos y remedó el extraño porte de Annie Henderson. Otra dijo riéndose: «No, no sabes hacerlo. No sacas bastante el morro. Es así».

Me acordé del fusil que había detrás de la puerta, pero sabía que no podría sostenerlo derecho, y la 410, la escopeta de cañones recortados que estaba cargada y disparaban la última noche del año, se encontraba en el baúl cerrado con una llave que llevaba el tío Willie en su cadena. A través de la mampara, moteada de moscas, veía que las mangas del delantal de la Yaya se movían con las vibraciones de su tarareo, pero sus rodillas parecían bloqueadas, como si nunca fueran a doblarse de nuevo.

Siguió cantando. En voz no más alta que antes, pero tampoco más baja; ni más lenta ni más rápida.

La mugre de los vestidos de algodón de las muchachas se prolongaba por sus piernas, pies, brazos y cara para igualarlas a todas. Su grasiento pelo, descolorido y sin peinar, ofrecía un aspecto desagradable sin paliativos. Me arrodillé para verlas mejor, para recordarlas por siempre jamás. Las lágrimas que me habían caído por el vestido dejaban manchas lógicamente negras y hacían que viera el patio borroso y aún más irreal. El mundo había respirado hondo y abrigaba dudas sobre si seguir girando.

Las muchachas se habían cansado de burlarse de la Yaya y recurrieron a otros medios de agitación. Una cruzó los ojos, se metió los pulgares en las comisuras de la boca y dijo: «Mira, Annie». La abuela siguió tarareando y le temblaron las cintas del delantal. Yo sentí deseos de tirarles a la cara un manojo de pimienta negra, arrojarles lejía, gritarles que eran unas sucias y viles pordioseras, pero sabía que estaba tan claramente presa detrás del escenario como recluidos estaban en sus papeles los actores fuera.

Una de las chicas más pequeñas hizo un baile como de títere, mientras que las otras payasas se reían de ella, pero la más alta, que era casi una mujer, dijo algo muy bajito, que no pude oír. Se retiraron todas del porche sin dejar de mirar a la Yaya. Durante un horrible segundo, pensé que iban a arrojar una piedra a la Yaya, que (exceptuados los tirantes del delantal) parecía haberse vuelto, a su vez, de piedra, pero la muchacha mayor le volvió la espalda, se agachó y puso las palmas de las manos en el suelo: no recogió nada. Simplemente se apoyó e hizo el pino.

Sus sucios pies descalzos y sus largas piernas se elevaron rectos hacia el cielo. El vestido le cayó en torno a los hombros y se vio que no llevaba bragas. El liso vello púbico formaba un triángulo carmelita en el punto en que se juntaban las piernas. Se quedó solo unos segundos en el vacío de aquella mañana aletargada, después vaciló y cayó. Las otras chicas le dieron palmadas en la espalda y aplaudieron.

La Yaya cambió de canción y se puso a tararear «Pan del Cielo, pan del Cielo, aliméntame hasta que quede saciada».

Yo me vi rezando también. ¿Por cuánto tiempo resistiría la Yaya? ¿A qué otro ultraje se les ocurriría someterla? ¿Podría yo quedarme al margen? ¿Cómo desearía en realidad la Yaya que actuara yo?

Después salieron del patio y se dirigieron a la ciudad. Movieron la cabeza de arriba abajo, menearon sus bajos traseros y se volvieron, por turno:

«Hasta luego, Annie».

«Hasta luego, Annie».

«Hasta luego, Annie».

La Yaya no movió la cabeza y siguió con los brazos cruzados todo el tiempo, pero dejó de cantar y dijo: «Hasta luego, señorita Helen; hasta luego, señorita Ruth; hasta luego, señorita Eloise».

Yo estallé, como un cohete en la fiesta del 4 de julio. ¿Cómo podía la Yaya llamar señoritas a semejantes malvadas? ¿Por qué no se había metido dentro de la agradable y fresca Tienda, al verlas subir la cuesta? ¿Qué quería demostrar? Y, además, si eran sucias, ruines y descaradas, ¿por qué había la Yaya de llamarlas señoritas?

La Yaya siguió en su sitio hasta acabar otra canción y después abrió la puerta y bajó la vista hacia mí, que lloraba de rabia. Me miró hasta que alcé los ojos. Su cara era una luna carmelita que me lanzaba sus rayos. Estaba hermosa. Algo había ocurrido ahí fuera que yo no había podido entender del todo, pero vi que estaba contenta. Después se agachó y me tocó, como las Madres de la Iglesia «ponían las manos sobre los enfermos y afligidos», y me tranquilicé.

«Ve a lavarte la cara, nena.» Y ella se metió tras el mostrador de los dulces canturreando: «Gloria, gloria, aleluya, cuando suelto mi carga».

Me eché agua del pozo por la cara y usé el pañuelo de los días de entre semana para sonarme la nariz. Hubiera cual hubiese sido la contienda que se había producido ahí, delante de la casa, yo sabía que la Yaya había vencido.

Volví a llevar el rastrillo al patio delantero. Las huellas que habían dejado eran fáciles de borrar. Pasé largo rato trabajando en mi nuevo dibujo y después dejé el rastrillo detrás de la jofaina. Cuando volví a la Tienda, cogí de la mano a la Yaya y salimos las dos a contemplarlo.

Era un gran corazón, con numerosos corazones concéntricos dentro, y una flecha que penetraba desde el borde hasta el corazón más pequeño. La Yaya dijo: «¡Olé, mi niña! ¡Qué bonito es!». Después volvió hacia la Tienda y prosiguió: «Gloria, gloria, aleluya, cuando suelto mi carga».

6

El reverendo Howard Thomas era el superior que tenía
a su cargo un distrito de Arkansas del que formaba
parte Stamps. Cada tres meses visitaba nuestra iglesia,
pasaba la noche del sábado en casa de la Yaya y el domingo pronunciaba un sermón apasionado y atronador.
Recogía el dinero que se había reunido en los meses
anteriores, recibía informes de todos los grupos de la
iglesia, estrechaba las manos a los adultos y besaba a
todos los niños pequeños. Después se marchaba. (Yo
pensaba que se iba, por el Oeste, al Cielo, pero la Yaya
me aclaró: iba simplemente a Texarkana.)

Bailey y yo lo odiábamos con toda nuestra alma. Era
feo y gordo y se reía como un cerdo con cólico. Cuando
imitábamos a tan insensible predicador, nos hacíamos
estallar mutuamente en risitas. Bailey lo lograba con
maestría. Podía imitar al reverendo Thomas justo delante del tío Willie y nunca dejarse atrapar, porque lo
hacía en silencio. Abultaba las mejillas hasta que parecían cantos carmelitas mojados y hacía oscilar la cabeza
de un lado a otro. Solo él y yo lo sabíamos, pero era el
reverendo Thomas clavadito.

Su obesidad, aunque repugnante, no era suficiente para inspirar el intenso odio que sentíamos por él. Que nunca se molestara en recordar nuestros nombres era insultante, pero tampoco ese desaire era por sí solo suficiente para hacernos despreciarlo. En cambio, el delito que representaba la gota que hacía rebasar el vaso y volvía no solo justo, sino también imperioso nuestro odio eran sus modales en la mesa. En todos los almuerzos de los domingos, se comía las tajadas mayores, más obscuras y mejores del pollo.

Lo único bueno de sus visitas era que los sábados por la noche siempre llegaba tarde, después de que hubiéramos cenado. Yo me preguntaba con frecuencia si no intentaría sorprendernos a la mesa. Creo que sí, pues, cuando llegaba al porche delantero, sus ojillos miraban brillantes al vacío comedor y de la decepción ponía cara desconsolada. Después, al instante, un fino velo caía sobre sus facciones y soltaba risitas como ladridos: «Jo, jo, jo, jo, hermana Henderson: igual que un penique agujereado, yo siempre vuelvo a aparecer».

Todas las veces la Yaya, muy en su papel, le respondía: «Eso es, reverendo Thomas, gracias a Jesús bendito. Pase, pase usted».

Entraba por la puerta principal, dejaba su maletín y buscaba con la mirada a Bailey y a mí. Después abría sus horribles brazos y decía con voz quejumbrosa: «Dejad que los niños se acerquen a mí, pues de ellos es el Reino de los Cielos».

Bailey se le acercaba todas las veces con la mano extendida, dispuesto a darle un viril apretón de manos, pero el reverendo Thomas le apartaba la mano y abrazaba a mi hermano unos segundos. «Aún eres un niño, amiguito. Recuérdalo. Como dice el Libro Sagrado: "Cuando era niño, hablaba como un niño y pensaba como un niño, pero, cuando me hice hombre, abandoné las niñerías".» Solo entonces abría los brazos y soltaba a Bailey.

Yo nunca tuve valor para acercarme a él. Tenía mucho miedo a que, si intentaba decir: «Hola, reverendo Thomas», me asfixiara por haber cometido el pecado de burlarme de él. Al fin y al cabo, la Biblia decía: «No te burlarás de Dios», y ese hombre era el representante de Dios. Solía decirme: «Ven, nena. Ven, que te dé la bendición»; pero yo tenía tanto miedo y, además, lo detestaba tanto, que se me mezclaban las emociones y eso bastaba para que me echara a llorar. La Yaya le decía una y otra vez: «No le haga caso, reverendo Thomas, ya sabe lo impresionable que es».

Se comía las sobras de nuestra cena y el tío Willie y él comentaban las noticias sobre las actividades de la iglesia. Hablaban de cómo atendía a su grey el pastor actual, quién se había casado, quién había muerto y cuántos niños habían nacido desde su última visita.

Bailey y yo nos quedábamos como sombras en la trastienda, junto al bidón de petróleo, esperando las partes más sabrosas, pero, cuando estaban a punto de hablar del último escándalo, la Yaya nos enviaba a su alcoba con la advertencia de que tuviéramos perfectamente aprendida la lección de catecismo o, si no, ya sabíamos lo que nos esperaba.

Teníamos un sistema que nunca fallaba. Yo me sentaba en la gran mecedora junto a la estufa y de vez en cuando me mecía y golpeaba con los pies en el suelo. Alternaba voces diferentes, unas veces suave y de niña, otras un poco más grave, como la de Bailey. Mientras tanto, él volvía a hurtadillas hasta la Tienda. Muchas veces regresaba pitando a sentarse en la cama y sostener abierto el libro de la lección justo antes de que la Yaya apareciera de repente en el umbral.

«Niños, aprendeos la lección bien, ¿me oís? Ya sabéis que todos los demás niños siguen vuestro ejemplo.» Después, cuando volvía a la Tienda, Bailey la seguía pisándole los talones para agacharse en la sombra y escuchar los chismes prohibidos.

En cierta ocasión, se enteró de que el señor Coley Washington tenía viviendo en su casa a una muchacha de Lewsville. A mí no me parecía algo tan malo, pero Bailey me explicó que el señor Washington probablemente estuviese «haciendo cosas feas» con ella. Dijo que, aunque no estaba bien hacer esas «cosas feas», prácticamente todo el mundo las hacía con alguien, pero nadie debía enterarse. Y en cierta ocasión supimos que los blancos habían matado a un hombre y lo habían arrojado al estanque. Bailey me contó que le habían cortado la «cosa», se la habían metido en el bolsillo y le habían disparado en la cabeza y todo porque, según decían los blancos, había hecho «cosas feas» a una mujer blanca.

En vista del tipo de noticias que a hurtadillas obteníamos de esas conversaciones entre susurros, yo estaba convencida de que, siempre que venía el reverendo Thomas y la Yaya nos enviaba a la trastienda, iban a hablar de los blancos y las «cosas feas», asuntos de los que yo tenía muy poca idea.

Los domingos por la mañana, la Yaya nos servía un desayuno encaminado a hacernos resistir desde las nueve y media hasta las tres de la tarde. Freía gruesas lonchas de jamón curado en casa y vertía la grasa sobre rajas de tomates rojos y, además, huevos con abundantes patatas y cebollas fritas, amarillo maíz machacado y crujientes percas, tan fritas, que nos las metíamos en la boca y masticábamos las espinas y todo. Sus bollos de cabeza de gato tenían por lo menos ocho centímetros de diámetro y cinco de espesor. El truco para comer los bollos era untarlos con mantequilla antes de que se enfriaran: entonces estaban deliciosos. Cuando, por desgracia, se quedaban fríos, solían ponerse pegajosos, bastante parecidos a una bola de chicle gastado.

Todos los domingos que el reverendo Thomas pasaba con nosotros, podíamos corroborar nuestros descubrimientos sobre los bollos de cabeza de gato. Como es natural, le pedían que bendijera la mesa. Nos poníamos todos de pie; mi tío, tras reclinar el bastón en la pared, se apoyaba en la mesa. Entonces el reverendo Thomas comenzaba: «Padre bendito, te damos las gracias esta mañana...», y que si tal y que si cual. Al cabo de un rato, yo dejaba de escuchar hasta que Bailey me daba un pisotón y entonces abría los párpados para ver la prometedora comida que iba a hacer memorable aquel domingo, pero, conforme seguía el reverendo dirigiéndose con su monótona voz a un Dios que debía de estar aburrido —pensaba yo— de oír las mismas cosas una y mil veces, veía que la grasa del jamón sobre los tomates se había vuelto blanca. Los huevos se habían corrido desde el borde de la fuente y se habían amontonado en el centro, como niños abandonados en el frío, los bollos se habían asentado con la determinación de una mujer gorda en una silla cómoda y el reverendo seguía hablando. Cuando por fin dejaba de hacerlo, habíamos perdido el apetito, pero él se daba un festín con la comida fría: con un deleite parco en palabras, pero no por ello menos ruidoso.

En la Iglesia Episcopal Metodista Cristiana, la sección infantil estaba en el rincón derecho respecto del banco que ocupaban las siniestras mujeres llamadas Madres de la Iglesia. En la sección infantil, los bancos estaban muy juntos y, cuando las piernas de un niño ya no cabían cómodamente en el estrecho espacio, era la señal para los mayores de que ya podía pasar a la zona intermedia (centro de la iglesia). A Bailey y a mí se nos permitía sentarnos con los demás niños solo cuando se celebraban reuniones sin solemnidad, reuniones sociales de la iglesia o cosas por el estilo, pero, los domingos en que el reverendo Thomas pronunciaba su sermón, debíamos ocupar la primera fila, llamada banco de los penitentes. Yo pensaba que nos colocaban delante porque la Yaya estaba orgullosa de nosotros, pero Bailey me aseguró que simplemente quería tener a sus nietos a la vista y al alcance de la mano.

El reverendo Thomas eligió su texto del Deuteronomio y yo me sentí dividida entre la aversión que me producía su voz y el deseo de escuchar el sermón. El Deuteronomio era mi libro favorito de la Biblia. Sus leyes eran tan absolutas, estaban formuladas con tal claridad, que, si una persona deseaba de verdad librarse del infierno y del azufre y de asarse por siempre jamás en el fuego del demonio, lo único que tenía que hacer, en mi opinión, era aprenderse de memoria el Deuteronomio y seguir sus enseñanzas punto por punto. También me gustaba la sonoridad de esa palabra.

Bailey y yo estábamos sentados en el banco delantero,

cuyas tablas nos oprimían el trasero y la parte posterior de los muslos. Yo sentía deseos de moverme un poquito, pero, todas las veces que alzaba la vista hacia ella, la Yaya parecía amenazar: «Como te muevas, te despedazo», por lo que, obediente a la orden sin palabras, me mantenía inmóvil. Las señoras de la iglesia estaban animándose, detrás de mí, con algunos aleluyas, alabanzas al Señor y amenes, pese a que el predicador aún no había entrado, en realidad, en materia.

Iba a ser un oficio apasionante.

De camino hacia la iglesia, yo había visto a la hermana Monroe, con su corona de oro que destellaba cuando abría la boca para devolver el saludo a un vecino. Vivía en el campo y no todos los domingos podía ir a la iglesia, de modo que, cuando acudía, gritaba tan fuerte, para compensar las ausencias, que estremecía toda iglesia. En cuanto ocupaba su asiento, todas las acomodadoras se trasladaban a ese lado de la iglesia, porque hacían falta tres mujeres y a veces un hombre o dos para sujetarla.

En cierta ocasión, en que llevaba meses sin ir a la iglesia (se había tomado un descanso para tener un hijo), embargada por el espíritu, se puso a gritar, agitar los brazos y menear el cuerpo espasmódicamente, por lo que las acomodadoras acudieron hacia ese lado para sujetarla, pero forcejeó, se les escapó y corrió hasta el púlpito. Se situó frente al altar, estremeciéndose como una trucha recién capturada. Gritaba al reverendo Taylor: «Predíquelo. Le digo que lo predique». Naturalmente, el reverendo siguió predicando, como si ella no estuviera allí diciéndole lo que debía hacer. Después gritó extraordinariamente furiosa: «Le digo que lo predique», y se subió al altar. El reverendo siguió lanzando frases, como pelotas de béisbol enérgicamente bateadas, y la hermana Monroe tuvo un arranque rápido y se lanzó hacia él. Por espacio de un segundo, todo y todos cuantos estaban en la iglesia, excepto el reverendo Taylor y la hermana Monroe, se quedaron en suspenso, como medias colgadas a secar. Entonces agarró al pastor de la manga de la chaqueta y del faldón y lo zarandeó de un lado para otro.

Debo decir, a favor de nuestro pastor, que en ningún momento dejó de darnos la prédica. La plana mayor de las acomodadoras se dirigió hacia el púlpito por los dos pasillos con un poco más de presteza de lo habitual en la iglesia. A decir verdad, corrieron claramente en ayuda del pastor. Después dos de los diáconos, con sus lustrosos trajes domingueros, se unieron a las señoras de blanco en el púlpito y, todas las veces que lo arrancaban de las garras de la hermana Monroe, el pastor volvía a respirar hondo y seguía predicando y la hermana Monroe lo agarraba por otro punto y con más firmeza. El reverendo Taylor ayudaba a sus liberadores lo más posible dando saltos, cuando tenía oportunidad de hacerlo. En determinado momento, su voz se volvió tan grave, que sonó como el retumbar de un trueno, después el «Predíquelo» de la hermana Monroe atravesó el estruendo y todos nos preguntamos (al menos yo, sí) si iba aquello a tener fin. ¿Iban a seguir así por siempre jamás o se cansarían por fin, como en un juego de la gallinita ciega que hubiera durado demasiado y a nadie le importara ya si se acertaba o no?

Nunca sabré lo que podría haber ocurrido, porque por arte de magia cundió el alboroto. El espíritu inspiró al diácono Jackson y a la hermana Wilson, presidenta de la Junta de Acomodadoras, al mismo tiempo. El diácono Jackson, hombre alto, flaco y sosegado, que también enseñaba en la catequesis, dio un grito que sonó como el estruendo de un árbol al desplomarse, se retrepó en el aire y lanzó un directo al reverendo Taylor en el brazo. Debió de hacerle tanto más daño cuanto que lo pilló desprevenido. Hubo una interrupción momentánea en los sonidos trepidantes y el reverendo Taylor se volvió, sorprendido, echó el brazo hacia atrás y dio un puñetazo al diácono Jackson. En aquel preciso segundo, la hermana Wilson lo agarró de la corbata, se la enrolló en torno al puño y lo obligó a agacharse. No hubo tiempo para reír o llorar antes de que los tres hubieran rodado por el suelo detrás del altar. Sus piernas sobresalían como ramitas de encender fuego.

La hermana Monroe, que había sido la causa de toda aquella agitación, bajó del estrado serena y exhausta y alzó su inexorable voz para entonar el himno: «Acudí hasta Jesús preocupada, herida y triste, encontré en Él el sosiego y me devolvió la alegría».

El pastor aprovechó que ya estaba en el suelo para pedir con vocecilla ahogada a los feligreses que se arrodillaran con él a ofrecer una oración de acción de gracias. Dijo que nos había visitado un espíritu vigoroso, tras lo cual todos los feligreses dijeron «amén».

El domingo siguiente, el reverendo Thomas eligió el texto del capítulo decimoctavo del Evangelio según San Lucas y habló en tono sosegado, pero muy serio, sobre los fariseos, que rezaban por las calles para que el público quedase impresionado con su devoción religiosa. Dudo que nadie captara el mensaje: desde luego, aquellos a los que iba dirigido, no. Sin embargo, la Junta de Diáconos no dejó de asignar fondos para que se comprara un nuevo traje. El otro había quedado totalmente destrozado.

El superior que presidía la ceremonia se había enterado de la historia del reverendo Taylor y la hermana Monroe, pero yo estaba segura de que no conocía a esta personalmente. De modo que mi interés en las posibilidades de la ceremonia y mi aversión al reverendo Thomas me hicieron desconectarlo. «Desconectar» o «apagar» a las personas era un arte en el que estaba yo muy ejercitada. La norma de que a los niños obedientes se los veía, pero no se los oía, me resultaba tan agradable, que fui más lejos: los niños obedientes no debían ver ni oír, si no lo deseaban. Puse la expresión más atenta y aumenté el volumen con los sonidos de la iglesia.

La mecha de la hermana Monroe ya estaba encendida y chisporroteaba en algún punto detrás de mí, a la derecha. El reverendo Thomas acometió el sermón, decidido, supongo, a dar a los feligreses lo que habían venido a buscar. Vi a las acomodadoras que estaban junto a los grandes ventanales del lado izquierdo de la iglesia empezar a moverse discretamente, como portaféretros, hacia el banco de la hermana Monroe. Bailey me dio un golpecito en la rodilla. Cuando se había producido el incidente con la hermana Monroe —que siempre llamábamos así: «el incidente»—, habíamos estado demasiado asombrados para reírnos, pero, unas semanas después, bastaba con que alguien susurrara «predíquelo» para que estalláramos en violentas carcajadas. El caso es que me dio un empujón en la rodilla, me tapó la boca y susurró: «Le digo que lo predique».

Miré a la Yaya al otro lado de aquel cuadrado de tablas coloreadas, por sobre la mesa de la colecta, con la esperanza de que una mirada suya me mantuviese a salvo y no me dejara perder la cordura, pero, que yo recordase, era la primera vez que tenía la vista clavada, detrás de mí, en la hermana Monroe. Supuse que confiaba en dejar parada a aquella señora tan impresionable con una o dos miradas severas, pero la voz de la hermana Monroe ya había llegado al punto peligroso. «¡Predíquelo!»

En la sección infantil se oyeron algunas risitas ahogadas y Bailey volvió a darme un codazo. Me susurró: «Le digo que lo predique». La hermana Monroe le hizo eco con voz estentórea: «¡Le digo que lo predique!».

Dos diáconos se situaron con decisión a los lados del hermano Jackson como medida preventiva y dos hombres robustos y con expresión decidida se dirigieron por el pasillo hacia la hermana Monroe.

Cuando los ruidos en la iglesia estaban aumentando, el reverendo Thomas cometió el lamentable error de aumentar también el volumen de su voz. Entonces, de repente como una lluvia de verano, la hermana Monroe se abrió paso entre la multitud que intentaba rodearla y se abalanzó hacia el púlpito. Aquella vez no se detuvo, sino que continuó inmediatamente hacia el altar, con la mira puesta en el reverendo Thomas, al tiempo que gritaba: «Le digo que lo predique».

Bailey dijo en voz alta: «¡Huy, mi madre!», «¡será posible!» y «le va a dar para el pelo».

Pero el reverendo Thomas no estaba dispuesto a esperar a esa posibilidad; de modo que, mientras la hermana Monroe se acercaba al púlpito por la derecha, él empezó a bajar por la izquierda. No se sintió intimidado por su cambio de situación. Siguió predicando sin dejar de moverse. Al final, se detuvo justo delante de la mesa de la colecta, es decir, casi en nuestros regazos, y la hermana Monroe, seguida de los diáconos, las acomodadoras, algunos feligreses y algunos de los niños mayores, dio la vuelta al altar pisándole los talones.

Justo cuando el reverendo abrió la boca, agitando su rosada lengua, y dijo «¡Dios santo del Monte Nebo!», la hermana Monroe le golpeó en la nuca con el bolso: dos veces. Antes de que pudiera juntar los labios, se le cayeron —o, mejor dicho, se le saltaron— los dientes de la boca.

Los postizos superiores e inferiores, entreabiertos en una sonrisa irónica, fueron a parar junto a mi zapato derecho: daban una sensación de vacío y al tiempo parecían encerrar todo el vacío del mundo. Yo podría haber alargado un pie y haberlos enviado de una patada bajo el banco o detrás de la mesa de la colecta.

La hermana Monroe estaba forcejeando con la chaqueta del reverendo y los hombres casi la habían alzado en volandas para sacarla del recinto. Bailey me dio un pellizco y dijo sin mover los labios: «Me gustaría verlo comer ahora». Miré desesperada al reverendo Thomas. Si hubiera parecido un poco triste o violento, habría podido sentir pena de él y no habría podido reírme. Mi compasión por él me lo habría impedido. Me horrorizaba la idea de reírme en la iglesia. Si perdía el control, sucederían, seguro, dos cosas. Me orinaría, seguro, y recibiría, igual de seguro, una tunda y esa vez probablemente me moriría, porque todo era gracioso: la hermana Monroe y la Yaya intentando hacerla callar con aquellas miradas amenazadoras y Bailey susurrando «Predíquelo» y el superior Thomas con sus labios moviéndose sueltos como elásticos dados de sí.

Pero el reverendo Thomas se zafó de las debilitadas garras de la hermana Monroe, sacó un gran pañuelo blanco y cubrió con él sus repulsivos dientecitos. Mientras se los guardaba en el bolsillo, babeó: «Desnudo vine al mundo y desnudo lo abandonaré».

La risa de Bailey se había abierto paso por su cuerpo y se le escapaba por la nariz en cortas y roncas carcajadas. Yo ya no intenté contener la risa más, me limité a abrir la boca y soltar el sonido. Oí la primera risita ahogada elevarse en el aire por encima de mi cabeza y del púlpito y salir por la ventana. La Yaya dijo en voz alta: «¡Niña!», pero el banco estaba resbaladizo y me deslicé hasta el suelo. Dentro de mí había más risa intentando salir. No sabía yo que hubiera tanta en el mundo entero. Apremiaba en todos los orificios de mi cuerpo y se llevaba todo por delante. Lloré y vociferé, ventoseé y oriné. No vi a Bailey bajar hasta el suelo, pero en determinado momento me di la vuelta y también estaba pataleando y riéndose a gritos. Cada vez que nos mirábamos, nos tronchábamos con más ganas y, aunque él intentó decir algo, le atacó la risa y solo pudo soltar: «Le digo que lo...». Y después me volví y me di de bruces con el bastón con punta de goma del tío Willie. Mis ojos recorrieron el bastón hasta su morena mano buena en el mango y su larguísima manga blanca hasta su rostro. Tenía ese lado de la cara caído, como le solía ocurrir cuando gritaba (también cuando se reía). Dijo tartamudeando: «Esta vez te voy a dar la tunda yo».

No recuerdo cómo salimos de la iglesia y pasamos a

la rectoría contigua, pero en aquella sala atestada Bailey y yo recibimos la mayor tunda de nuestra vida. El tío Willie, entre los azotes, nos ordenaba que dejáramos de llorar. Yo lo intenté, pero Bailey se negó a cooperar. Después me explicó que, cuando una persona te está pegando, debes gritar lo más fuerte posible; tal vez el autor de la azotaina se sienta violento o, si no, alguna alma misericordiosa podría acudir a liberarte. Nuestro salvador no acudió por ninguna de esas razones, sino porque Bailey gritaba tan fuerte y perturbaba lo que quedaba del oficio, que la esposa del pastor vino a pedir al tío Willie que nos hiciera callar.

En los niños imaginativos la risa se convierte en histeria con mucha facilidad. Después, durante semanas sentí que había estado muy, muy enferma y, hasta que recobré completamente las fuerzas, estuve al borde del abismo de la risa y cualquier gracia podía precipitarme a la muerte allá abajo.

Cada vez que Bailey me decía «predíquelo», le pegaba con todas mis fuerzas y me echaba a llorar.

7

La Yaya se había casado tres veces: con el señor Johnson, mi abuelo, quien la abandonó hacia finales de siglo con dos hijos pequeños por criar; con el señor Henderson, del que nada sé (la Yaya nunca respondía a las preguntas que se le hacían directamente sobre tema alguno, excepto la religión); y, por último, con el señor Murphy. A este lo vi en una ocasión fugaz. Pasó por Stamps un sábado por la noche y la abuela me encomendó la tarea de prepararle el jergón en el suelo. Era un hombre obscuro y rechoncho que llevaba una gorra con corchete en la visera, como George Raft. La mañana siguiente, anduvo zascandileando por la Tienda hasta que volvimos de la iglesia. Aquel fue el primer domingo en que vi al tío Willie faltar a los oficios religiosos. Bailey dijo que se había quedado en casa para impedir que el señor Murphy nos robara hasta las pestañas. Se marchó por la tarde después de uno de los largos almuerzos domingueros de la Yaya. Se fue por la calle silbando y con la gorra echada hacia atrás. Yo me quedé mirando su enorme espalda hasta que giró junto a la gran iglesia blanca.

La gente decía que la Yaya era una mujer guapa y, según los que la recordaban de joven, había sido muy hermosa. Yo solo veía su energía y su fuerza. Era más alta que ninguna otra mujer de las que yo conocía y tenía unas manos tan grandes, que podían abarcarme la cara de oreja a oreja. Su voz era suave solo porque procuraba no elevarla. En la iglesia, cuando le pedían que cantara, parecía quitarse unos tapones de detrás de las mandíbulas y el intenso, casi disonante, sonido se derramaba sobre los oyentes y vibraba en el aire.

Todos los domingos, después de que hubiera ocupado su asiento, el pastor anunciaba: «Ahora la hermana Henderson nos guiará en el canto de un himno». Y todos los domingos levantaba asombrada la vista hacia el predicador y preguntaba en silencio: «¿Yo?». Después de un segundo, durante el cual se aseguraba de que a ella era, en efecto, a quien se lo pedían, dejaba a un lado su bolso de mano y plegaba despacio su pañuelo, que colocaba pulcramente encima del bolso, luego se apoyaba en el banco de delante y hacía fuerza para ponerse de pie y después abría la boca y el canto brotaba como si hubiese estado simplemente esperando el momento oportuno para hacer su aparición. Semana tras semana y año tras año, la actuación nunca cambiaba y, sin embargo, no recuerdo que nadie comentara nunca su sinceridad ni su disponibilidad para cantar.

La Yaya se proponía enseñarnos a Bailey y a mí a utilizar en la vida los caminos seguros que su generación y ella y todos los negros que habían vivido antes habían descubierto. No le hacía gracia la idea de que se pudiera hablar a los blancos lo más mínimo sin poner en peligro la vida y, desde luego, no se les podía hablar con insolencia. De hecho, ni siquiera en su ausencia se podía hablar de ellos con demasiada dureza, salvo utilizando el apelativo «ellos». Si le hubieran formulado —y hubiese tenido a bien contestar— la pregunta de si era cobarde o no, habría dicho que era realista. ¿Acaso no se enfrentaba a «ellos» año tras año? ¿Acaso no era ella la única mujer negra de Stamps a la que en una ocasión habían llamado «señora»?

Aquel incidente llegó a ser una de las pequeñas leyendas de Stamps. Algunos años antes de que Bailey y yo llegáramos al pueblo, un hombre que había atentado sexualmente contra una mujer blanca se vio acorralado por sus perseguidores. Al intentar escapar, corrió hasta la Tienda. La Yaya y el tío Willie lo escondieron detrás del armario ropero hasta la noche, le dieron provisiones para un viaje y lo hicieron marcharse. Sin embargo, fue detenido y, cuando le preguntaron ante el tribunal por sus movimientos en el día del delito, respondió que, después de enterarse de que lo buscaban, se había refugiado en la Tienda de la señora Henderson.

El juez ordenó que se citara a la señora Henderson y, cuando llegó la Yaya y dijo que era la señora Henderson, el juez, el aguacil y otros blancos de la audiencia se echaron a reír. El juez había metido la pata hasta dentro al llamar «señora» a una mujer negra, pero es que era de Pine Bluff y no podía saber que una mujer propietaria de una tienda en ese pueblo iba a resultar ser también de color. Los blancos tuvieron motivo de diversión durante mucho tiempo con aquel incidente y los negros consideraron que demostraba la valía y la grandeza de mi abuela.

8

Stamps (de Arkansas) podría haber sido un pueblo de Georgia, Alabama o Misisipí y haberse llamado «Lárgate antes de la puesta del sol, negro» o cualquier otro nombre igualmente descriptivo. La gente de Stamps solía decir que en nuestro pueblo los blancos tenían tantos prejuicios, que un negro no podía comprarse un helado de vainilla, excepto el día 4 de julio. Los demás días, tenía que contentarse con los de chocolate.

Entre la comunidad negra y todo lo relativo a los blancos había, echada, una fina celosía, pero a través de ella se podía ver lo suficiente para concebir una mezcla de miedo, admiración y desprecio de las «cosas» blancas: los coches y las relucientes casas de los blancos y sus hijos y mujeres, pero sobre todo su riqueza, que les permitía despilfarrar, era lo más envidiable. Tenían tanta ropa, que podían regalar vestidos en estado perfecto, gastados solo bajo los brazos, a la clase de costura de nuestra escuela para que las chicas mayores hicieran prácticas con ellos.

Aunque en el barrio negro siempre había muestras de generosidad, practicarla entrañaba el dolor del sacrificio. Fuera lo que fuese lo que un negro diera a otro, casi seguro que el donante lo necesitaba tan urgentemente como el donatario. Eso hacía que el de dar y recibir constituyera entre ellos un intercambio fructífero.

Yo no entendía a los blancos ni la razón por la que se arrogaban el derecho a gastar el dinero con tanta prodigalidad. Naturalmente, sabía que también Dios era blanco, pero nadie habría podido hacerme creer que tuviese prejuicios. Mi abuela tenía más dinero que todos los pelagatos blancos. Éramos propietarios de tierras y casas, pero todos los días Bailey y yo recibíamos la advertencia: «No derroches y no te faltará».

La Yaya compraba todos los años dos rollos de tela para la ropa de invierno y de verano. Hacía mis vestidos para la escuela, mis enaguas, mis bombachos, mis pañuelos, las camisas y los pantalones cortos de Bailey, sus delantales, sus vestidos y sus blusas de andar por casa con los rollos que la empresa Sears and Roebuck le enviaba a Stamps. El tío Willie era la única persona de la familia que llevaba todo el tiempo ropa de confección. Todos los días se ponía camisas blancas limpias y tirantes floreados y sus zapatos especiales costaban veinte dólares. A mí el tío Willie me parecía pecaminosamente presumido, en particular cuando tenía yo que plancharle siete camisas almidonadas y sin dejar la menor arruga.

En verano íbamos descalzos, excepto los domingos, y aprendimos a poner medias suelas en los zapatos, cuando «se agotaban», como solía decir la Yaya. La Depresión debió de afectar a la sección blanca de Stamps con la fuerza de un ciclón, pero en el sector negro se filtró despacio, como un ladrón receloso. El país pasó dos años presa de la Depresión antes de que los negros de Stamps la conociesen. Creo que todo el mundo pensaba que la Depresión, como todo lo demás, era para los blancos, por lo que nada tenía que ver con ellos. Nuestro pueblo había vivido de la tierra y contaba con las temporadas de la recogida, la escarda y la poda del algodón para obtener el dinero con que comprar zapatos, ropa, libros y utensilios agrícolas ligeros. Cuando los propietarios de los campos de algodón redujeron el pago de diez centavos por libra de algodón a ocho, siete y, por último, cinco, fue cuando la comunidad negra comprendió que al menos la Depresión no discriminaba.

Los organismos de asistencia social daban aumentos a las familias pobres, negras y blancas: galones de manteca, harina, sal, huevos en polvo y leche en polvo. Se dejó de intentar criar cerdos, porque resultaba demasiado difícil conseguir desechos lo bastante ricos para alimentarlos y nadie tenía con qué comprar frangollo ni harina de pescado.

La Yaya pasaba muchas noches haciendo cálculos muy despacio en nuestras libretas. Estaba intentando encontrar una forma de mantener en marcha su negocio, aun cuando sus clientes no tuvieran dinero. Cuando sacó sus conclusiones, dijo: «Bailey, quiero que me hagas un rótulo claro y bonito, bonito y limpio, y tú, nena, puedes colorearlo con tus "crayolas". Quiero que diga:

CON UNA LATA DE 5 LIBRAS DE LECHE EN POLVO SE PUEDEN COMPRAR ARTÍCULOS POR VALOR DE 50 CENTAVOS.

CON UNA LATA DE 5 LIBRAS DE HUEVO EN POLVO SE PUE-
DEN COMPRAR ARTÍCULOS POR VALOR DE 1 DÓLAR.

CON 10 LATAS DE 1 KILO DE CABALLA SE PUEDEN COM-
PRAR ARTÍCULOS POR VALOR DE 1 DÓLAR.

Y así sucesivamente. La Yaya mantenía su tienda en
marcha. Nuestros clientes no tenían siquiera que llevarse
a casa las provisiones registradas. Las recogían en el centro de asistencia social de la zona comercial del pueblo y
las dejaban en la Tienda. Si no querían un intercambio
en ese momento, escribían en uno de los grises libros
mayores la cantidad de crédito que les correspondía.
Aunque la nuestra era una de las pocas familias negras
que no recibía asistencia, Bailey y yo éramos los únicos
niños del pueblo por nosotros conocidos que todos los
días comían huevos en polvo y bebían leche en polvo.

Las familias de nuestros compañeros de juegos troca-
ban los alimentos que no deseaban por azúcar, petróleo,
especias, carne en conserva, salchichas de Viena, manteca de cacahuete, galletas saladas, jabón de tocador e
incluso jabón de lavar. Siempre recibíamos bastante
para comer, pero los dos detestábamos la leche grumosa
y las gachas de huevos y a veces nos quedábamos un
rato en casa de una de las familias más pobres para que
nos dieran manteca de cacahuete y galletas saladas.
Stamps tardó tanto en salir de la Depresión como en
entrar en ella. Cuando se pudo advertir algún cambio
en la economía de aquel pueblo casi olvidado, ya estaba
bastante avanzada la segunda guerra mundial.

En una Navidad, recibimos regalos de nuestra madre
y nuestro padre, que vivían separados en un paraíso

llamado California, donde, según nos decían, podían comprar todas las naranjas que les apeteciesen y brillaba el sol todo el tiempo. Yo estaba segura de que no era así. No podía creer que nuestra madre se riera y comiese naranjas al sol sin sus hijos. Hasta aquella Navidad en que recibimos los regalos, yo había estado convencida de que los dos habían muerto. Podía llorar siempre que lo deseara imaginándome a mi madre (no sabía qué aspecto tenía exactamente) yaciendo en su ataúd. Su pelo, que era negro, estaba extendido en una almohadita blanca y su cuerpo cubierto con una sábana. La cara era morena, como una gran O, y, como no podía representar las facciones, escribí con letras de imprenta MADRE a lo ancho de la O y por las mejillas me caían lágrimas como leche caliente.

Después llegó aquella Navidad terrible con sus horribles regalos, en la que nuestro padre, con la vanidad que con el tiempo descubriría yo como rasgo típico en él, envió su fotografía. El regalo que me envió mi madre fue un juego de té —una tetera, cuatro tazas, platitos y cucharitas— y una muñeca de ojos azules, mejillas rosadas y pelo amarillo pintado en la cabeza. No sabía lo que había recibido Bailey, pero, después de abrir mis cajas, me fui al patio trasero, detrás del cinamomo. Era un día frío y la atmósfera estaba clara como el agua. El banco estaba aún cubierto de escarcha, pero me senté y me eché a llorar. Levanté la vista y vi a Bailey, que salía del retrete limpiándose los ojos. También él había estado llorando. Yo no sabía si se habría dicho también a sí mismo que nuestros padres habían muerto y ahora cobraba conciencia cruda de la verdad o si simplemente se sentía solo. Los regalos daban pie para preguntas que ninguno de nosotros quería formular. ¿Por qué nos habían enviado lejos de ellos? ¿Y qué delito habíamos cometido? ¿Qué delito? ¿Por qué, cuando teníamos tres y cuatro años de edad, nos habían puesto marbetes en los brazos para enviarnos solos por tren desde Long Beach (California) hasta Stamps (Arkansas), a cargo exclusivamente de un mozo ferroviario? (Que, para colmo, se apeó en Arizona.)

Bailey se sentó a mi lado y aquella vez no me reprendió para que no llorara, conque lloré y él resopló un poco, pero no hablamos hasta que la Yaya nos llamó para que volviéramos a casa.

La Yaya se detuvo ante el árbol que habíamos decorado con sartas de plata y bonitas bolas de colores y dijo: «Estos niños son lo más desagradecido que he visto en mi vida. ¿Creéis que vuestra mamá y vuestro papá se han molestado en enviaros estas preciosidades de juguetes para que salgáis a llorar fuera con el frío que hace?».

Ninguno de nosotros dijo una palabra. La Yaya continuó: «Nena, sé que eres muy sensible, pero tú, Bailey hijo, no tienes razón para ponerte a maullar como un gatito simplemente porque Vivian y Bailey padre os hayan enviado algo». Como seguíamos sin tener fuerzas para responder, preguntó: «¿Queréis que le diga a Santa Claus que devuelva estas cosas?». Me sentí invadida por la horrible sensación del desgarramiento. Sentía deseos de gritar: «Sí, dile que se los devuelva». Pero no abrí la boca.

Después Bailey y yo lo comentamos. Él dijo que, si aquellas cosas las había enviado de verdad nuestra madre, tal vez significara que se estaba preparando para venir y llevarnos con ella. Tal vez hubiera estado enfadada por algo que hubiésemos hecho, pero estaba perdonándonos y pronto vendría a recogernos. El día siguiente al de la Navidad, destripamos la muñeca, pero Bailey me advirtió que debía conservar en buen estado el juego de té, porque cualquier día o cualquier noche podía aparecer por allí nuestra madre en su auto.

9

Un año después, llegó nuestro padre a Stamps sin avisar. Para Bailey y para mí fue horrible encontrarnos brusca- mente con la realidad una mañana. Habíamos —o en cualquier caso, yo había— concebido fantasías tan de- talladas sobre él y la madre ilusoria, que verlo en carne y hueso hizo trizas mis invenciones, como un fuerte tirón de una guirnalda de papel. Llegó ante la Tienda en un auto gris muy limpio (debía de haberse detenido justo antes de llegar a la ciudad para limpiarlo en pre- paración de la «magnífica aparición»). Bailey, quien en- tendía de esas cosas, dijo que era un De Soto. El tamaño de mi padre me sorprendió. Pensé que, con aquellos hombros tan anchos, le costaría trabajo pasar por la puerta. Era la persona más alta que había visto en mi vida y, si no era grueso —y yo sabía que no lo era—, parecía que lo fuese. Además, llevaba ropa demasiado pequeña —más ceñida y lanuda de lo habitual en Stamps— y era de una apostura deslumbrante. La Yaya gritó: «¡Bailey, mi niño! ¡Dios santo, Bailey!». Y el tío Willie tartamudeó: «Ba-Bah-Bailey». Mi hermano dijo: «¡Huy, mi madre! ¡Será posible! Es él: nuestro papá». Y mi mundo de niña de siete años quedó hecho pedazos, que nunca volverían a recomponerse.

Su voz sonaba como un cucharón de metal golpeando un cubo y hablaba en inglés: en inglés correcto, como el director de la escuela e incluso mejor. Nuestro padre salpicaba de «hum» e incluso «humm» sus frases con tanta prodigalidad como sonrisas nos brindaba con la boca torcida. No se le caían los labios, como al tío Willie, sino que se le iban hacia los lados y la cabeza estaba inclinada a uno u otro lado, pero nunca recta al final del cuello. Tenía el aspecto de un hombre que no creyera en lo que oía o en lo que él mismo estaba diciendo. Fue el primer cínico que conocí en mi vida. «Conque... humm... ¿este es... humm... mi hombrecito? Bien, hombre, bien. ¿Y no te ha dicho nadie... humm... que te pareces... humm... a mí?» Tenía cogido a Bailey con un brazo y a mí con el otro. «Y esta es mi nenita. Habéis sido... humm... niños buenos... humm... ¿verdad? Si no... humm... supongo que me habría... humm... enterado... humm... por Santa Claus.» Yo estaba tan orgullosa de él, que me costaba esperar a que corriera el cotilleo de que estaba en la ciudad. ¿Acaso no iban a asombrarse los chicos, al ver lo guapo que era nuestro papá? ¿Y que nos quería tanto como para venir a visitarnos a Stamps? Todo el mundo podía ver, por su forma de hablar, por el coche y la ropa, que era rico y tal vez tuviese un castillo en California. (Posteriormente, me enteré de que había sido portero en el lujoso Hotel Breakers de Santa Mónica.) Después se me ocurrió la posibilidad de que me compararan con él y no deseé que lo viera nadie. Tal vez no fuese mi padre de verdad. Bailey era su hijo, eso seguro, pero yo era una huérfana que habían recogido para que hiciese compañía a Bailey.

Cuando descubría que me estaba mirando, siempre sentía miedo y me entraban deseos de volverme tan diminuta como Pulgarcito. Un día, estando sentados en la mesa, cogí el tenedor con la mano izquierda y lo hinqué en una tajada de pollo frito. Metí el cuchillo entre el primero y el segundo diente del tenedor, como nos habían enseñado estrictamente, y empecé a serrar el hueso. Mi padre soltó una risa sonora y alegre y yo levanté la vista. Me imitó con los dos codos subiendo y bajando. «¿Va a salir volando mi nenita?» La Yaya y el tío Willie se rieron y Bailey también, con cierto disimulo. Nuestro padre estaba orgulloso de su sentido del humor.

Durante tres semanas, la Tienda se llenó de gente que había ido a la escuela con él o había oído hablar de él. Con los curiosos y envidiosos arremolinados en torno a él, se pavoneaba soltando sus «hum» y «humm» por todos lados ante la triste mirada del tío Willie. Luego, un día, dijo que debía volver a California. Me sentí aliviada. Mi mundo iba a resultar más vacío y aburrido, pero se acabaría la angustia ante sus intromisiones en mi vida privada a cada segundo y la amenaza tácita que se había cernido en el aire desde su llegada, la de que un día se marchara, habría desaparecido. Ya no iba a tener que preguntarme si le quería o no ni responder a su «¿Quiere mi nenita venirse a California con Papá?» Bailey le había dicho que quería irse, pero yo había guardado silencio. También la Yaya se sintió aliviada, aunque se lo había pasado bien cocinando platos especiales para él y presumiendo ante los campesinos de Arkansas del hijo llegado de California, pero el tío Willie sufría con la pomposa presión de nuestro padre y la Yaya, como un ave madre, estaba más preocupada por su cría inválida que por la que podía marcharse volando del nido.

¡Iba a llevarnos consigo! Yo pasaba el tiempo dando vueltas a esa idea, que me hacía sobresaltarme de repente como una caja de sorpresas. Todos los días encontraba un poco de tiempo para irme hasta el estanque, donde la gente iba a pescar percas y robalos rayados. Elegía para hacerlo horas muy tempranas o tardías para los pescadores a fin de disfrutar a solas del lugar. Me quedaba a orillas de las aguas verdeobscuras y mis pensamientos patinaban como las arañas de agua. Ahora aquí, después allá, luego acullá. ¿Debía irme con mi padre? ¿Debía arrojarme al estanque y, por no saber nadar, reunirme con el cuerpo de L. C., el muchacho que se había ahogado el verano anterior? ¿Debía rogar a la Yaya que me dejara quedarme con ella? Podía decirle que me haría cargo de las tareas de Bailey, además de las mías. ¿Tenía valor de verdad para probar a vivir sin Bailey? No podía decidirme por ninguna opción, por lo que recitaba unos versículos de la Biblia y volvía a casa.

La Yaya arregló ropa que le habían vendido las criadas de mujeres blancas y pasó largas noches cosiendo en el comedor vestidos y faldas para mí. Tenía una expresión muy triste, pero todas las veces que la sorprendía mirándome, decía, como si ya hubiera desobedecido: «Ahora tienes que ser una niña buena, ¿me oyes? No hagas pensar a la gente que no te he educado bien, ¿me oyes?». Si me hubiera cogido en sus brazos y hubiese llorado ante la idea de perderme, la mayor sorprendida, más aún que yo, habría sido ella. Su mundo lindaba por todos lados con el trabajo, el deber, la religión y «su lugar». No creo que supiera nunca que todo lo que tocaba quedaba envuelto en un aura de amor y protección. En años posteriores, le pregunté si me quería y me despachó con estas palabras: «Dios es amor. Ocúpate simplemente de si has sido una niña buena y entonces Él te amará».

Yo iba sentada en el asiento trasero del coche, con las maletas de cuero de Papá y nuestras cajas de cartón. Aunque los cristales de las ventanillas estaban bajados, el olor a pollo frito y tarta de boniato no se disipaba y no había bastante sitio para estirarse. Siempre que se le ocurría, Papá preguntaba: «¿Vas cómoda ahí atrás, nenita mía?». Nunca esperaba a oír mi respuesta, que era «sí, señor», antes de reanudar su conversación con Bailey. Este y él contaban chistes y Bailey no cesaba de reír, apagaba los cigarrillos de Papá y asía con una mano el volante, cuando Papá decía: «Vamos, chico, ayúdame a conducir esto».

Cuando me cansé de pasar una y otra vez por las mismas ciudades y ver las casas, pequeñas e inhóspitas y de aspecto deshabitado, dejé de prestar atención a todo menos al zumbido de los neumáticos sobre el pavimento y al gemido uniforme del motor. La verdad es que estaba muy irritada con Bailey. No había duda de que estaba intentando adular a Papá; había empezado incluso a reírse como él, un Santa Claus niño, con sus «Jo, jo, jo».

«¿Cómo te vas a sentir cuando veas a tu madre? ¿Contento?», estaba preguntando Papá a Bailey, pero su voz atravesó la espuma con la que yo había obturado mis sentidos, ¿íbamos a verla a Ella? Yo creía que íbamos a California. De repente me sentí aterrada. ¿Y si se reía de nosotros como él? ¿Y si tenía otros hijos, que vivían con ella? Dije: «Quiero volver a Stamps». Papá se rio: «¿Quieres decir que mi nenita no quiere ir a San Luis a ver a su madre? ¡No va a comerte! ¿Eh? ¡No te vayas a creer!».

Se volvió hacia Bailey y yo contemplé su perfil; era tan irreal para mí, que tuve la sensación de estar viendo un muñeco que hablara. «Bailey, muchacho, pregunta a tu hermana por qué quiere volver a Stamps.» Sus palabras parecían más de un blanco que de un negro, tal vez fuera el único hombre blanco del mundo con piel obscura. Tenía que sucederme a mí que resultara ser precisamente mi padre, pero, por primera vez desde que abandonamos Stamps, Bailey guardó silencio. Supongo que estaría pensando también en lo de ver a Mamá. ¿Cómo iba a poder un niño de ocho años refrenar tanto miedo? Lo traga y lo retiene tras sus amígdalas, tensa los pies y encierra el miedo entre sus dedos, contrae las nalgas y lo impulsa hacia arriba más allá de la glándula prostática.

«Chico, ¿se ha comido tu lengua el gato? ¿Qué va a decir tu madre, cuando le cuente que sus hijos no querían verla?» La idea de que se lo dijera nos hizo estremecer a Bailey y a mí al mismo tiempo. Se inclinó sobre el respaldo del asiento: «My, es Mamá querida. ¿No me irás a decir que no quieres ver a Mamá querida? No llores». Papá se rio, dio palmadas en su asiento y se preguntó a sí mismo, supongo: «¿Qué va a decir ella de eso?».

Dejé de llorar, ya que no había posibilidad de volver a Stamps con la Yaya. Bailey no me iba a apoyar, ya lo veía, conque decidí callarme y esperar a ver qué pasaría cuando viera a Mamá querida.

San Luis era un nuevo tipo de calor y un nuevo tipo de suciedad. Mi memoria no registraba edificios apiñados y cubiertos de hollín. Mi impresión era que nos llevaban al Infierno y nuestro padre era el diablo que nos conducía.

Solo en casos de estricta emergencia me permitía Bailey que le hablara en la jerga infantil delante de adultos, pero aquella tarde tuve que arriesgarme. Habíamos girado en la misma esquina —estaba segura— unas quince veces. Pregunté a Bailey: «¿Titú ticreties tique tiestite ties tinuestitro tipatidre gurio guritú guricreguries gurique gurinos guriesguristá gurirapguritangurido?». Bailey dijo: «My, estamos en San Luis y vamos a ver a Mamá querida. No te preocupes». Papá se rio entre dientes y dijo: «¿Tiquién tiva tia tiquetirer tiraptitatiros? ¿Guriaguricaguriso gurios guricreguriéis gurique gurisois gurilos gurihigurijos guride gurilinguriberg?». Yo creía que mi hermano y sus amigos habían creado la jerga infantil. Oír a mi padre hablarla, más que asombrarme, me irritó. Era, sencillamente, otro ejemplo de los engaños que los adultos infligían a los niños, otro caso representativo de la traición de los mayores.

Describir a mi madre sería como escribir sobre un huracán con toda su fuerza o los colores ascendentes y descendentes de un arco iris. Nos había recibido su madre y habíamos esperado sentados en el borde de nuestros asientos en la sala de estar atestada de mobiliario (Papá hablaba con desparpajo a nuestra abuela, como hablaban los blancos a los negros, sin el menor desconcierto y sin pedir disculpas). Los dos temíamos la llegada de nuestra madre y al mismo tiempo estábamos impacientes ante su retraso. Resulta extraordinario lo acertadas que son estas dos expresiones: «quedarse mudo» y «amor a primera vista». La belleza de mi madre me dejó literalmente anonadada. Sus labios rojos (la Yaya decía que era pecado ponerse carmín) se abrieron para mostrar unos dientes regulares y blancos y su color como de mantequilla fresca tenía aspecto transparente, de tan limpio. Su sonrisa le ensanchaba la boca más allá de las mejillas, más allá de las orejas, y parecía atravesar las paredes hasta la calle. Me quedé muda. Comprendí al instante por qué me había enviado lejos. Era demasiado bella para tener hijos. Yo nunca había visto una mujer tan guapa como ella a la que llamaran «madre». Por su parte, Bailey quedó enamorado de ella al instante y por siempre jamás. Vi que los ojos le brillaban como los de ella; había olvidado la soledad y las noches en que habíamos llorado juntos porque éramos «niños no deseados». Nunca se había separado de su cálido lado ni había compartido conmigo el gélido viento de la soledad. Era su Mamá querida y yo me resigné a su actitud. Ellos dos se parecían más que ella y yo o incluso que él y yo. Los dos tenían belleza física y personalidad, conque me imaginé que era lógico.

Unos días después, nuestro padre abandonó San Luis con destino a California y yo ni me alegré ni lo sentí. Era un extraño y era lógico que decidiera dejarnos con una extraña.

10

La abuela Baxter era cuarterona u ochavona o, en cualquier caso, casi blanca. Se había criado con una familia alemana en Cairo (Illinois) y se había trasladado a San Luis a principios de siglo para estudiar enfermería. Cuando estaba trabajando en el hospital Homer G. Phillips, conoció al abuelo Baxter y se casó con él. Ella era blanca (pues no tenía facciones que ni siquiera remotamente pudiesen llamarse negroides) y él era negro. Mientras que ella habló hasta su muerte con gutural acento alemán, él tenía el entrecortado y chisporroteante acento de las Indias Occidentales.

Su matrimonio fue feliz. Una frase muy propia de mi abuelo, que inspiraba gran orgullo a su familia, era: «Yo, qué caramba, vivo para mi esposa, mis hijos y mi perro». Se cuidó al máximo de demostrar la verdad de esa afirmación fiándose de la palabra de su familia incluso ante pruebas contradictorias.

A mediados del decenio de 1930, el sector negro de San Luis tenía la misma finura que una ciudad en plena fiebre del oro. Las actividades relacionadas con la Prohibición y el juego se practicaban con tal evidencia, que a mí me resultaba difícil creer que estuviesen prohibidas por la ley. Los compañeros de la escuela nos dijeron en seguida a Bailey y a mí, como recién llegados que éramos, quiénes eran aquellos hombres que veíamos apostados en las esquinas. Yo estaba segura de que habían tomado sus nombres de los libros sobre el Salvaje Oeste (Jimmy Puño de Acero, Dos Pistolas, el Hacha, Pete Póquer) y, para darme la razón, merodeaban ante los bares como vaqueros sin caballo.

Veíamos a los corredores de lotería ilegal, jugadores, regentadores de lotería y vendedores de whisky no solo en las bulliciosas calles, sino también en nuestra ordenada sala de estar. Con frecuencia, cuando volvíamos de la escuela, estaban sentados en ella con el sombrero en las manos y la misma actitud que habíamos tenido nosotros al llegar a la gran ciudad: esperando en silencio a la abuela Baxter.

Su piel blanca y los lentes que con teatralidad se quitaba de la nariz y dejaba colgar de una cadena sujeta al vestido eran factores que le granjeaban mucho respeto. Además, la fama de sus seis hijos, quienes tenían muy mal genio, y el hecho de que fuera jefa de su partido en la circunscripción electoral incrementaban su poder y le daban influencia para tratar sin miedo hasta con el estafador más infame. Como tenía mano en la Jefatura de Policía, aquellos hombres de trajes chillones y cicatrices aparatosas esperaban allí sentados, con el recato que se guarda en la iglesia, para pedirle favores. Si la abuela mantenía alejada a la bofia de sus salas de juego o daba el toque para que redujeran la fianza de un amigo que esperaba en la cárcel, ya sabían lo que se esperaba de ellos. Llegadas las elecciones, debían aportar los votos de su barrio. En la mayoría de los casos, conseguía indulgencias para ellos y ellos nunca dejaban de aportar el voto.

En San Luis conocí también por primera vez en mi vida el jamón cortado en lonchas finas (me pareció una exquisitez), la mezcla de «gominolas» y cacahuetes, los bocadillos con lechuga, los fonógrafos y la lealtad familiar. En Arkansas, donde curábamos nosotros mismos la carne que comíamos, desayunábamos gruesas lonchas de jamón, pero en San Luis comprábamos aquellas lonchas tan finas como el papel en una tienda alemana cargada de olores extraños y las comíamos en bocadillos. Si la abuela nunca perdió su acento alemán, tampoco perdió nunca el gusto por el negro y compacto *Brot* alemán, que comprábamos entero. En Stamps, la lechuga se usaba solo para hacer un lecho sobre el que se colocaba la ensaladilla o la ensalada de col y se traían los cacahuetes crudos del campo y se los tostaba en la base del horno en noches frías. Los ricos aromas solían invadir la casa y siempre se daba por sentado que comeríamos más de la cuenta, pero eso era una costumbre de Stamps. En San Luis, los cacahuetes se compraban en bolsas de papel y se mezclaban con gominolas, con lo que comíamos la sal y el azúcar juntos y a mí me parecía una delicia: lo mejor que podía ofrecer la gran ciudad.

Cuando ingresamos en la escuela primaria Toussaint L'Ouverture, nos asombró la ignorancia de nuestros compañeros y la tosquedad de nuestros maestros. Solo nos impresionaron las dimensiones del edificio; ni siquiera la escuela para blancos de Stamps era tan grande.

Sin embargo, los estudiantes estaban espantosamente atrasados. Bailey y yo hacíamos operaciones aritméticas a la perfección, porque habíamos trabajado en la Tienda, y leíamos bien, porque en Stamps no había otra cosa que hacer. Nos pasaron a un curso superior, porque nuestros maestros pensaron que nosotros, los niños procedentes del campo, haríamos sentirse inferiores a nuestros compañeros... y así era. Bailey no cesaba de comentar la falta de conocimientos de nuestros compañeros. A la hora de comer, en el gran patio de recreo de cemento gris, se colocaba en el centro de un gran grupo de chicos y preguntaba: «¿Quién fue Napoleón Bonaparte?», «¿Cuántos pies tiene una milla?». Era la lucha cuerpo a cuerpo al estilo de Bailey.

Cualquiera de los chicos habría podido ganarle a puñetazos, pero, si lo hubieran hecho, habrían tenido que repetirlo el día siguiente y Bailey nunca fue partidario de luchar con limpieza. Me enseñó que, en cuanto me enzarzara en una pelea, debía lanzarme «a agarrar los huevos al instante». No me dio respuesta a esta pregunta: «¿Y si mi contrincante fuera una chica?».

Fuimos a la escuela allí durante todo un año, pero lo único que recuerdo haber oído en ella que no supiera fue esto: «Haciendo miles de ceros con forma de huevo se mejora la caligrafía».

Los maestros eran más circunspectos que los de Stamps y, aunque no azotaban a los colegiales con varillas, los golpeaban con reglas en las palmas. En Stamps, los maestros eran mucho más afables, pero se debía a que procedían de universidades para negros de Arkansas y, como en el pueblo no había hoteles ni pensiones, tenían que vivir con familias particulares. Si una señorita maestra recibía visitas o no recibía carta alguna o lloraba a solas en su habitación por las noches, al final de la semana hasta los niños hablaban de su moralidad, su soledad y demás fallos en general. Habría sido poco menos que imposible mantener la circunspección en vista de las dificultades para preservar la intimidad en un pueblo pequeño.

En cambio, los maestros de San Luis solían ser muy arrogantes y hablaban con altivez a sus estudiantes desde las encumbradas alturas de la instrucción y la pronunciación de los blancos. Tanto los maestros como las maestras hablaban como mi padre con sus «hum» y «humm». Caminaban con las rodillas juntas y hablaban con los labios casi cerrados, como si temieran dejar salir el sonido para no inhalar el sucio aire que emanaba del oyente.

Durante un invierno deprimente, fuimos caminando a la escuela a lo largo de paredes de ladrillo y respiramos el polvo de carbón. Aprendimos a decir «sí» y «no» en lugar de «sí, señora» y «no, señora».

En ocasiones Mamá, a la que raras veces veíamos en casa, nos daba cita en Louie's, larga y obscura taberna situada al final del puente cercano a la escuela y propiedad de dos hermanos sirios.

Solíamos entrar por la puerta trasera y el serrín, la cerveza rancia, el vaho y la carne hirviendo me hacían sentir como si acabara de comer bolas de naftalina. Mamá me había cortado el pelo al estilo paje, como el suyo, y me lo había estirado, por lo que me sentía la cabeza pelada y la parte trasera del pescuezo tan desnuda, que me daba vergüenza caminar delante de alguien. Naturalmente, eso hacía que no cesara de volverme rápido, como si esperase que fuera a suceder algo.

En Louie's, los amigos de Mamá nos llamaban los «nenes tan monines de Bibbie» y nos daban refrescos y gambas cocidas. Mientras permanecíamos sentados en los duros bancos de madera, Mamá se ponía a bailar sola ante nosotros al compás de la música de la rockola. En esas ocasiones era cuando más la amaba yo. Era como una bonita cometa que flotara justo por encima de mi cabeza. Si hubiese querido, habría podido atraerla hacia mí diciendo que debía ir al servicio o poniéndome a pelear con Bailey. Nunca hice ninguna de las dos cosas, pero ese poder me hacía sentir cariño por ella.

Los hermanos sirios competían para atraer su atención, cuando cantaba el blues intenso que Bailey y yo casi entendíamos. La contemplaban, aun cuando estuviera conversando con otros clientes: también ellos estaban —bien lo sabía yo— hipnotizados por esa mujer hermosa que hablaba con todo su cuerpo y hacía las castañetas más sonoras del mundo. En Louie's aprendimos el *time step*. A partir de ese paso básico, nacieron la mayoría de los bailes negros americanos. Es una serie de zapateados, saltos y pausas y exige oído, sentimiento y coordinación cuidadosos. Nos vimos obligados a demostrar nuestro arte delante de los amigos de Mamá allí, en la recargada atmósfera del bar. Bailey aprendió con facilidad y siempre ha sido el que mejor ha bailado de los dos, pero yo también aprendí. Abordé el *time step* con la misma determinación con que había abordado la tabla de multiplicar. No había un tío Willie ni una chisporroteante estufa rechoncha, pero estaban Mamá y las risas de sus amigos, que equivalían a lo mismo. Nos aplaudían y nos daban más refrescos y gambas, pero hasta años después no iba a descubrir yo el gozo y la libertad de bailar bien.

Los hermanos de Mamá —los tíos Tutti, Tom e Ira— eran jóvenes muy conocidos en San Luis. Todos ellos tenían empleos urbanos, cosa que, tratándose de negros, constituía —ahora lo comprendo— una gran hazaña. Sus empleos y su familia los hacían destacar, pero por lo que eran más conocidos era por su implacable mal genio. El abuelo les había dicho: «Por Dios bendito, si alguna vez vais a la cárcel por robar o alguna tontería así, os dejaré pudriros en ella, pero, si os detienen por pelearos, ¡venderé la casa entera para sacaros!». Con esa clase de aliento, respaldado por temperamentos explosivos, no era de extrañar que llegasen a ser personas temibles. Nuestro tío más joven, Billy, no era bastante mayor para unírseles en sus travesuras. Una de las aventuras más aparatosas de nuestros tíos llegó a ser una leyenda y motivo de orgullo en la familia.

Pat Patterson, hombre alto y fuerte, protegido, a su vez, por el escudo de una mala reputación, cometió el error de maldecir a mi madre una noche cuando estaba sola fuera. Ella contó el incidente a sus hermanos, quienes ordenaron a uno de sus acólitos que buscara por las calles a Patterson y, cuando lo localizase, los telefoneara.

Mientras esperaban, durante toda la tarde, el cuarto de estar se llenó de humo y murmullos con los que se comunicaban los planes de venganza. De vez en cuando, el abuelo llegaba de la cocina y decía: «No lo matéis. Mucho cuidadito, no vayáis a matarlo», y después regresaba a tomarse su café con la abuela.

Fueron a la taberna en la que Patterson estaba sentado a una mesita y bebiendo. El tío Tommy se quedó junto a la puerta, el tío Tutti se apostó en la puerta del servicio y el tío Ira, el mayor y a la vez el modelo de todos, se acercó a Patterson. Evidentemente, todos llevaban revólver.

El tío Ira dijo a mi madre: «Mira, Bibbi. Aquí está Patterson, ese puto negro. Acércate y dale para el pelo bien».

Ella le estrelló en la cabeza una porra de policía con fuerza suficiente para dejarlo a las puertas de la muerte. No hubo investigación policial ni censura social.

Al fin y al cabo, ¿acaso no incitaba el abuelo sus feroces raptos de cólera? ¿Y acaso no era la abuela una mujer casi blanca con mano en la policía?

Reconozco que me sentí estremecida ante su mal genio. Molían a palos tanto a blancos como a negros con el mismo desenfreno y se caían mutuamente tan bien, que nunca necesitaron aprender el arte de hacer amistades exteriores. Mi madre era la única de todos los hermanos con una personalidad cálida y expansiva. Estando nosotros allí, el abuelo quedó postrado en la cama y sus hijos pasaban el tiempo libre contándole chistes y cotilleos y demostrándole su amor.

El tío Tommy, que era bronco y mascullaba las palabras como el abuelo, era mi favorito. Ensartaba frases corrientes y acababan pareciendo las maldiciones más profanas o poesía cómica. Como comediante nato que era, nunca esperaba a la risa que, según sabía, seguiría a sus graciosas ocurrencias. Nunca era cruel. Tenía mal genio.

Cuando jugábamos al balonmano junto a nuestra

casa, el tío Tommy aparecía, tras doblar la esquina, de vuelta del trabajo. Al principio, fingía no vernos, pero atrapaba la pelota con la destreza de un gato y decía: «Cuando seáis capaces de ver con el culo, os dejaré entrar en mi equipo». Nosotros, los niños, hacíamos un corro en torno a él, pero hasta que llegaba a la escalera no estiraba el brazo y arrojaba la pelota por encima del farol y hacia las estrellas.

Con frecuencia me decía: «Ritie, no te preocupes por no ser guapa. He visto muchas mujeres guapas cavando zanjas o haciendo cosas peores. Tú eres lista. Te juro por Dios que prefiero que tengas gran inteligencia a que tengas un culo atractivo».

A menudo se jactaban de lo unidos que estaban los Baxter. El tío Tommy decía que, aun de niños, lo sentían antes de ser lo suficientemente mayores para que se lo enseñaran. Recordaban que Bailey, cuando aún no había cumplido los tres años, me enseñaba a andar. Descontento con mis traspiés, había dicho, al parecer: «Esta es *mi* hermana. Tengo que enseñarle a andar». También me contaron de dónde me había venido el nombre «My». Después de que Bailey se enterara definitivamente de que yo era su hermana, se negó a llamarme Marguerite, sino que siempre se dirigía a mí con *Mya Sister* y, en años posteriores, cuando dominaba más el habla y después de que la necesidad de concisión hubiera acortado el apelativo en «My», lo desarrolló hasta «Maya».

Vivimos medio año con nuestros abuelos en una gran casa de Caroline Street hasta que Mamá nos llevó a su casa. El abandono de la casa en que estaba concentrada la familia nada significó para mí. Fue solo un detallito en el magno diseño de nuestras vidas. Si otros niños no se mudaban tanto, quería decir que nuestras vidas estaban destinadas a ser diferentes a la de cualquier otra persona del mundo. Entre la nueva casa y la anterior no había diferencia, excepto que ahora estábamos con Mamá.

Bailey persistió en llamarla «Mamá querida» hasta que la proximidad atenuó la solemnidad de la expresión y la redujo a «Mamá» y, por último, a «amá». A mí nunca acababa de parecerme real. Era tan guapa y tan viva, que, incluso cuando acababa de despertar, con los ojos cargados de sueño y el pelo enmarañado, me parecía exactamente como la Virgen María, pero, ¿qué madre e hija se entienden o incluso se compadecen de su falta de entendimiento mutuo?

Mamá había preparado un lugar para nosotros y fuimos a él agradecidos. Teníamos una habitación para cada uno con cama y dos sábanas, mucha comida y ropa comprada en la tienda. Al fin y al cabo, no estaba obligada a hacerlo. Si le crispábamos los nervios o desobedecíamos, siempre podía enviarnos de vuelta a Stamps. El deber de agradecimiento y la amenaza, nunca formulada, de una vuelta con la Yaya eran cargas que paralizaban mi entendimiento infantil y lo convertían en impasibilidad. Me llamaban «vieja» y me chinchaban por moverme y hablar como melaza en invierno.

Vivía con nosotros el amigo de Mamá, el señor Freeman, o nosotros vivíamos con él (nunca supe cuál de las dos cosas). Era sureño también y alto y fuerte, pero un poco fofo. Sus pechos me hacían sentirme violenta, cuando andaba por la casa en camiseta. Le colgaban en el torso como tetas aplastadas.

Aun cuando Mamá no hubiera sido una mujer tan guapa, de piel clara y cabello liso, tenía suerte de tenerla y él lo sabía. Era instruida, de una familia conocida y, al fin y al cabo, ¿acaso no había nacido en San Luis? Además, era alegre. No cesaba de reír y gastar bromas. Él estaba agradecido. Creo que debía de ser muchos años mayor que ella, pero, si no, tenía, de todos modos, la lentitud e inferioridad de los hombres de edad casados con mujeres más jóvenes. No le quitaba la vista de encima y, cuando ella salía de la habitación, los ojos de él se lo permitían a regañadientes.

11

Llegué a la conclusión de que San Luis era un país extranjero. Nunca me acostumbraría a los huidizos sonidos de las cisternas de los retretes, los alimentos envasados, los timbres de las puertas o el ruido de los coches, los trenes y los autobuses que atravesaba las paredes o se colaba por debajo de las puertas. Con la imaginación solo me quedé en San Luis unas semanas. Tan pronto como entendí que no había llegado a mi hogar, me escabullí al bosque de Robin Hood y a las cuevas del cavernícola Alley Oop, donde toda realidad era irreal y cambiaba incluso todos los días. Me llevé conmigo el mismo escudo que había usado en Stamps: «No he venido para quedarme».

Mamá era muy apta para cuidar de nosotros, aun cuando eso significara conseguir que alguna otra persona suministrase las provisiones. Aunque era enfermera, mientras estuvimos con ella no trabajó en su profesión. El señor Freeman ganaba las habichuelas y ella un complemento cortando barajas de póquer en garitos. El mundo convencional del trabajo de las ocho de la mañana a las cinco de la tarde no tenía, sencillamente, bastante atractivo para ella y hasta veinte años después no la vi con uniforme de enfermera.

El señor Freeman era capataz en la estación ferroviaria de clasificación de la Southern Pacific y a veces llegaba tarde a casa, después de que mamá se hubiera marchado. Cogía su cena, que ella había dejado cuidadosamente tapada en el fogón y que nosotros —según nos había advertido— no debíamos tocar, y se la comía en silencio en la cocina, mientras Bailey y yo leíamos, voraces, nuestra revista. Ahora que teníamos dinero para gastillos, nos comprábamos las revistas de historias policiacas ilustradas con estampas chillonas. Cuando Mamá estaba ausente, habíamos de cumplir con un sistema basado en el honor. Debíamos acabar los deberes, cenar y lavar los platos antes de poder leer u oír *El llanero solitario*, *Los enemigos del crimen* o *La sombra*.

El señor Freeman se movía con garbo, como un gran oso pardo, y raras veces nos hablaba. Se limitaba a esperar a Mamá y concentraba todo su ser en la espera. Nunca leía el periódico ni seguía el compás de la radio con el pie. Esperaba y se acabó.

Si ella llegaba a casa antes de que nos hubiéramos ido a la cama, veíamos revivir a aquel hombre. Se levantaba sonriendo del sillón, con la expresión de quien acaba de despertarse. Entonces yo recordaba que, unos segundos antes, había oído cerrarse la portezuela de un coche; después se dejaban oír en la acera de cemento las pisadas de Mamá. Cuando la llave sonaba en la puerta, el señor Freeman ya había formulado su pregunta habitual: «Hola, Bibbie, ¿lo has pasado bien?».

Su pregunta quedaba suspendida en el aire, mientras

ella saltaba a darle un besito en los labios. Después se volvía hacia Bailey y hacia mí para besarnos con su boca de carmín. «¿No habéis acabado los deberes?» Si los habíamos acabado y estábamos simplemente leyendo, decía: «Perfecto, decid vuestras oraciones e id a la cama». Si no los habíamos acabado: «Entonces id a vuestra habitación y acabad... después decid vuestras oraciones y meteos en la cama».

La sonrisa del señor Freeman nunca se intensificaba, permanecía igual. A veces Mamá se le acercaba y se sentaba en sus rodillas y parecía que la sonrisa no iba a desaparecer nunca de su rostro.

Desde nuestras habitaciones, oíamos el tintinear de los vasos y la radio a todo volumen. Creo que, en las noches alegres, ella debía de bailar para él, que no sabía hacerlo, pues muchas veces, antes de quedarme dormida, oía unos pies que se arrastraban a ritmo de baile.

Yo sentía mucha lástima por el señor Freeman, tanta como la que había sentido por una camada de cerditos indefensos nacidos en nuestra porqueriza del patio trasero, en Arkansas. Engordábamos los cerdos durante todo el año para la matanza, que se celebraba el primer día en que hubiera una buena escarcha, y, aunque yo sufría por aquellas diminutas monerías culebreantes, también sabía cuánto iba a disfrutar con la salchicha fresca y la cabeza de jabalí que solo podían ofrecerme con su muerte.

Por culpa de los espeluznantes cuentos que leíamos, nuestra vívida imaginación y, probablemente, los recuerdos de nuestras breves, pero agitadas, vidas, Bailey y yo padecíamos afecciones: él físicas y yo mentales. Él tartamudeaba y yo sufría las torturas de horribles pesadillas. A él le decían constantemente que fuese más despacio y volviera a empezar y a mí, en noches particularmente malas, mi madre me llevaba a dormir con ella, en la gran cama que compartía con el señor Freeman.

Los niños, necesitados de estabilidad, contraen hábitos fácilmente. Después de la tercera vez que dormí en la cama de Mamá, consideré totalmente normal dormir en ella.

Una mañana, ella se levantó temprano, porque había de hacer un recado, y yo volví a quedarme dormida, pero me despertó una presión, una sensación extraña en la pierna izquierda. Era algo demasiado blando para tratarse de una mano y no parecía el contacto con la tela. Fuera lo que fuese, yo no había conocido esa sensación en todos los años en que había dormido con la Yaya. No me moví, ni habría podido hacerlo, de tan asustada como estaba. Giré la cabeza un poquito a la izquierda para ver si el señor Freeman se había despertado y se había levantado, pero tenía los ojos abiertos y las dos manos encima de la colcha. Comprendí, como si lo hubiera sabido siempre, que tenía su «cosa» sobre mi pierna.

Dijo: «Estate quietita así, Ritie, y no te haré daño». Yo no estaba asustada: tal vez un poco recelosa, pero no asustada. Naturalmente, sabía que muchísimas personas lo «hacían» y para ello utilizaban sus «cosas», pero ninguna de las personas que yo había conocido se lo había hecho a nadie. El señor Freeman me atrajo hacia sí y me metió la mano entre las piernas. No me hizo daño, pero la Yaya me había metido en la cabeza este consejo: «Mantén las piernas cerradas y no dejes que nadie te vea el monedero».

«Ya ves que no te he hecho daño. No tengas miedo.» Retiró las sábanas y la «cosa» se le estiró como una mazorca de maíz carmelita. Me cogió la mano y dijo: «Tócalo». Era blando y serpenteante como las entrañas de un pollo recién sacrificado. Después me atrajo con el brazo izquierdo hasta colocarme sobre su pecho, mientras su mano derecha se movía a tal velocidad y su corazón palpitaba tan fuerte, que temí verlo morir. Las historias de fantasmas revelaban que quienes se morían no soltaban su presa. Yo me preguntaba cómo me liberaría, si el señor Freeman se moría teniéndome agarrada. ¿Tendrían que romperle los brazos para soltarme?

Por último, se quedó quieto y entonces vino lo más agradable. Me abrazó con tanta ternura, que deseé permanecer así eternamente. Me sentía en mi elemento. Por su forma de abrazarme, supe que nunca me soltaría ni dejaría que me sucediera nada malo. Probablemente fuese mi padre de verdad y por fin nos habíamos vuelto a encontrar, pero entonces se dio la vuelta, se levantó y me dejó con la cama mojada.

«Tengo que decirte una cosa, Ritie.» Se quitó los calzoncillos, que se le habían caído hasta los muslos, y se metió en el baño.

Era verdad que la cama estaba mojada, pero yo sabía que no había tenido un accidente. Tal vez lo hubiera tenido el señor Freeman, mientras me abrazaba. Volvió con un vaso de agua y me dijo con voz desabrida: «Levántate, que te has meado en la cama». Vertió agua sobre la mancha húmeda y la cama adquirió el aspecto que muchas mañanas presentaba mi colchón.

Como yo había conocido la severidad del Sur, sabía

cuándo debía mantenerme callada delante de los adultos, pero, aun así, deseaba preguntarle por qué me acusaba de haberme orinado, cuando estaba segura de que no se lo creía. Si pensaba que yo era una niña mala, ¿quería eso decir que no volvería a abrazarme? ¿Ni a reconocer que era mi padre? Le había hecho sentirse avergonzado de mí.

«Ritie, ¿quieres a Bailey?» Se sentó en la cama y yo me le acerqué, esperanzada. «Sí.» Estaba inclinado, subiéndose los calcetines y su espalda era tan ancha y cordial, que sentí deseos de descansar la cabeza en ella.

«Si alguna vez cuentas a alguien lo que hemos hecho, tendré que matar a Bailey.»

¿Qué habíamos hecho? ¿Los dos? Evidentemente, no se refería a que yo me hubiera orinado en la cama. No entendí y no me atreví a preguntarle. Tenía algo que ver con el abrazo que me había dado, pero tampoco había posibilidad de preguntar a Bailey, porque eso me habría obligado a contar lo que habíamos hecho. La idea de que pudiese matar a Bailey me dejó pasmada. Después de que saliera del cuarto, pensé en decir a Mamá que no me había orinado en la cama, pero es que, si me preguntaba por lo ocurrido, habría de contarle que el señor Freeman me había abrazado y eso era imposible.

Era el mismo dilema de siempre. Siempre me había encontrado ante él en mi vida. Había un ejército de adultos, cuyos motivos y movimientos yo no podía, sencillamente, entender y que no hacían el menor esfuerzo para entender los míos. Ni por un momento sentí desagrado hacia el señor Freeman: sencillamente, no lo entendía.

Durante varias semanas después, no me dijo nada, excepto los crudos saludos que siempre pronunciaba sin mirarme.

Aquel fue el primer secreto que no revelé a Bailey y a veces pensaba que él podría leerlo en mi rostro, pero no notó nada.

Empecé a echar de menos lo que había sentido estrechada entre los brazazos del señor Freeman. Antes, mi mundo había estado compuesto de Bailey, la comida, la Yaya, la Tienda, la lectura de libros y el tío Willie. Ahora, por primera vez, formaba parte de él también el contacto físico.

Empecé a esperar con impaciencia la llegada del señor Freeman de la estación de clasificación, pero, cuando llegaba, nunca me hacía caso, aunque yo ponía mucho sentimiento al decirle: «Buenas noches, señor Freeman».

Una noche en que no podía concentrarme con nada, me acerqué a él y me senté rápida en sus rodillas. Él estaba otra vez esperando a Mamá. Bailey estaba oyendo *La sombra* y no me echó de menos. Al principio, el señor Freeman se mantuvo inmóvil, sin abrazarme ni nada, después sentí que bajo mi muslo empezaba a moverse un bulto blando. Empujaba contra mí e iba endureciéndose. Después, el señor Freeman me atrajo hacia su pecho. Olía a polvo y grasa de carbón y estaba tan próximo, que enterré el rostro en su camisa y escuché su corazón latiendo solo por mí. Solo yo podía oír su retumbar, solo yo podía sentir sus saltos en mi cara. Él dijo: «Estate quieta y deja de retorcerte», pero, al mismo tiempo, me apretó y me frotó contra sus muslos y después, de repente, se puso de pie y yo resbalé hasta el suelo. Él corrió al cuarto de baño.

Pasó meses sin volver a hablarme. Yo me sentí herida

y, durante un tiempo, más sola que nunca en mi vida, pero después me olvidé de él y hasta el recuerdo de su tierno abrazo se disipó en las tinieblas, allende las anteojeras de la infancia.

Leía más que nunca y deseaba con toda el alma haber nacido chico. Horatio Alger era el mayor escritor del mundo. Sus héroes siempre eran buenos, siempre vencían y siempre eran chicos. Yo habría podido adquirir las dos primeras virtudes, pero llegar a ser un chico había de ser —seguro— difícil, si no imposible.

Los tebeos de los suplementos dominicales de los periódicos me influían y, aunque admiraba a los fuertes héroes que siempre triunfaban al final, me identificaba con Tiny Tim. En el retrete, adonde solía llevarme los periódicos, resultaba engorroso buscar las páginas deseadas y excluir las que no lo eran, para enterarme de cómo acabaría burlando a su más reciente adversario. Todos los domingos, lloraba aliviada, cuando mi héroe eludía a los malos, y, a partir de una aparente derrota, contraatacaba con la misma dulzura y bondad de siempre. Los Katzenjammer eran unos niños divertidos, porque hacían parecer estúpidos a los adultos, pero demasiado sabihondos, para mi gusto.

Cuando llegó la primavera a San Luis, me saqué mi primera tarjeta de socia de la biblioteca y, como Bailey y yo parecíamos ir alejándonos con el crecimiento, pasaba la mayoría de los domingos en ella (sin interrupciones) empapándome con el mundo de los muchachos limpiabotas e indigentes que a base de bondad y perseverancia llegaban a hacerse hombres muy ricos y en las fiestas daban cestas de dulces a los pobres. Las princesitas confundidas con criadas y los niños largo tiempo perdidos y confundidos con expósitos llegaban a ser más reales para mí que nuestra casa, nuestra madre, nuestra escuela o el señor Freeman.

Durante aquellos meses, veíamos a los abuelos y a los tíos (nuestra única tía se había ido a California a hacer fortuna), pero siempre hacían la misma pregunta: «¿Habéis sido niños buenos?», para la que solo había una respuesta. Ni siquiera Bailey se habría atrevido a responder que no.

12

Un sábado, a finales de la primavera, después de haber hecho nuestras tareas (sin comparación con las de Stamps), Bailey y yo estábamos a punto de salir: él a jugar al béisbol y yo a la biblioteca. Después de que Bailey hubiese bajado la escalera, el señor Freeman me dijo: «Ritie, ve a comprar un poco de leche».

Mamá solía traer la leche, cuando regresaba a casa, pero aquella mañana, mientras Bailey y yo arreglábamos el cuarto de estar, vimos la puerta de su alcoba abierta y comprendimos que la noche anterior no había vuelto a casa.

Me dio dinero y corrí a la tienda y de vuelta a casa. Tras guardar la leche en la nevera, me volví y acababa de llegar a la puerta de la calle, cuando oí: «Ritie». El señor Freeman estaba sentado en el sillón junto a la radio. «Ritie, ven aquí.» No pensé en los abrazos hasta que estuve cerca de él. Tenía la bragueta abierta y su «cosa» sobresalía por sí sola.

«No, señor Freeman.» Empecé a retroceder. No quería tocar otra vez esa cosa fofa y dura y no necesitaba que me abrazara más. Me agarró del brazo y tiró de mí hasta colocarme entre sus piernas. Tenía la cara apacible y expresión cordial, pero no sonreía ni guiñaba los ojos: nada.

No hizo nada, excepto alargar la mano izquierda para poner la radio sin siquiera mirarla. Con el fondo de la música y las interferencias, dijo: «Mira, esto no te va a doler mucho. La otra vez te gustó, ¿verdad?».

Yo no quería reconocer que me había gustado, en efecto, que me abrazara ni que me había gustado su olor o las intensas palpitaciones, conque no dije nada y su cara se volvió como la de uno de esos nativos malos a los que el Hombre Enmascarado siempre debía dar una paliza.

Me estaba apretando la cintura con las piernas. «Bájate las bragas.» Vacilé por dos razones: me apretaba demasiado para que pudiera moverme y estaba segura de que en cualquier momento mi madre o Bailey o la Avispa Verde derribarían la puerta y me salvarían.

«La otra vez solo era un juego.» Me soltó lo suficiente para bajarme las bragas de un tirón y después me atrajo más hacia sí. Subió el volumen de la radio, al máximo, y dijo: «Si gritas, te mato y, si lo cuentas, mataré a Bailey». No me cabía duda de que lo decía en serio y no podía entender por qué quería matar a mi hermano. Ninguno de los dos le habíamos hecho nada y después...

Después vino el dolor. Una rotura y penetración con las que hasta los sentidos resultan desgarrados. La violación de un cuerpo de ocho años es como si la aguja cediera porque el camello no puede. La niña cede porque el cuerpo puede y la mente del violador no.

Creí que había muerto: el mundo de paredes blancas en que desperté debía de ser el Cielo, pero estaba ahí el señor Freeman lavándome. Le temblaban las manos, pero me sostenía de pie en la bañera y me lavaba las piernas. «No quería hacerte daño, Ritie, de verdad. Pero no lo cuentes... Recuérdalo, no se lo digas a nadie.»

Me sentía refrescada, muy limpia y solo un poco cansada. «No, señor Freeman, no lo contaré.» Me sentía como por encima de todas las cosas. «Solo, que estoy tan cansada, que voy a ir a tumbarme un rato, por favor», le susurré. Pensé que, si hablaba en voz alta, podría asustarse y hacerme daño otra vez. Me secó y me entregó las bragas. «Póntelas y vete a la biblioteca. Tu mamá no tardará en volver a casa. Compórtate con naturalidad.»

Mientras caminaba por la calle, me sentía las bragas mojadas y las caderas parecían salírseme de los goznes. No podía pasar mucho rato sentada en los duros asientos de la biblioteca (estaban hechos para niños), por lo que fui hasta el descampado en el que Bailey estaba jugando a la pelota, pero no lo encontré. Me quedé un rato a mirar a los chicos mayores correr por la pista polvorienta y después me dirigí a casa.

Al cabo de dos manzanas, comprendí que no llegaría. No llegaría, a no ser que contase cada paso y pisara en cada raya. Había empezado a sentir entre las piernas una quemazón mayor que cierta vez en que me había puesto una cantidad excesiva de Linimento Sloan. Me vibraban las piernas o, mejor dicho, el interior de los muslos con la misma fuerza con que había palpitado el corazón del señor Freeman: pom... paso... pom... paso... PISA LA RAYA... pom... paso. Subí los peldaños de la escalera uno, uno por... uno por uno cada vez. No había nadie en la sala de estar, conque me fui derecha a la cama, después de haber escondido bajo el colchón las bragas con manchas rojas y amarillas.

Cuando llegó Mamá, dijo: «Pero, bueno, jovencita, creo que esta es la primera vez que te veo irte a la cama sin que te lo digan. Debes de estar enferma».

No estaba enferma, pero me ardía la boca del estómago: ¿cómo iba a decirle eso? Después vino Bailey y me preguntó qué me pasaba. Nada podía decirle. Cuando Mamá nos llamó para comer y dije que no tenía hambre, me puso su fresca mano en la frente y las mejillas. «Tal vez sea el sarampión. Dicen que hay mucho por el barrio.» Después de tomarme la temperatura, dijo: «Tienes un poco de fiebre. Probablemente lo hayas pescado».

El señor Freeman ocupó todo el vano de la puerta: «Entonces Bailey no debería estar ahí con ella, a no ser que quieras tener la casa llena de niños enfermos». Ella le contestó sin volverse: «Lo mismo da que lo coja ahora o más tarde: cuanto antes, mejor». Pasó junto al señor Freeman como si este fuera de algodón. «Vamos, niño. Coge unas toallas remojadas y pásaselas por la cara a tu hermana.»

Cuando Bailey salió del cuarto, el señor Freeman se acercó a la cama. Se inclinó y toda su cara era una amenaza que podría haberme sofocado. «Si lo cuentas...» Y de nuevo tan bajito, que apenas si lo oí: «Si lo cuentas». No pude hacer acopio de energía suficiente para responderle. Había de saber que yo no iba a contar nada. Entró Bailey con las toallas y el señor Freeman salió.

Después Mamá hizo un caldo y se sentó en el borde de la cama para darme de comer. El líquido me bajó por la garganta como si fuera un hueso. El vientre y el trasero me pesaban como si fuesen de hierro, pero parecía que la cabeza me había abandonado y sobre los hombros solo tuviera aire puro. Bailey estuvo leyéndome trozos de *The Rover Boys* hasta que le entró sueño y se fue a la cama.

Aquella noche no cesé de despertarme, al oír a Mamá y al señor Freeman discutir. No entendía lo que decían, pero esperaba que no lo encolerizara como para que le hiciera daño también a ella. Yo sabía que podía hacerlo, con su rostro frío y sus ojos sin expresión. Sus voces llegaban cada vez más rápidas, las agudas pisando los talones a las graves. Me habría gustado acercarme, pasar simplemente, como si fuera al cuarto de baño, y asomar la cara simplemente y tal vez lo dejaran, pero mis piernas se negaban a moverse. Podía mover los dedos de los pies y los tobillos, pero las rodillas se me habían vuelto de madera.

Tal vez durmiese, pero pronto llegó la mañana y Mamá tenía su hermoso rostro inclinado sobre mi cama. «¿Cómo te sientes, mi amor?»

«Bien, mamá.» Una respuesta instintiva. «¿Dónde está Bailey?»

Dijo que aún dormía, pero que ella no había dormido en toda la noche. Había estado entrando y saliendo de mi cuarto para ver cómo me encontraba yo. Le pregunté dónde estaba el señor Freeman y la cara se le ensombreció con el recuerdo del enfado. «Se ha ido. Se ha mudado a otra casa esta mañana. Voy a poner al fuego tu sémola y después te tomo la temperatura.»

¿Podía contárselo ahora? El terrible dolor me confirmó que no podía. Lo que ese hombre me había hecho y yo había tolerado debía de ser muy malo, pues Dios permitía que sintiese tanto dolor. Si el señor Freeman se había marchado, ¿quería eso decir que Bailey estaba fuera de peligro? Y, de ser así, ¿seguiría queriéndome, si se lo contaba? Después de que Mamá me tomara la temperatura, dijo que se iba a la cama un rato, pero que, si me sentía peor, la despertara. Dijo a Bailey que mirase a ver si me veía manchas en la cara y en los brazos y, cuando aparecieran, las untase con una loción de calamina.

Aquel domingo va y viene en mi memoria como una mala conexión en una llamada de teléfono a ultramar. En cierto momento, Bailey estaba leyéndome *The Katzenjammer Kids* y después, sin interrupción para dormir, Mamá estaba mirándome atentamente la cara y la sopa me goteaba por la barbilla, me entraba un poco en la boca y me asfixiaba. Después había un médico que me tomaba la temperatura y el pulso.

«¡Bailey!» Supuse que había gritado, porque apareció de repente, y le pedí que me ayudara y nos fugásemos a California o Francia o Chicago. Sabía que me iba a morir y, de hecho, anhelaba la muerte, pero no quería morir cerca del señor Freeman. Sabía que ni siquiera ahora permitiría a la Muerte llevárseme, si él no lo deseaba.

Mamá dijo que habían de bañarme y cambiar las sábanas, porque había sudado mucho, pero, cuando intentaron apartarme, me resistí y ni siquiera Bailey pudo asirme. Entonces Mamá me cogió en brazos y el terror cesó por un rato. Bailey se puso a cambiar la cama. Al levantar las sábanas manchadas, sacó las bragas que yo había metido bajo el colchón. Cayeron a los pies de Mamá.

13

En el hospital, Bailey me dijo que debía decir quién me había hecho eso o, si no, ese hombre haría daño a otra niña. Cuando expliqué que no podía, porque, en ese caso, ese hombre lo mataría a él, Bailey dijo, como un entendido: «No me puede matar. No se lo permitiré». Y, naturalmente, le creí. Bailey no me mentía, conque se lo conté.

Bailey lloró junto a mi cama hasta que me eché a llorar yo también. Hasta casi quince años después no volví a ver llorar a mi hermano.

Usando su fino caletre de nacimiento (esas fueron las palabras que utilizó aquel día), pasó la información a la abuela Baxter y el señor Freeman fue detenido y se libró de la espantosa ira de mis tíos, tan proclives a echar mano de las pistolas.

Me habría gustado pasar el resto de mi vida en el hospital. Mamá traía flores y caramelos y la abuela fruta y mis tíos se paseaban una y otra vez en torno a mi cama resoplando como caballos salvajes. Cuando conseguían meterlo a hurtadillas, Bailey se pasaba horas leyendo para mí.

El dicho de que la gente ociosa se vuelve cotilla no es toda la verdad. El acaloramiento es una droga y las personas cuya vida está cargada de violencia siempre están preguntándose dónde conseguirán el próximo «chute».

La sala de la audiencia estaba llena. Había incluso algunas personas detrás de los bancos —parecidos a los de la iglesia— al fondo. En el techo, los ventiladores se movían con despreocupación de ancianos. Estaban los clientes de la abuela Baxter con atuendo vistoso y frívolo. Los tahúres, con trajes de rayas finas, y sus mujeres, muy maquilladas, me susurraban con sus bocas rojas como la sangre que ahora yo sabía tanto como ellas. Tenía ocho años y ya era mayor. Incluso las enfermeras del hospital me habían dicho que ahora ya nada había de temer. «Para ti, lo peor ya ha pasado», me habían dicho, conque coloqué esas palabras en todas las bocas que sonreían burlonas.

Me senté junto a mis familiares (Bailey no pudo venir) y todos ellos se quedaron inmóviles en sus asientos como sólidas lápidas, frías y grises: juntas e inmóviles por siempre jamás.

El pobre señor Freeman se retorcía en su silla para lanzarme vanas miradas de amenaza. No sabía que no iba a poder matar a Bailey... y Bailey no mentía... al menos, a mí no.

«¿Cómo iba vestido el acusado?» Eso lo dijo el abogado del señor Freeman.

«No sé.»

«¿Quieres decir que este hombre te violó y no sabes cómo iba vestido?» Lanzó una risita disimulada, como si yo hubiera violado al señor Freeman. «¿Sabes si te violó?»

Un sonido se extendió por el aire de la sala (yo estaba segura de que era risa). Me alegré de que Mamá me hubiese dejado llevar el abrigo de invierno, de color azul marino y botones de metal. Aunque era demasiado corto y hacía el calor típico de San Luis, el abrigo era un amigo al que me estrechaba en aquel lugar extraño y hostil.

«¿Fue esa la primera vez que el acusado te tocó?» La pregunta me dejó parada. El señor Freeman había hecho, seguro, algo muy censurable, pero yo estaba convencida de haberlo ayudado a hacerlo. No quería mentir, pero el abogado no me dejaba pensar, conque me refugié en el silencio.

«¿Intentó el acusado tocarte antes del momento en que te —o, mejor dicho, dices que te— violó?»

No podía decir que sí y contarles cómo me había querido una vez durante unos minutos y me había mantenido tiernamente abrazada antes de pensar que yo me había orinado en la cama. Mis tíos me matarían y la abuela Baxter dejaría de hablar, como hacía con frecuencia cuando estaba enojada. Y todas esas personas del tribunal me lapidarían, como a la meretriz de la Biblia, y Mamá, para quien yo era una niña tan buena, se llevaría una decepción, pero no había que olvidar lo más importante: Bailey. Yo le había ocultado un secreto importante.

«Marguerite, responde a la pregunta. ¿Te tocó el acusado antes del día en que, según dices, te violó?»

Todo el mundo en la sala sabía que la respuesta debía ser que no. Todo el mundo, excepto el señor Freeman y yo. Miré su cara seria con expresión que parecía indicar su deseo de que diera una respuesta negativa. Dije que no.

La mentira se me quedó en la garganta como un nudo y no me pasaba el aire. Cómo despreciaba a ese hombre por haberme hecho mentir: viejo miserable y perverso, viejo negro y perverso. Las lágrimas no me aliviaron, como de costumbre, el corazón. Grité: «Viejo vil, sucio, viejo sucio». Nuestro abogado me llevó del estrado a los brazos de mi madre. Haber llegado al destino que deseaba mediante mentiras me lo volvía menos atractivo.

El señor Freeman fue condenado a un año y un día, pero no tuvo la menor oportunidad de cumplir su condena. Su abogado (o quien fuera) consiguió que lo soltaran aquella misma tarde.

En la sala de estar, con las persianas echadas para refrescar, Bailey y yo jugamos al Palé en el suelo. Jugué mal, porque estaba pensando en cómo podría contar a Bailey que había mentido y —cosa aún peor para nuestra relación— que le había ocultado un secreto. Sonó el timbre y fue a abrir Bailey, porque la abuela estaba en la cocina. Un alto policía blanco preguntó por la señora Baxter. ¿Habrían descubierto la mentira? Tal vez viniera el policía a meterme en la cárcel, pues había jurado ante la Biblia decir la verdad, toda la verdad, con la ayuda de Dios. El hombre que había entrado en nuestra sala de estar era más alto que el cielo y más blanco que mi imagen de Dios. Solo le faltaba la barba.

«Señora Baxter, he pensado que debía comunicárselo. Han encontrado muerto al señor Freeman en el solar contiguo al matadero.»

Ella, en voz baja, como si estuviera hablando de un programa de la iglesia, dijo: «Pobre hombre». Se limpió las manos en el paño de secar los platos y en el mismo tono preguntó: «¿Saben quién lo hizo?».

El policía dijo: «Parece ser que fueron a tirarlo allí. Hay quien dice que lo mataron a patadas».

La abuela se sonrojó solo un poquito. «Tom, gracias por decírmelo. Pobre hombre. En fin, tal vez sea mejor así. *Era* un perro rabioso. ¿Quiere tomar un vaso de limonada? ¿O una cerveza?»

Aunque parecía inofensivo, yo sabía que era un ángel terrible que estaba contando mis numerosos pecados.

«No, gracias, señora Baxter. Estoy de servicio y tengo que volver a mi tarea.»

«Bien, diga a su mamá que iré a verla, cuando me haya tomado la cerveza, y recuérdele que me guarde un poco de chucrut.»

Y el ángel registrador se fue. Se fue y un hombre había muerto porque yo había mentido. ¿Qué equilibrio había en eso? Una mentira no podía valer tanto como la vida de un hombre. Bailey podría habérmelo explicado todo, pero no me atreví a preguntárselo. Evidentemente, yo había perdido mi lugar en el Cielo para siempre y carecía de entrañas, como la muñeca que había hecho pedazos siglos atrás. Hasta el propio Cristo dio la espalda a Satán. ¿Me daría la espalda a mí? Sentía la maldad que corría por todo mi cuerpo y esperaba, reprimida, a salir a raudales de mi lengua, si intentaba abrir la boca. Apreté los dientes para retenerla dentro. ¿No inundaría el mundo y a todas las personas inocentes, si escapaba?

La abuela Baxter dijo: «Ritie y Bailey, no habéis oído ni una palabra. No quiero volver a oír hablar en mi casa nunca más de esa historia ni mencionar el nombre de ese canalla. Lo digo en serio». Volvió a la cocina a hacer un pastel de manzana para celebrarlo.

Incluso Bailey estaba asustado. Se quedó ensimismado, examinando la muerte de un hombre: un gatito examinando un lobo, sin entenderlo del todo, pero no por ello menos asustado.

En aquellos momentos, llegué a la conclusión de que, aunque Bailey me quería, no podía ayudarme. Yo me había vendido al demonio y no podía haber escapatoria. Lo único que podía hacer era dejar de hablar a la gente, exceptuado Bailey. Instintivamente, o de algún modo, sabía que, como le quería tanto, nunca le haría daño, pero cualquier otra persona a la que yo hablara podía morir también. Mi simple aliento, al emitir las palabras, podía envenenar a la gente y se harían una bola y morirían como las negras y gruesas babosas, que solo lo fingían.

Tenía que dejar de hablar.

Descubrí que, para lograr el silencio personal perfecto, lo único que debía hacer era pegarme al sonido como una sanguijuela. Empecé a escucharlo todo. Probablemente abrigara la esperanza de que, después de haber oído todos los sonidos, haberlos oído de verdad y haberlos comprimido en lo más profundo de mis oídos, el mundo quedase silencioso a mi alrededor. Entraba en habitaciones en las que había personas riendo y sus voces chocaban contra las paredes como piedras y me limitaba a quedarme parada: en pleno aluvión de sonido. Al cabo de uno o dos minutos, el silencio afluía muy rápido a la habitación desde su escondrijo, porque yo me había comido todos los sonidos.

En las primeras semanas, mi familia aceptó mi comportamiento como una aflicción propia del periodo posterior a la violación y a la estancia en el hospital. (En la casa de la abuela, donde Bailey y yo volvíamos a estar viviendo, no se mencionaron ese término ni esa experiencia.) Entendieron que pudiera hablar con Bailey y con nadie más.

Después llegó la última visita de la enfermera y el doctor dijo que estaba curada. Eso significaba que debía estar otra vez en la calle jugando al balonmano o disfrutando con los juegos que me habían regalado cuando estaba enferma. Ante mi negativa a ser la niña que conocían y aceptaban, me llamaron descarada y calificaron mi mudez de hosquedad.

Por un tiempo me castigaron por la altanería de negarme a hablar y después vinieron las azotainas, dadas por cualquier pariente que se sintiera ofendido.

Estábamos en el tren de vuelta a Stamps y aquella vez era yo quien había de consolar a Bailey. Lloraba desconsolado por el pasillo del vagón y apretaba su cuerpo de niño contra el cristal de la ventanilla para vislumbrar por última vez a su Mamá querida.

Nunca he sabido si fue la Yaya la que nos mandó llamar o si la familia de San Luis se hartó, sencillamente, de mi ceñuda presencia. Nada hay más consternador que un niño constantemente huraño.

Me preocupaba menos el viaje que el hecho de que Bailey fuese desgraciado y me importaba tan poco nuestro lugar de destino como si me dirigiera simplemente al retrete.

14

La aridez de Stamps era exactamente lo que yo deseaba de forma involuntaria o inconsciente. Después de San Luis, con su ruido y actividad, sus camiones y autobuses y las estentóreas reuniones familiares, acogí con gusto las obscuras callejuelas y las solitarias casitas al fondo de sus parcelas sin césped.

La resignación de sus habitantes me incitó a relajarme. Me mostraron una satisfacción basada en la creencia de que nada más iban a conseguir, aunque merecían mucho más. Su decisión de mostrarse satisfechos con las desigualdades de la vida fue una lección para mí. Al entrar en Stamps, tuve la sensación de pisar los límites del mapa y de ir a caerme, sin miedo, desde el borde del mundo. Nada más podía ocurrir, porque en Stamps nada ocurría.

En ese capullo me metí.

Durante un tiempo indeterminado, nada se nos pidió a Bailey y a mí. Al fin y al cabo, éramos los nietos de la señora Henderson procedentes de California y habíamos estado ausentes en un viaje fascinante por el Norte hasta la fabulosa San Luis. Nuestro padre había venido el año anterior, al volante de un gran automóvil brillante y hablando inglés correcto y con marcado acento urbano, conque lo único que debíamos hacer era permanecer quietos durante meses y recoger los beneficios de nuestras aventuras. Los granjeros y las criadas, los cocineros y los recaderos, los carpinteros y todos los niños del pueblo, hacían peregrinajes periódicos hasta la Tienda. «Solo para ver a los viajeros.»

Formaban un corro, como figuras de cartón recortables, y preguntaban: «¿Y qué? ¿Cómo es por allá arriba, por el Norte?».

«¿Visteis alguno de esos grandes edificios?»

«¿Subisteis alguna vez a uno de esos ascensores?»

«¿Pasasteis miedo?»

«¿Son diferentes los blancos, como dicen?»

Bailey se encargó de responder a todas las preguntas y, desde un ángulo de su viva imaginación, tejió un tapiz de diversión para ellos tan ajeno —estoy segura— a él como a mí.

Hablaba, como de costumbre, con precisión. «En el Norte tienen edificios tan altos, que en invierno pasas meses sin ver los últimos pisos.»

«Di la verdad.»

«Tienen sandías el doble de grandes que la cabeza de una vaca y más dulces que el almíbar.» Recuerdo con nitidez la seriedad de su cara y la fascinación en la de sus oyentes. «Y, si puedes contar las semillas de la sandía antes de que la abran, puedes ganar tropecientos millones de dólares y un coche nuevo.»

La Yaya, que conocía a Bailey, advertía: «Oye, niño, ten cuidado, no vayas a dejar escapar una imprecisión». (Las personas decentes no decían la palabra «mentira».)

«Todo el mundo lleva ropa nueva y tienen retretes dentro de las casas. Si te caes en uno de ellos, la corriente de la cisterna te lleva hasta el río Misisipí. Algunas personas tienen neveras, solo que se llaman Cold Spot o Frigidaire. La nieve forma una capa tan alta, que puedes quedar enterrado a la puerta misma de tu casa y no te encuentran durante un año. Hicimos helado con la nieve.» Esa era la única realidad que yo podría haber corroborado. Durante el invierno, recogimos un tazón de nieve, vertimos leche condensada en él, lo espolvoreamos con azúcar y lo llamamos «helado».

Cuando Bailey deleitaba a los clientes con nuestras hazañas, la Yaya ponía expresión radiante y el tío Willie se mostraba orgulloso. Éramos atracciones de la Tienda y objeto de la adoración del pueblo. Nuestro viaje a lugares mágicos era el único trozo de color en el monótono lienzo del pueblo y nuestro regreso nos convertía aún más en seres de lo más envidiables.

Los acontecimientos sobresalientes en Stamps solían ser negativos: sequías, inundaciones, linchamientos y muertes.

Bailey jugaba con la necesidad de diversión de la gente del campo. Justo después de nuestro regreso, se había aficionado al sarcasmo, lo había recogido como se recoge una piedra y se lo había colocado como rapé debajo del labio. Los *double entendres,* las frases de doble sentido, se deslizaban por su lengua para salir lanzadas como estoques contra lo que se interpusiese en el camino. Sin embargo, nuestros clientes eran, por lo general, tan rectos de pensamiento y habla, que nunca se sentían heridos por sus ataques. No los entendían.

«Bailey hijo habla exactamente como Bailey padre. Tiene un pico de oro, exactamente como su papá.»

«He oído decir que allá arriba no recogen algodón. ¿Cómo vive la gente entonces?»

Bailey decía que allá arriba, en el Norte, el algodón era tan alto, que, si la gente normal intentaba recogerlo, había de subirse a escaleras, por lo que los algodoneros confiaban su recogida a máquinas.

Durante un tiempo, yo fui la única persona a la que Bailey trataba con amabilidad. No era que me compadeciese, sino que tenía la sensación de que estábamos en el mismo barco por razones diferentes y yo podía entender su frustración como él tolerar mi repliegue en mi misma.

Nunca supe si habían contado al tío Willie el incidente de San Luis, pero a veces lo sorprendía mirándome con expresión perdida en sus grandes ojos. Entonces se apresuraba a enviarme a algún recado que me quitara de su vista. Cuando ocurría eso, me sentía a un tiempo aliviada y avergonzada. No quería en modo alguno la compasión de un inválido (eso habría sido como si un ciego hubiera guiado a otro ciego), como tampoco deseaba que el tío Willie, al que a mi modo quería, me considerara pecaminosa e indecente. Si lo pensaba, al menos yo no quería enterarme.

Los sonidos me llegaban atenuados, como si la gente hablara a través de sus pañuelos o tapándose la boca con las manos. Tampoco los colores eran auténticos, sino una imprecisa gama de pasteles sombreados que más que el color indicaban objetos familiares descoloridos. No acertaba con los nombres de las personas y empecé a preocuparme por mi salud mental. Al fin y al cabo, habíamos estado fuera menos de un año y los clientes cuyas cuentas recordaba antes sin consultar el registro eran ahora auténticos desconocidos.

La gente, excepto la Yaya y el tío Willie, aceptaba mi negativa a hablar como consecuencia natural de haber regresado contra mi voluntad al Sur y una señal de que suspiraba por las diversiones que habíamos tenido en la gran ciudad. Además, se sabía que yo tenía «el corazón sensible». Los negros del Sur usaban esa expresión en el sentido de demasiado impresionable y solían considerar a una persona con esa aflicción un poco enferma o de salud delicada, conque, más que perdonarme, me entendían.

15

Durante un año, anduve como alma en pena por la casa, la Tienda, la escuela y la iglesia, como una galleta vieja, sucia e incomestible. Después conocí o, mejor dicho, llegué a conocer a la señora que me arrojó mi primer salvavidas.

La señora Bertha Flowers era la aristócrata del Stamps negro. Tenía el don del dominio de sí misma para parecer cálida con el tiempo más frío y en los días del verano de Arkansas parecía tener una brisa privada que se arremolinaba en torno a ella y la refrescaba. Era delgada, sin el aspecto tieso de las personas nervudas, y sus vestidos de gasa estampada y sombreros de flores eran tan indicados para ella como los petos de tela vaquera para un granjero. Era la réplica de nuestra zona a la mujer blanca más rica del pueblo.

Su piel era de un negro intenso que se habría pelado como una ciruela, si se la hubiese rozado con un objeto punzante, pero es que a nadie se le habría ocurrido acercarse demasiado a la señora Flowers para arrugarle el vestido y mucho menos para rascarle la piel. No incitaba a la familiaridad. Además, llevaba guantes.

No creo haber visto nunca reír a la señora Flowers, pero sonreía con frecuencia. Un lento ensanchamiento de sus finos labios negros para enseñar unos dientecitos blancos y uniformes y después el lento cerrarse sin esfuerzo. Cuando tenía a bien sonreírme, yo siempre deseaba darle las gracias. Era un gesto muy elegante e incluso bondadoso.

Era una de las pocas señoras de verdad que he conocido jamás y durante toda mi vida ha seguido siendo el modelo de lo que puede ser un ser humano.

La Yaya tenía una relación extraña con ella. La mayoría de las veces, cuando pasaba por la carretera frente a la Tienda, la señora Flowers hablaba a la Yaya con su voz suave, pero sonora: «Buenos días, señora Henderson». La Yaya respondía así: «¿Qué tal, hermana Flowers?».

La señora Flowers no era miembro de nuestra iglesia ni amiga íntima de la Yaya. ¿Por qué demonios se empeñaba en llamarla «hermana Flowers»? La vergüenza me hacía sentir deseos de ocultar la cara. La señora Flowers merecía algo mejor que el apelativo «hermana». Además, la Yaya olvidaba el verbo. Por qué no preguntaba: «¿Cómo *está* usted, *señora* Flowers?». Con la desequilibrada pasión de los jóvenes, yo la odiaba por mostrar su ignorancia a la señora Flowers. Durante muchos años no se me ocurrió que eran tan semejantes como hermanas, solo separadas por la instrucción.

Aunque yo me sentía molesta, a ninguna de las dos mujeres perturbaba lo más mínimo un saludo que a mí me parecía descortés. La señora Flowers continuaba su suave caminar pendiente arriba hasta su casita y la Yaya seguía desgranando guisantes o haciendo lo que la hubiera llevado al porche delantero.

Sin embargo, a veces la señora Flowers se desviaba de la carretera y se acercaba a la Tienda y la Yaya me decía: «Nena, vete a jugar». Al marcharme, oía el comienzo de una conversación íntima. La Yaya utilizaba constantemente la forma verbal que no debía o ninguna.

«El hermano y la hermana Wilcox es lo más malvado...» ¿«Es», Yaya? ¿«Es»? Oh, por favor, no «es», Yaya, con dos o más, pero hablaban y, desde el rincón de la casa en que yo esperaba que la tierra se abriera y me tragase, oía la suave voz de la señora Flowers y la ronca de mi abuela combinarse y fundirse. De vez en cuando, las interrumpían unas risitas que debían de ser de la señora Flowers (la abuela en su vida lanzaba risitas) y después se marchaba.

Me atraía porque era como los seres a los que yo nunca había tratado en persona: como las mujeres de las novelas inglesas que se paseaban por los brezales (a saber lo que serían estos) con sus leales perros corriendo a respetuosa distancia, como las mujeres que se sentaban frente a crepitantes chimeneas, bebiendo sin cesar tazas de té que dejaban sobre bandejas de plata llenas de bollos y bizcochos, mujeres que se paseaban por el «brezal», leían libros encuadernados con tafilete y tenían dos apellidos unidos por un guion. Se podía decir con seguridad que, por ser como era, me hacía sentirme orgullosa de ser negra.

Se comportaba con el mismo refinamiento que los blancos en las películas y en los libros y era más hermosa, pues ninguno de ellos habría podido lograr —ni mucho menos— su cálido color sin parecer gris en comparación.

Tuve suerte de no verla nunca en compañía de los pelagatos blancos, pues, como estos solían considerar que el color blanco los igualaba, estoy segura de que los habría oído llamarla Bertha a secas y mi idea de ella habría quedado destrozada como Humpty-Dumpty, a quien nadie pudo recomponer.

Una tarde de verano, tan fresca en mi memoria como leche recién ordeñada, pasó por la Tienda a comprar provisiones. De otra mujer negra de su edad y salud se habría esperado que cargara con las bolsas de papel en una mano hasta casa, pero la Yaya dijo: «Hermana Flowers, voy a mandar a Bailey a su casa con estas cosas».

Se le dibujó en la boca su lenta sonrisa: «Gracias, señora Henderson, pero preferiría que fuera Marguerite». Mi nombre sonaba precioso en sus labios. «Es que, además, tenía ganas de hablar con ella.» Se cruzaron miradas de compinches.

La Yaya dijo: «Bueno, pues muy bien. Nena, vete a cambiar de vestido, que vas a casa de la hermana Flowers».

El armario ropero era un laberinto. ¿Qué diablos había que ponerse para ir a casa de la señora Flowers? Sabía que no debía ponerme un vestido dominguero. Podría ser sacrílego. Desde luego, no un vestido de andar por casa, pues ya llevaba uno limpio. Naturalmente, elegí uno de ir a la escuela. Era de vestir, pero no insinuaba que ir a casa de la señora Flowers fuese como ir a la iglesia. Volví confiada a la Tienda.

«Así me gusta, bien vestidita.» Por una vez había elegido bien.

«Señora Henderson, usted hace la mayoría de los vestidos de los niños, ¿verdad?»

«Sí, señora. Ya lo creo. La ropa que se compra en las tiendas apenas si vale el hilo con que está cosida.»

«La verdad es que lo hace usted de maravilla. Es un vestido muy lindo, parece hecho por una modista profesional.»

La Yaya estaba disfrutando con los cumplidos que raras veces recibía. Como todo el mundo que conocíamos (excepto la señora Flowers, desde luego) sabía coser con destreza, raras veces se elogiaba ese arte tan común.

«Intento, hermana Flowers, con ayuda del Señor, acabar el interior exactamente como el exterior. Ven aquí, nena.»

Yo me había abrochado el cuello y apretado el cinturón, como de delantal, a la espalda. La Yaya me dijo que me volviera. Con una mano tiró de las cintas y el cinturón cayó a ambos lados de mi talle. Después ya tenía sus grandes manos en el cuello abriéndome las presillas. Yo estaba aterrada. ¿Qué estaba sucediendo?

«Sácatelo, nena.» Cogió el dobladillo del vestido.

«No necesito verlo por dentro, señora Henderson, ya sé...» Pero yo ya tenía el vestido por encima de la cabeza y los brazos atascados en las mangas. La Yaya dijo: «Así basta. Mire, hermana Flowers, le remato las costuras a la francesa, alrededor de las sisas». A través de la tela vi acercarse la sombra. «Así duran más. Los niños de ahora, con su brusquedad, son capaces de reventar ropa hecha de láminas metálicas.»

«Es un trabajo espléndido, señora Henderson. Puede usted estar orgullosa. Ya puedes bajarte el vestido, Marguerite.»

«No, señora. El orgullo es un pecado y, según el Libro Santo, provocó una caída.»

«Así es. Lo dice la Biblia. Conviene tenerlo presente.»

Yo no me atrevía a mirar a ninguna de las dos. A la Yaya no se le había ocurrido que sacarme el vestido delante de la señora Flowers me iba a dejar petrificada. Si me hubiera negado, habría pensado que estaba intentando dármelas de «mujercita» y podría haber recordado lo de San Luis. La señora Flowers se había dado cuenta de que me iba a sentir violenta y eso era aún peor. Recogí los víveres y salí a esperar bajo el sol ardiente. Habría estado bien que me hubiese dado una insolación y me hubiera muerto antes de que ellas saliesen, que hubiera caído muerta, sencillamente, en el porche inclinado.

Junto a la pedregosa carretera había un senderito y la señora Flowers caminaba delante de mí balanceando los brazos y eligiendo el camino por entre las piedras.

Sin volverse, me dijo: «He oído decir que eres muy aplicada en la escuela, Marguerite, pero solo por escrito. Según cuentan los maestros, les cuesta hacerte hablar en clase». Dejamos atrás la granja triangular a nuestra izquierda y el sendero se ensanchó y nos permitió caminar juntas. Yo me hacía la remolona respecto de las preguntas no formuladas e imposibles de contestar.

«Ven, Marguerite, camina a mi lado.» No habría podido negarme, aunque lo hubiera deseado. Mi nombre sonaba precioso en sus labios o, dicho más correctamente, pronunciaba cada palabra con tal claridad, que un extranjero que no supiera inglés la habría entendido, seguro.

«Mira, nadie va a hacerte hablar: posiblemente nadie pueda conseguirlo, pero ten presente que el lenguaje es la forma de comunicación del hombre con sus semejan-

tes y lo único que lo separa de los animales inferiores.»
Esa era una idea totalmente nueva para mí e iba a necesitar tiempo para reflexionar sobre ella.

«Tu abuela dice que lees mucho, siempre que tienes oportunidad. Eso está bien, pero no es suficiente. Las palabras significan más de lo que dicen en el papel. Necesitan la voz humana para que les infunda los matices del significado más profundo.»

Me aprendí de memoria la parte relativa a la voz humana, que da vida a las palabras. Me pareció algo muy válido y poético.

Dijo que iba a darme algunos libros y que debía no solo leerlos, sino también recitarlos. Según me indicó, debía procurar que cada frase sonara de todas las formas posibles.

«No aceptaré excusa alguna, si me devuelves un libro estropeado.» Me sobresalté con la imaginación ante el castigo que merecería, si estropeaba un libro de la señora Flowers. El de muerte habría sido demasiado indulgente y breve.

Los olores de la casa me sorprendieron. No sé por qué, nunca había relacionado a la señora Flowers con la comida ni el acto de comer ni experiencia cotidiana alguna de las personas comunes y corrientes. Debía de haber también un retrete fuera de la casa, pero no me fijé en eso.

Cuando abrió la puerta, salió a nuestro encuentro la dulce fragancia de la vainilla.

«He hecho pastas de té esta mañana. Es que había pensado en invitarte a pastas y limonada para que charláramos un poquito. La limonada está en la nevera.»

De modo que la señora Flowers tenía hielo un día cualquiera, cuando la mayoría de las familias de nuestro pueblo en verano compraban hielo solo algunos sábados a última hora para usarlo en las heladeras de madera.

Me cogió las bolsas y desapareció por la puerta de la cocina. Contemplé en derredor la habitación que nunca había imaginado ver, ni siquiera en mis fantasías más audaces. Fotografías amarillecidas me miraban de reojo o amenazaban desde las paredes y los visillos, blancos y recién lavados, se balanceaban con el viento. Yo quería engullir todo el cuarto y llevárselo a Bailey, que me ayudaría a analizarlo y disfrutarlo.

«Siéntate, Marguerite. Ahí, junto a la mesa.» Trajo una bandeja cubierta con un paño de cocina. Aunque me advirtió que llevaba tiempo sin probar a hacer pastas, yo estaba segura de que, como todo lo que la rodeaba, serían perfectas.

Eran barquillos planos y redondos, ligeramente tostados en los bordes y amarillos como la mantequilla en el centro. Junto con la limonada fría, constituían una dieta suficiente para toda la vida de un niño. Recordé los buenos modales y di mordisquitos en los bordes, como una señorita. Me dijo que los había hecho a propósito para mí y que en la cocina tenía algunos más que podía llevar a mi hermano, conque me metí una pasta entera en la boca y las duras migas me rasparon la parte interior de las mandíbulas y, si no hubiera tenido que tragar, habría sido un sueño hecho realidad.

Mientras yo comía, ella inició la primera de mis «lecciones para la vida», como las llamamos más adelante. Dijo que siempre debía ser intolerante con la ignorancia, pero comprensiva con la incultura, y que ciertas personas, que no podían ir a la escuela, eran más instruidas e incluso más inteligentes que los profesores de universidad. Me aconsejó que escuchara atentamente lo que la gente del campo llamaba «adagios de abuelas», porque en esos dichos sencillos se expresaba la sabiduría colectiva de generaciones enteras.

Cuando me acabé las pastas, limpió la mesa y trajo un libro pequeño y grueso de la estantería. Yo había leído *Historia de dos ciudades* y me había parecido que satisfacía mi criterio de una novela romántica. Abrió la primera página y por primera vez en mi vida escuché poesía.

«Era el mejor y el peor de los tiempos...» Su voz se deslizaba describiendo curvas por entre y por sobre las palabras. Casi cantaba. Sentí deseos de mirar las páginas. ¿Eran las mismas que yo había leído? ¿O había notas, música, trazadas en las páginas, como en un libro de himnos? Sus sonidos comenzaron a caer en suaves cascadas. Por haber oído a miles de predicadores, yo sabía que se estaba acercando al final de la lectura y yo no había oído de verdad, oído para entender, una sola palabra.

«¿Te gusta?»

Me pareció que esperaba una respuesta. Tenía aun en la lengua el dulce sabor de la vainilla y su lectura había sido un prodigio para mis oídos. Debía hablar.

Dije: «Sí, señora». Era lo mínimo que podía hacer, pero también lo máximo.

«Una cosa más: llévate este libro de poemas y apréndete de memoria uno para mí. Quiero que lo recites la próxima vez que vengas a visitarme.»

Con frecuencia he intentado buscar, tras la complejidad de los años, el encanto que con tanta facilidad encontré en aquellos regalos. La esencia se escapa, pero su aura permanece. El permiso —o, mejor dicho, la invitación— para entrar en la vida privada de extraños y compartir sus gozos y miedos era una posibilidad de intercambiar el amargo ajenjo del Sur por una taza de aguamiel con Beowulf o una taza de té y leche caliente con Oliver Twist. Cuando dije en voz alta: «Es muy superior lo que hago a todo lo que he hecho en mi vida...», mis ojos se llenaron con lágrimas de amor ante mi abnegación.

Aquel primer día, bajé corriendo la colina y seguí corriendo por la carretera (pasaban muy pocos coches) y tuve el buen juicio de dejar de correr antes de llegar a la Tienda.

Alguien me apreciaba: ¡qué diferencia! Me respetaban no por ser la nieta de la señora Henderson o la hermana de Bailey, sino por ser simplemente Marguerite Johnson.

La lógica de los niños nunca exige pruebas (todas las conclusiones son absolutas). No me pregunté por qué la señora Flowers me había elegido para dispensarme sus atenciones ni se me ocurrió que la Yaya podía haberle pedido que hablara un poquito conmigo. Lo único que me importaba era que había hecho pastas de té para *mí* y *me* había leído un pasaje de su libro favorito. Era prueba suficiente de que me apreciaba.

La Yaya y Bailey estaban esperando detrás de la Tienda. Mi hermano dijo: «My, ¿qué te ha dado?». Había visto los libros, pero mantuve oculta tras los poemas la bolsa de papel con las pastas.

La Yaya dijo: «Nena, sé que te has comportado como una señorita. Me alegra el corazón que personas de bien os aprecien. Yo procuro hacerlo lo mejor posible, bien lo sabe el Señor, pero en estos tiempos...». Su voz fue apagándose. «Anda, ve a cambiarte de vestido.»

En la alcoba iba a ser una fiesta ver a Bailey recibir sus pastas. Dije: «Por cierto, Bailey, la señora Flowers me ha dado unas pastas para ti...».

La Yaya gritó: «¿Qué has dicho, niña? Tú, niña, ¿qué has dicho?». Su voz chisporroteaba de cólera.

Bailey dijo: «Ha dicho que la señora Flowers le ha dado para mí...».

«No te hablo a ti, muchacho.» Oí sus pesados pies caminando hacia nuestro cuarto. «Niña, ya me has oído. ¿Qué es lo que has dicho?» Parecía haberse hinchado y ocupar todo el vano de la puerta.

Bailey dijo: «Yaya», con voz apaciguadora: «Yaya, a...».

«Tú cállate, Bailey. Estoy hablándole a tu hermana.»

Yo no sabía en qué había pecado, pero mejor era averiguarlo que estar suspendida como un hilo sobre una hoguera. Repetí: «He dicho: "Por cierto, Bailey, la señora Flowers me ha dado..."».

«Eso me parecía. Ve a quitarte el vestido, que voy a buscar una vara.»

Al principio, pensé que estaba de broma. Tal vez fuera una broma pesada que acabase con estas palabras: «¿Estás segura de que no te ha dado nada para mí?». Pero, al cabo de un minuto, estaba de vuelta en el cuarto con una vara de melocotonero, larga y fibrosa y que, como acababa de arrancarla, despedía un olor acre. Dijo: «Ponte de rodillas. Bailey, ven tú también».

Los tres nos arrodillamos y ella empezó a decir: «Padre Nuestro, bien conoces las tribulaciones de Tu humilde sierva. Con tu ayuda he criado a dos hijos, ya adultos. Muchos fueron los días en que pensaba que no podría continuar adelante, pero tú me diste fuerzas para seguir el camino recto. Ahora, Señor, mira este corazón hoy apesadumbrado. Procuro criar a los hijos de mi hijo como es debido, pero, oh, Señor, el Demonio intenta ponerme obstáculos a cada paso. Nunca creí que llegara a oír una blasfemia bajo este techo, que procuro mantener consagrado a la glorificación de Dios, y, menos aún, en labios de niños, pero Tú dijiste: en las postrimerías, el hermano se volverá contra el hermano y los hijos contra sus padres y entonces será el llanto y el crujir de dientes y la rendición de la carne. Padre, perdona a esta niña, de hinojos te lo imploro».

Yo ya había prorrumpido en sonoro llanto. La voz de la Yaya se había elevado hasta gritar y yo sabía que mi traspié, fuera cual fuese, era extraordinariamente grave. La Yaya había dejado incluso abandonada la Tienda para hacerse cargo de mi defensa ante Dios. Cuando acabó, todos estábamos llorando. Me atrajo hacia sí con una mano y me azotó solo unas pocas veces con la vara. La conmoción provocada por mi pecado y el desahogo emocional de la oración la habían dejado exhausta.

La Yaya se negó a hablar en ese momento, pero después, por la noche, descubrí que mi violación estribaba en haber utilizado la expresión «por cierto». La Yaya explicó que «Jesús es la verdad y la luz», y quien dijese «por cierto» estaba diciendo, en realidad, «por Jesús» o «por Dios», y en su casa no se podía nombrar al Señor en vano.

Cuando Bailey intentó interpretar las palabras así: «Los blancos usan "por cierto" con el sentido de "dicho sea de paso"», la Yaya nos recordó que los blancos solían «irse mucho de la lengua» y sus palabras eran «una abominación ante Cristo».

16

Recientemente, una mujer blanca de Texas, que se apresuró a calificarse de progresista, me preguntó por mi ciudad natal. Cuando le dije que en Stamps mi abuela había sido la propietaria del único almacén general del sector negro desde finales de siglo, exclamó: «Entonces, ¡tendría usted una fiesta de presentación en sociedad!». Ridículo e incluso grotesco, pero las muchachas negras de los pueblos sureños, ya fueran pobres de solemnidad o saliesen adelante con lo justo para satisfacer las necesidades más ineludibles de la vida, recibían una preparación tan amplia e improcedente para la vida adulta como las muchachas blancas ricas que salían en las revistas. Evidentemente, la formación no era la misma. Mientras que las muchachas blancas aprendían a bailar el vals y a sentarse elegantemente con una taza de té apoyada en las rodillas, nosotras quedábamos rezagadas aprendiendo los valores victorianos y sin apenas dinero para abandonarnos a ellos. (Vengan a ver cómo se gasta Edna Lomax el dinero que ha ganado recogiendo algodón en cinco madejas de hilo crudo para hacer encaje. Con esos dedos que tiene, acabará rasgando la labor y tendrá que repetir los puntos una y mil veces, pero eso, cuando compra el hilo, ya lo sabe.)

Se nos obligaba a bordar y yo tenía baúles enteros de paños de secar platos, fundas de almohadas, tapetes y pañuelos de colores hechos por mí. Dominé el arte del ganchillo y del encaje y en los perfumados cajones del aparador había un surtido para toda la vida de delicados tapetitos que nunca se usarían. Ni que decir tiene que todas las muchachas sabían planchar y lavar, pero los detalles más refinados de la casa, como poner la mesa con vajilla de plata de verdad, hacer asados y cocer verduras sin carne, se tenían que aprender en otra parte: por lo general, en la cuna de esos hábitos. Durante mi décimo año, la cocina de una mujer blanca fue mi escuela de señoritas.

La señora Viola Cullinan era una mujer rolliza que vivía en una casa de tres habitaciones situada detrás de la oficina de Correos. Era particularmente poco atractiva hasta que sonreía: entonces desaparecían las líneas que le rodeaban los ojos y la boca y la hacían parecer perpetuamente sucia y su rostro semejaba la máscara de un duende travieso. Por lo general, dejaba descansar su sonrisa hasta el final de la tarde, cuando recibía la visita de sus amigas y la señorita Glory, la cocinera, les servía bebidas frías en el porche cerrado.

El orden de su casa era inhumano. Ese vaso iba ahí y solo ahí. Aquella taza tenía su lugar y colocarla en cualquier otro sitio constituía un acto de descarada rebelión. A las doce del mediodía, se ponía la mesa. A las doce y cuarto, la señora Cullinan se sentaba a almorzar (hubiera o no llegado su marido). A las doce y dieciséis, la señorita Glory servía la comida.

Tardé una semana en aprender la diferencia entre los platos para ensalada, para pan y para postre.

La señora Cullinan mantenía la tradición de sus acaudalados padres. Era de Virginia. La señorita Glory, descendiente de esclavos que habían trabajado para los Cullinan, me contó la historia de su señora. Se había casado con alguien de condición inferior (según la señorita Glory). La familia de su esposo no hacía mucho que tenía dinero y el que tenía «no era gran cosa».

Con lo fea que era —pensé para mis adentros—, tenía suerte de haber encontrado un marido, de condición superior o inferior, pero la señorita Glory no me permitía decir nada contra su señora. Sin embargo, era muy paciente conmigo en materia de quehaceres domésticos. Me explicó los usos de la vajilla, los cubiertos y las campanillas para llamar a las criadas. El gran cuenco redondo en que se servía la sopa no era un cuenco para sopa, sino una sopera. Había copas, vasos para sorbetes, vasos para helados, vasos para vino, tazas de vidrio verde para café con sus correspondientes platillos y vasos para agua. Yo tenía un vaso reservado para mí, que se colocaba, junto con el de la señorita Glory, en un estante diferente de los demás. Mi vocabulario se enriqueció con expresiones como cucharas de sopa, salsera, cuchillos para mantequilla, tenedores para ensalada y bandeja para trinchar, que, en realidad, casi representaban un idioma nuevo. Yo estaba fascinada con la novedad, con los revoloteos de la señora Cullinan y su casa, propia de *Alicia en el País de las Maravillas*.

Su esposo permanece impreciso en mi memoria. Lo agrupé con todos los demás hombres blancos que había conocido en mi vida y procuraba no ver.

Una noche, de vuelta a casa, la señorita Glory me contó que la señora Cullinan no podía tener hijos. Dijo que tenía unos huesos demasiado delicados. Era difícil imaginar que hubiese el menor hueso bajo aquellas capas de grasa. La señorita Glory añadió que el doctor le había extirpado todos los órganos femeninos. Yo pensé en que, entre los órganos de un cerdo, figuraban los pulmones, el corazón y el hígado, por lo que, si la señora Cullinan andaba por ahí sin esos elementos esenciales, era comprensible que bebiese alcohol de botellas sin marca. Se conservaba a sí misma embalsamada.

Cuando se lo comenté a Bailey, me dio la razón, pero también me informó de que el señor Cullinan tenía dos hijas con una señora de color a las que yo conocía muy bien. Añadió que esas chicas eran el vivo retrato de su padre. Yo no podía recordar cómo era él, aunque acababa de verlo unas horas antes, pero pensé en las chicas apellidadas Coleman. Tenían una piel muy clara y, desde luego, apenas se parecían a su madre (nadie mencionaba nunca al señor Coleman).

La mañana siguiente, mi lástima por la señora Cullinan me precedió, como su sonrisa al gato de Cheshire. Aquellas niñas, que podían haber sido sus hijas, eran hermosas. No tenían que estirarse el pelo. Aun cuando las sorprendiera la lluvia, las trenzas seguían colgándoles rectas como serpientes amaestradas. Tenían boquitas de piñón en forma de pequeños arcos de Cupido. La señora Cullinan no sabía lo que se había perdido o tal vez sí: pobre señora Cullinan.

Durante las semanas siguientes llegué temprano, me marché tarde y me esforcé al máximo por compensarla por su esterilidad. Si hubiera tenido sus propios hijos, la pobre señora Cullinan no habría habido de pedirme que hiciese mil recados desde su puerta trasera hasta la de sus amigas.

Una noche, la señorita Glory me dijo que sirviera a las señoras en el porche. Tras haber depositado la bandeja y haberme dado la vuelta para regresar a la cocina, una de las mujeres me preguntó: «¿Cómo te llamas, chica?». Era la de la cara moteada. La señora Cullinan dijo: «No habla demasiado. Se llama Margaret».

«¿Es muda?»

«No. Al parecer, cuando quiere, puede hablar, pero, por lo general, tiene la lengua pegada al paladar. ¿Verdad, Margaret?»

Le sonreí. Pobrecilla: sin órganos y ni siquiera podía pronunciar mi nombre correctamente.

«Ahora, que es un encanto.»

«No lo discuto, pero su nombre es demasiado largo. Yo nunca me molestaría: yo que tú, la llamaría Mary.»

Yo me dirigí a la cocina echando rayos. Aquella mujer horrible nunca tendría la oportunidad de llamarme Mary, porque, ni aunque me muriera de hambre, trabajaría nunca para ella. Pensé que ni aunque tuviese el corazón en llamas, le haría yo pis encima. Del porche llegaron risitas hasta las ollas de la señorita Glory. Me habría gustado saber de qué podían reírse.

Qué extraños eran los blancos. ¿Estarían hablando de mí? Todo el mundo sabía que los blancos estaban más unidos que los negros. Tal vez la señora Cullinan tuviera amigos en San Luis que se hubiesen enterado de que una niña de Stamps había pasado por los tribunales y le hubieran escrito para contárselo. Tal vez supiese lo del señor Freeman.

El almuerzo me volvió a la boca por segunda vez y salí a vomitarlo sobre el macizo de dondiegos. La señorita Glory pensó que podía estar enferma y me dijo que me fuera a casa, que la Yaya me daría una infusión de hierbas y ella se lo explicaría a su señora.

Antes de llegar al estanque, comprendí que me había comportado como una tonta. Naturalmente, la señora Cullinan no se enteró. De lo contrario, no me habría dado los dos bonitos vestidos que la Yaya recortó y, desde luego, no me habría llamado «encanto». Me sentía bien del estómago y no le conté nada a la Yaya.

Aquella noche decidí escribir un poema sobre el drama de ser blanca, gruesa, vieja y sin hijos. Iba a ser una balada trágica. Iba a tener que observarla detenidamente para captar la esencia de su soledad y su pena.

El día siguiente mismo, me llamó por el otro nombre. La señorita Glory y yo estábamos lavando los platos del almuerzo, cuando la señora Cullinan apareció en la puerta: «¿Mary?».

La señorita Glory preguntó: «¿Quién?».

La señora Cullinan, con expresión de ligero desaliento, sabía lo que decía y yo también. «Quiero que Mary vaya a casa de la señora Randall y le lleve un poco de sopa. Hace días que no se encuentra bien.»

La cara de la señorita Glory era todo un poema. «Querrá usted decir Margaret, señora. Se llama Margaret.»

«Ese nombre es demasiado largo. Desde ahora la llamaremos Mary. Calienta esa sopa de anoche y ponla en una sopera y tú, Mary, quiero que la lleves con cuidado.»

Todas las personas que yo conocía tenían horror de que se las llamara «por otro nombre». Era peligroso llamar a un negro cualquier cosa que pudiese, aun remotamente, interpretarse como un insulto, porque durante siglos se les había llamado «morenos», «negratas», «negrales», «charoles», «caras de betún, hollín o chocolate», «mirlos» y «cuervos».

Durante un fugaz segundo, la señorita Glory sintió lástima de mí. Después, al entregarme la sopera caliente, dijo: «No hagas caso, ni el menor caso. Los palos y las piedras pueden romperte los huesos, pero las palabras... Mira, yo llevo veinte años trabajando para ella».

Sostuvo la puerta abierta para que yo saliese. «Veinte años. No era mucho mayor que tú. Me llamaba Hallelujah. Así me bautizó mi mamá, pero mi señora me puso Glory y con ese nombre me quedé. Hasta me gusta más.»

Iba ya por el senderito que pasaba tras las casas, cuando la señorita Glory gritó: «Además, es más corto».

Por unos segundos, estuve en un tris tanto de reír (imagínate lo que sería llamarte Hallelujah) como de llorar (imagínate lo que sería dejar que una mujer blanca te pusiera otro nombre para su conveniencia). La ira me libró de estallar tanto en un sentido como en el otro. Tenía que dejar el empleo, pero el problema iba a ser cómo hacerlo. La Yaya no me permitiría dejarlo por una razón cualquiera.

«Es un sol. Esa mujer es pero que un sol.» La criada de la señora Randall estaba hablando en el momento en que le entregué la sopa y me habría gustado saber cómo la habrían bautizado y qué otro nombre le habrían puesto en aquella casa.

Durante una semana miré a la cara a la señora Cullinan, cuando me llamaba Mary. No se dio por aludida, al verme llegar tarde y marcharme temprano. La señorita Glory estaba un poco molesta, porque yo había empezado a dejar yema de huevo en los platos y no ponía demasiado entusiasmo en sacar brillo a los cubiertos. Yo abrigaba la esperanza de que se quejara a la señora, pero no lo hizo.

Entonces Bailey resolvió mi dilema. Me pidió que describiera el contenido del aparador y los platos que más apreciaba la señora. Su pieza favorita era una cacerola con forma de pez y las tazas de café de vidrio verde. Tuve muy presentes sus recomendaciones, por lo que el día siguiente, cuando la señorita Glory estaba tendiendo ropa y me habían vuelto a decir que fuera al porche a servir a las viejas chismosas, dejé caer la bandeja vacía. Cuando oí gritar a la señora Cullinan: «¡Mary!», cogí la cacerola y las tazas de vidrio verde para tenerlas preparadas. Cuando dobló por la puerta de la cocina, las dejé caer sobre el embaldosado.

Nunca pude describir del todo a Bailey lo que sucedió a continuación, porque, siempre que llegaba el momento en que ella caía al suelo y retorcía su fea cara para llorar, rompíamos a reír. En realidad, se tambaleaba por el suelo y recogía cascos de las tazas y gritaba: «¡Ay, mami! ¡Ay, Dios mío! Es la vajilla de Virginia de mi mami. ¡Ay, mami, cuánto lo siento!».

La señorita Glory llegó corriendo del patio y las mujeres que estaban en el porche se agolparon en torno a ella. La señorita Glory estaba casi tan deshecha como su señora. «¡Cómo! ¿Que ha roto nuestros platos de Virginia? ¿Y qué vamos a hacer ahora?»

La señora Cullinan gritó más fuerte: «Esa negra torpe, esa torpe chica negra».

La vieja de la cara moteada se inclinó y preguntó:

«¿Quién lo ha hecho, Viola? ¿Ha sido Mary? ¿Quién lo ha hecho?».

Estaba sucediendo todo tan rápido, que no recuerdo si su acción precedió a sus palabras, pero sé que la señora Cullinan dijo: «Se llama Margaret, maldita sea, se llama Margaret». Y me arrojó un trozo del plato roto. Tal vez le fallara la puntería por la histeria, pero el trozo de loza volante acertó en toda la oreja a la señorita Glory, que se puso a gritar.

Dejé la puerta delantera abierta de par en par para que todos los vecinos pudiesen oír.

La señora Cullinan tenía razón en una cosa: yo no me llamaba Mary.

17

Los días de entre semana se sucedían con la monotonía de una rueda. Giraban sobre sí mismos tan uniformes e inevitables, que cada uno de ellos parecía ser el original del borrador del anterior. Sin embargo, los sábados siempre rompían el molde y osaban ser diferentes.

Los granjeros venían al pueblo en carretas con sus hijos y esposas en tropel en torno a ellos. Sus pantalones y camisas de color caqui y almidonados, como si fueran de cartón, revelaban los esmerados cuidados de una hija o esposa solícita. Con frecuencia pasaban por la Tienda a cambiar billetes para poder dar calderilla a sus hijos, que la hacían sonar, impacientes por llegar al pueblo. Los pequeños se tomaban muy a mal que sus padres se entretuvieran en la Tienda y el tío Willie los llamaba para que entraran y repartía entre ellos trozos de tortas de cacahuete que se habían roto del camino. Engullían los dulces y ya estaban fuera otra vez pateando la tierra polvorienta del camino y temerosos de que no fuese a quedar, a fin de cuentas, tiempo para ir al pueblo.

Bailey jugaba al clavo con los niños mayores en torno al cinamomo y la Yaya y el tío Willie escuchaban las últimas noticias que los granjeros traían del campo. Yo me imaginaba a mí misma suspendida en la Tienda como una mota apresada en un rayo de sol, traída y llevada por la más ligera corriente de aire, pero sin caer nunca en la tentadora obscuridad.

En los meses cálidos, la mañana comenzaba con un rápido lavado en el agua fría del pozo. Se vaciaban las palanganas en un espacio de tierra contiguo a la puerta de la cocina. Lo llamábamos el jardín del cebo (Bailey criaba gusanos). En verano, después de las oraciones, el desayuno solía consistir en cereales secos y leche fresca. Después, a nuestras tareas (incluso los sábados): fregar los suelos, rastrillar los patios, lustrarnos los zapatos para el domingo (los del tío Willie había que abrillantarlos con una muñequilla especial) y atender a los clientes que llegaban jadeantes, también con la prisa del sábado.

Al recordar aquellos años, me maravilla que el sábado fuera mi día favorito de la semana. ¿Qué placeres podían caber entre los apretados pliegues del abanico de tareas interminables? El talento de los niños para resistir se debe a su ignorancia de otras posibilidades.

Después de nuestra marcha de San Luis, la Yaya nos daba una paga semanal. Como raras veces manejaba dinero, salvo a la hora de cobrar y pagar el diezmo a la iglesia, supongo que los diez centavos semanales iban encaminados a hacernos ver que, según comprendía incluso ella, habíamos experimentado un cambio y nuestra nueva situación, caracterizada por una menor familiaridad, la hacía tratarnos con distanciamiento.

Yo solía dar mi dinero a Bailey, que iba al cine casi todos los sábados. A la vuelta, me traía novelas de vaqueros.

Un sábado, Bailey tardaba en volver del Rialto. La Yaya había puesto agua a calentar para los baños del sábado por la noche y todas las tareas vespertinas estaban ya hechas. El tío Willie estaba sentado en el porche delantero mascullando o tal vez cantando y fumando un cigarrillo de los que se vendían ya liados. Era bastante tarde. Las madres ya habían llamado a sus niños para que dejaran los juegos colectivos y volvieran a casa y los ecos de «chincha... rabia... que no me has cogido» estaban aún como suspendidos en el aire y llegaban hasta la Tienda.

El tío Willie dijo: «Nena, más vale que enciendas la luz». Los sábados usábamos las luces eléctricas para que los clientes rezagados y con intención de hacer la compra para el domingo pudieran ver desde lo alto de la colina si estaba abierta la Tienda. La Yaya no me había dicho que las encendiera, porque no quería reconocer que había caído la noche y Bailey no había salido aún de la atroz obscuridad.

La aprensión resultaba evidente en la rapidez de sus movimientos por la cocina y en la expresión de soledad y temor que había en sus ojos. La mujer negra sureña que criaba hijos, nietos y sobrinos tenía el corazón en un puño por miedo a los linchamientos. Cualquier alteración de las actividades cotidianas podía ser anuncio de una noticia insoportable. Por esa razón, los negros sureños, hasta la generación actual, figuraban entre los archiconservadores de los Estados Unidos.

Como la mayoría de las personas autocompasivas, yo tenía muy poca compasión por la ansiedad de mis parientes. Si de verdad hubiera sucedido algo a Bailey, el tío Willie siempre tendría a la Yaya y la Yaya tenía la

Tienda. Además, no éramos sus hijos, a fin de cuentas, pero, si Bailey aparecía muerto, yo sería la que más perdería, pues él era lo único que yo, más que tener, deseaba tener.

El agua del baño humeaba en el fogón de la cocina, pero la Yaya estaba restregando la mesa por enésima vez.

«Madre», llamó el tío Willie y ella dio un brinco. «Madre.» Yo esperé a la intensa luz de la Tienda, envidiosa de que alguien hubiera llegado, hubiese dado a esos extraños noticias de mi hermano y yo fuera la última en conocerlas.

«Madre, ¿por qué no salís la nena y tú a ver si lo veis llegar por el camino?»

Que yo supiera, el nombre de Bailey llevaba horas sin pronunciarse, pero todos sabíamos a quién se refería.

Pues claro. ¿Por qué no se me habría ocurrido? Yo quería salir inmediatamente. La Yaya dijo: «Un momento, señorita. Ve a buscar tu jersey y tráeme mi mantón».

Por el camino estaba más obscuro de lo que yo había pensado. La Yaya paseaba el arco de luz de la linterna por el sendero, las hierbas y los temibles troncos de los árboles. De repente, la noche se volvió territorio enemigo y comprendí que, si mi hermano se había perdido en esa tierra, estaba perdido para siempre. Tenía once años y era muy listo, eso por descontado, pero, al fin y al cabo, era muy pequeño. Antes de que pudiera pedir socorro a gritos, lo devorarían los barbazules, los tigres y los destripadores.

La Yaya me dijo que cogiera la linterna y buscó mi mano con la suya. Su voz me llegaba de una gran altura y en la obscuridad su mano envolvía la mía. Me sentí embargada por un rapto de amor hacia ella. No dijo nada: ni «no te preocupes» ni «no te pongas impresionable». La simple presión suave de su áspera mano me transmitió su preocupación y aplomo.

Pasamos por delante de casas que yo conocía perfectamente a la luz del día, pero no podía reconocer en las sombrías tinieblas.

«'nas noches, señora Jenkins.» Sin dejar de caminar y tirar de mí.

«¿Hermana Henderson? ¿Sucede algo?» Lo decía una silueta más negra que la noche.

«No, señora: nada, gracias a Dios.» Cuando acabó de hablar, habíamos dejado muy atrás a los vecinos preocupados.

El bar Visítenos Por Favor del señor Willie Williams estaba iluminado con luces rojas que se veían borrosas en la distancia y nos envolvía el olor a pescado del estanque. La mano de la Yaya apretó la mía y después la soltó y vi la figurita que caminaba con esfuerzo y cansada, como la de un anciano. Con las manos en los bolsillos y la cabeza gacha, caminaba como un hombre que subiera a duras penas cuesta arriba y tras un ataúd.

«Bailey.» Cuando la Yaya dijo: «Es Bailey», di un brinco, y eché a correr, pero su mano volvió a atrapar la mía y la apretó como un torno. Arranqué, pero ella dio un fuerte tirón y me devolvió a su lado. «Vamos caminando, señorita, como si estuviésemos paseando.» No hubo posibilidad de avisar a Bailey de que era muy grave que se hubiese retrasado tanto, de que todo el mundo había estado preocupado y debía inventar una mentira válida o, mejor dicho, grande.

La Yaya dijo: «Bailey, niño», y él alzó la vista sin sorpresa. «Sabes que ya es de noche, ¿y ahora vuelves a casa?»

«Sí, señora.» No se le ocurría nada. ¿Cuál era su coartada?

«¿Qué has estado haciendo?»

«Nada.»

«¿Eso es todo lo que se te ocurre decir?»

«Sí, señora.»

«Muy bien, jovencito. Ya veremos cuando lleguemos a casa.»

Me había soltado, por lo que fui a coger la mano de Bailey, pero él la apartó. Dije: «Oye, Bail», con la esperanza de recordarle que era su hermana y su única amiga, pero refunfuñó algo así como: «Déjame en paz».

A la vuelta, la Yaya no encendió la linterna ni respondió a las «buenas noches» inquisitivas que oíamos a nuestro alrededor, al pasar ante las casas en tinieblas.

Yo me sentía confusa y asustada. Bailey iba a recibir una tunda y tal vez hubiera hecho algo terrible. Si no podía contármelo, debía de ser grave, pero no parecía cansado por haber estado de juerga. Parecía simplemente triste. Yo no sabía qué pensar.

El tío Willie dijo: «Conque sacando los pies del plato, ¿eh? Te estás por ahí sin volver a casa. ¿Es que quieres matar de un disgusto a tu abuela?». Bailey estaba ausente, por encima del miedo. El tío Willie tenía un cinturón de cuero en su mano buena, pero Bailey no lo notó o no le importó. «Esta vez te has ganado una tunda.» El tío solo nos había zurrado en otra ocasión anterior y solo con una vara de melocotonero, conque tal vez fuera a matar a mi hermano en aquel momento.

Yo grité y fui a coger el cinturón, pero la Yaya me agarró. «No se dé esos aires, señorita, si no quiere cobrar igual que él. Se lo tiene bien merecido. Tú anda a bañarte.»

Desde la cocina, yo oía los golpes secos y sonoros del cinturón sobre la piel desnuda. El tío Willie jadeaba, pero Bailey no emitía el menor sonido. Yo estaba demasiado asustada para chapotear o incluso llorar y tener la posibilidad de ahogar las súplicas de socorro de Bailey, pero no se oyeron súplicas y la tunda acabó por fin.

Permanecí despierta una eternidad, esperando un signo, un gemido o un susurro, procedente de la habitación contigua: una prueba de que él seguía con vida. Justo antes de sumirme, exhausta, en el sueño, oí a Bailey decir: «Ahora que me dispongo a dormir, ruego al Señor que vele por mi alma; si me muriera antes de despertar, ruego al Señor que la acoja en su seno».

Mi último recuerdo de aquella noche fue la pregunta: ¿por qué dirá esa oración infantil? Llevábamos años diciendo el «Padre Nuestro, que estás en los Cielos».

Durante unos días, la Tienda fue tierra extraña y todos nosotros éramos emigrantes recién llegados. Bailey no hablaba ni sonreía ni se disculpaba. Tenía una expresión tan perdida en los ojos, que parecía que se le hubiera escapado el alma, por lo que en las comidas yo intentaba darle las mejores tajadas de carne y el mayor trozo de postre, pero él los rechazaba.

Después, una noche en la cochiquera, dijo sin avisar: «Vi a Mamá querida».

Si él lo decía, había de ser verdad. A mí no me habría mentido. No creo que yo le preguntara dónde ni cuándo.

«En el cine.» Apoyó la cabeza en la cerca de madera.

«En realidad, no era ella. Era una mujer llamada Kay Francis, una estrella de cine blanca clavadita a Mamá querida.»

No resultaba difícil de creer que una estrella de cine blanca se pareciera a nuestra madre y que Bailey la hubiese visto. Me contó que todas las semanas cambiaban de película, pero, cuando llegara a Stamps otra película protagonizada por Kay Francis, me lo diría e iríamos juntos. Prometió incluso sentarse a mi lado.

El sábado anterior, se había retrasado para volver a ver la película. Lo comprendí y también comprendí por qué no podía decírselo a la Yaya ni al tío Willie. Era nuestra madre y nos pertenecía. Nunca la mencionábamos delante de nadie, porque no teníamos suficiente de ella para compartirla.

Tuvimos que esperar casi dos meses hasta que Kay Francis volvió a Stamps. El talante de Bailey había mejorado mucho, pero vivía en un estado de expectación que le hacía estar más nervioso de lo habitual. Cuando me dijo que iban a echar aquella película, adoptamos el mejor comportamiento y fuimos de verdad niños tan ejemplares como la abuela nos imaginaba y merecía.

Era una comedia ligera y alegre y Kay Francis llevaba blusas de seda blanca y mangas largas con grandes gemelos. Su alcoba estaba llena de raso y de flores en jarrones y su criada, que era negra, iba de un lado para otro diciendo todo el tiempo «¡Huy, Dios mío, señorita!». También había un chófer negro, que ponía los ojos en blanco y se rascaba la cabeza, y yo no comprendía cómo diablos podía ella confiar sus hermosos autos a un idiota así.

Los blancos del patio de butacas no cesaban de lanzar

risitas cuyos displicentes ecos llegaban hasta los negros de arriba, del gallinero. Resonaban en nuestra atmósfera vacilante durante un segundo antes de que los ocupantes de la galería los aceptaran y enviasen sus propias carcajadas a retumbar en las paredes de la sala.

Yo también me reía, pero no de los odiosos chistes sobre los de mi raza. Me reía porque la gran estrella de cine era clavadita a mi madre, exceptuado el color de la piel. Vivía exactamente como mi madre, salvo que su casa era una gran mansión con miles de criados, y era gracioso pensar que los blancos no supiesen que su idolatrada actriz podía ser gemela de mi madre, salvo que era blanca y mi madre más —mucho más— guapa.

La estrella de cine me hizo sentir feliz. Era una suerte extraordinaria poder ahorrar para ver a tu madre siempre que lo desearas. Salí del teatro como si me hubieran dado un regalo inesperado, pero Bailey volvía a estar abatido. (Tuve que rogarle que no se quedase a la sesión siguiente.) Camino de casa, se paró ante las vías del tren y esperó a que pasara el convoy nocturno de mercancías. Justo antes de que este llegase al paso a nivel, arrancó a correr y cruzó las vías.

Yo me quedé al otro lado, presa de la histeria. Tal vez las gigantescas ruedas estuvieran triturando sus huesos y dejándolo hecho una masa sanguinolenta. Tal vez hubiese intentado agarrarse a un furgón y hubiera resultado arrojado al estanque y se hubiese ahogado o —lo que habría sido aún peor— tal vez hubiera montado al tren y se hubiese ido para siempre.

Cuando hubo pasado el tren, se apartó del poste en el que había estado recostado, me regañó por haber alborotado tanto y dijo: «Vámonos a casa».

Un año después, sí que cogió un tren de carga, pero, por culpa de su juventud y de las inescrutables vías del destino, no dio con California ni con su Mamá querida: quedó varado en Baton Rouge (Luisiana) durante dos semanas.

18

Había pasado otro día. En la apacible obscuridad, el camión del algodón descargó a los recolectores y salió del patio con un estruendo como el del pedo de un gigante. Los trabajadores dieron unos pasos en círculos durante unos segundos, como si se encontraran inesperadamente en un lugar desconocido. No podían con su alma.

En la Tienda, los rostros de los hombres eran lo más penoso de contemplar, pero no me quedaba más remedio. Cuando intentaban sonreír para disipar su cansancio, como si no fuera nada, el cuerpo no acompañaba a la cabeza en su intento de disimulo. Los hombros se les caían incluso al reírse y, cuando se ponían las manos en las caderas para adoptar una apariencia garbosa, las palmas les resbalaban por los muslos, como si tuviesen los pantalones encerados.

«'nas noches, hermana Henderson. Conque de vuelta al punto de partida, ¿eh?»

«Sí, hermano Stewart. De vuelta al punto de partida, hermano Stewart, gracias a Dios.» La Yaya no podía dar por sentada la menor hazaña. Personas cuya historia y futuro se veían amenazados todos los días de extinción consideraban que debían la vida exclusivamente a la intervención divina. Me resulta interesante que la vida más miserable, la existencia más pobre, se atribuya a la voluntad divina, pero, a medida que los seres humanos se encuentran más acomodados, a medida que su nivel y estilo de vida empiezan a ascender por la escala material, Dios desciende por la de la responsabilidad con la misma rapidez.

«A Él sólito se lo debemos. Sí, señora. A Dios bendito.» Sus petos y camisas parecían desgarrados a propósito y la pelusa y el polvo del algodón que llevaban en el pelo les daba la apariencia de personas que se hubieran vuelto grises en las últimas horas.

Los pies de las mujeres se habían hinchado hasta llenar los desechados zapatos de hombre que llevaban y se lavaban los brazos en el pozo para quitarse la tierra y las espinas que se les habían acumulado durante la jornada de recolección.

Me parecían odiosos todos por haberse dejado someter a la obligación de trabajar como bueyes y aún más vergonzoso me parecía que intentaran disimular la gravedad de su situación. Cuando dejaban caer todo su peso sobre el mostrador de los dulces, que era en parte de cristal, yo sentía deseos de decirles sin miramientos que se irguiesen y adoptaran «la postura de un hombre», pero si hubiera abierto la boca, la Yaya me habría pegado. Ella no hacía caso de los crujidos del mostrador bajo el peso de los recolectores y se movía de un lado para otro para despacharles, sin dejar de darles conversación. «¿Qué? ¿Va a poner la cena, hermana Williams?» Bailey y yo la ayudábamos, mientras el tío Willie se sentaba en el porche y escuchaba las historias de la jornada.

«No, señora, gracias a Dios. Anoche nos sobró suficiente para arreglarnos. Vamos a casa a lavarnos para asistir luego a la novena.»

¿Ir a la iglesia con semejante cansancio? ¿En lugar de ir a casa y descansar esos torturados huesos en un lecho de plumas? Se me ocurrió la idea de que la mía podía ser una raza de masoquistas, por lo que no solo estábamos destinados a la vida más pobre y dura, sino que, además, nos gustaba.

«Comprendo, hermana Williams. Hay que alimentar el alma igual que el cuerpo. Yo voy a llevar también a los niños, si Dios quiere. El Libro Sagrado dice: "Guiad a los niños por el camino recto y no se apartarán de él".»

«Eso es lo que dice; así mismito ya lo creo que sí.»

Habían colocado la tienda de lona en el llano, en el centro de un campo cercano a las vías del ferrocarril. La tierra estaba tapizada con una sedosa capa de heno y tallos de algodón. Habían colocado sillas en el terreno aún blando y al fondo de la tienda había una gran cruz de madera colgada de la viga central. Habían tendido desde detrás del púlpito hasta el telón de la entrada una hilera de bombillas eléctricas, que continuaba fuera sobre postes hechos con tablones.

Al acercarte a ellas en la obscuridad, las oscilantes bombillas daban una sensación de soledad e inutilidad. No parecían estar allí para dar luz ni cosa alguna con sentido y la tienda, aquella brillante y borrosa A tridimensional, era tan ajena al campo de algodón, que habría podido perfectamente elevarse y salir volando ante mis ojos.

Una multitud, de repente visible a la luz de la lámpara, afluía hacia la iglesia provisional. Las voces de los adultos transmitían la seriedad de su misión. Se intercambiaban saludos entre susurros.

«'nas noches, hermana, ¿cómo va?»

«Pues haciendo por salir adelante con la ayuda de Dios bendito.»

Tenían la mente puesta en la inminente reunión del alma con Dios. No era momento para ponerse a hablar de preocupaciones humanas ni cuestiones personales.

«Dios, con su bondad, me ha concedido un día más y le estoy agradecido.» Nada personal había en ello. El mérito era de Dios y nadie imaginaba siquiera la posibilidad de que Su posición central cambiara ni de que se redujera Su importancia.

Los adolescentes disfrutaban con las novenas tanto como los adultos. Aprovechaban las reuniones nocturnas al aire libre para jugar a cortejar. La impermanencia de una iglesia plegable contribuía a la frivolidad y sus ojos destellaban y hacían guiños y las muchachas lanzaban risitas como perlas de plata en el ocaso, mientras los chicos se pavoneaban, fanfarroneaban y fingían no advertirlo. Las muchachas mayores llevaban faldas todo lo apretadas que permitía la costumbre y los muchachos se alisaban el cabello con brillantina y agua.

Sin embargo, para los niños pequeños la idea de alabar a Dios en una tienda era desconcertante, por no decir algo peor. Parecía en cierto modo una blasfemia. Las luces que colgaban por encima de sus cabezas, el terreno bajo los pies y las paredes de lona que oscilaban ligeramente, como mejillas hinchadas de aire, hacían pensar en una feria rural. Los codazos, empujones y guiños de los chicos mayores no eran nada propios de una iglesia, pero la tensión de los adultos —su expectación, que pesaba como una gruesa colcha sobre la multitud— era lo más desconcertante.

¿Tendría a bien el bondadoso Jesús entrar en aquel recinto transitorio? El altar se bamboleaba y amenazaba con volcarse y la mesa de la colecta estaba situada en un ángulo inclinado. Una pata se había hundido en la tierra blanda. ¿Permitiría Dios Padre a su único Hijo mezclarse con la multitud de recolectores de algodón, criadas, lavanderas y recaderos? Yo sabía que enviaba su espíritu los domingos a la iglesia, pero, al fin y al cabo, se trataba de una iglesia y la gente había tenido todo el día del sábado para quitarse la losa del trabajo y desprenderse de la piel de la desesperación.

Todo el mundo asistía a las novenas. Los miembros de la altiva Iglesia Bautista del Monte Sión se mezclaban con los intelectuales miembros de las iglesias Episcopal Metodista Africana y Episcopal Metodista Africana de Sión y la sencilla gente trabajadora de la Iglesia Episcopal Metodista Cristiana. Aquellas reuniones brindaban la única oportunidad al año en que toda aquella buena gente del pueblo se juntaba con los seguidores de la Iglesia de Dios en Cristo. Estos últimos eran objeto de cierto recelo, porque sus oficios eran muy estridentes y escandalosos. Su explicación de que «el Libro Sagrado dice: "Haced resonar vuestra voz ante el Señor y mostraos sumamente alegres"» en modo alguno reducía la condescendencia con ellos por parte de sus hermanos cristianos. Su iglesia estaba lejos de las demás, pero los domingos se los oía, a un kilómetro de distancia, cantando y bailando hasta caer a veces desmayados. Los miembros de las otras iglesias se preguntaban si los Santos Chillones irían al Cielo después de tanto griterío. Con ello se insinuaba que disfrutaban de su Cielo aquí mismo en la Tierra.

Aquella era su novena anual.

La señora Duncan, una mujercilla con cara de pájaro, inició el oficio. «Sé que soy testigo de mi Señor... sé que soy testigo de mi Señor, sé que soy testigo...»

Su voz, un simple hilillo, se alzaba en el aire y los fieles respondían. Desde algún punto del frente se dejó oír el discordante sonido de un pandero. Dos toques en «sé», dos toques en «soy» y dos toques al final de «testigo».

Otras voces se unieron a la de la señora Duncan, que era casi un alarido. Se agolparon en torno a ella y suavizaron el tono. Estallaron palmas en el techo y consolidaron el redoble. Cuando la canción alcanzó su culmen en sonido y pasión, un hombre alto y delgado que había estado todo el tiempo arrodillado tras el altar se puso de pie y cantó unos compases con el auditorio. Extendió sus largos brazos y se agarró al estrado. Los cantantes tardaron unos minutos en abandonar su nivel de exaltación, pero el pastor se mantuvo firme hasta que el canto perdió fuelle, como un juguete infantil, y hubo silencio en los pasillos.

«Amén.» Miró al auditorio.

«Sí, señor, amén.» Casi todos lo secundaron.

«Diga la iglesia "Amén".»

Todo el mundo dijo: «Amén».

«Gracias al Señor. Gracias al Señor.»

«Así mismo, gracias al Señor. Sí, al Señor. Amén.»

«Vamos a pronunciar una oración, dirigida por el hermano Bishop.»

Otro hombre alto y de piel carmelita que llevaba gafas cuadrangulares subió al altar desde la primera fila. El pastor se arrodilló a la derecha y el hermano Bishop a la izquierda.

«Padre nuestro —cantaba—. Tú, que me sacaste los pies del lodo...»

La congregación gimió: «Amén».

«Tú, que me salvaste el alma un día. Mira, dulce Jesús. Mira a estos tus dolientes hijos...»

La congregación suplicó: «Mira, Señor».

«Danos fuerzas cuando nos desplomamos... Bendice a los enfermos y los afligidos...»

Era la oración habitual. Solo, que su voz la hacía parecer nueva. A cada dos palabras, jadeaba y arrastraba el aire hacia sus cuerdas vocales, emitiendo una especie de gruñido invertido. «Tú que —gruñido— me salvaste —jadeo— el alma un —aspiración— día; ¡fuf!»

Entonces la congregación, dirigida de nuevo por la señora Duncan, entonó el «Venerado Señor, toma mi mano, guíame, ponme en pie». Se cantaba con un ritmo más rápido que el habitual en la Iglesia Episcopal Metodista Cristiana, pero así surtía efecto. Había una alegría en el son que cambiaba el significado de su triste letra. «Cuando llega la obscuridad y se acerca la noche y mi vida casi se ha extinguido...» Parecía haber un abandono indicador de que, pese a todo, debía ser un momento de gran alborozo.

Los intensos vociferadores ya se habían dado a conocer y sus abanicos (anuncios de cartón de la mayor funeraria negra de Texarkana) y blancos pañuelos de encaje flameaban altos en el aire. En sus negras manos parecían pequeñas cometas sin el armazón de madera.

El alto pastor subió de nuevo al altar. Esperó a que el canto y el alboroto se extinguieran.

Dijo: «Amén. Gloria».

La congregación consumó el canto despacio. «Amén. Gloria.»

El pastor esperó aún, mientras las últimas notas resonaban en el aire, formando una escala. «Por el río voy...» «Voy, guía mis pasos...» «Guía mis pasos, tómame la mano.» Sonaron como el último círculo en un canon. Después se hizo el silencio.

La lectura de las Escrituras correspondía al Evangelio según San Mateo, capítulo vigésimo quinto, trigésimo a cuadragésimo sexto versículo.

Su texto para el sermón era: «A uno de estos...».

Después de leer los versículos con el acompañamiento de algunos amenes, dijo: «Leo en la Epístola I a los Corintios: "Si, aun hablando lenguas de hombres y de ángeles, no tengo caridad, soy como bronce que resuena o címbalo que retiñe. Y si, aun repartiendo toda mi hacienda para dar de comer a los pobres, no tengo caridad, de nada me sirve. Y si, aun entregando mi cuerpo para ser quemado, no tengo caridad, nada me aprovecha". He de preguntarme: ¿qué es eso llamado caridad? Si las buenas acciones no son caridad...».

La congregación asintió rápida. «Así es, Señor.»

«... si entregar mi carne y sangre no es caridad...»

«Sí, Señor.»

«He de preguntarme qué es esa caridad de la que tanto se habla.»

Nunca había yo escuchado a un predicador que abordara tan rápidamente la esencia de su sermón. Ya había aumentado el volumen del runrún en la iglesia y quienes tenían experiencia se preparaban, con ojos como platos, para la emoción inminente. La Yaya estaba sentada y derecha como un poste, pero tenía apretado, como un nudo, el pañuelo en la mano y solo la punta, bordada, asomaba.

«A mi entender, la caridad no es jactanciosa, no se hincha.» Infló las mejillas con una profunda aspiración para darnos idea de lo que no era la caridad. «La caridad no va por ahí diciendo: "Te doy comida y ropa y tengo derecho a que me lo agradezcas".»

La congregación sabía de quién estaba hablando y manifestó su conformidad con su análisis. «Di la verdad, Señor.»

«La caridad no dice: "Porque te di un empleo, has de inclinarte y arrodillarte ante mí".» La iglesia vibraba con cada frase. «No dice: "Porque te pago lo que se te debe, has de llamarme amo". No pide que me humille y rebaje. Eso no es la caridad.»

Hacia el frente, a la derecha, el señor y la señora Stewart, que tan solo unas horas antes se habían desplomado en nuestro patio delantero derrotados por las ringleras de algodón, estaban ahora sentados en el borde de sus desvencijadas sillas. La cara les brillaba con el deleite del alma. Los viles blancos iban a recibir su merecido. ¿Acaso no era eso lo que decía el pastor? ¿Y acaso no estaba citando las propias palabras de Dios? Se habían sentido reanimados con la esperanza de venganza y la promesa de justicia.

«¡Aaah! ¡Eaaah! En verdad... La caridad. ¡Uuuh! Una

caridad. Nada quiere para sí. No quiere ser jefe... Ajá...
No quiere ser caudillo... Ajá... No quiere ser capataz...
Ajá... La... Me refiero a la caridad... No quiere... Oh,
Señor... ayúdame esta noche... No quiere recibir reverencias ni inclinaciones de hinojos...»

En aquella iglesia provisional, los históricos humillados y ofendidos de América se transformaban fácil y
alegremente, seguros de que, aunque fueran los más humildes de los humildes, al menos no dejaban de ser caritativos y «en la mañana del Gran Despertar, Jesús separaría a las ovejas (ellos) de las cabras (los blancos)».

«La caridad es sencilla.» La congregación expresó su
asentimiento.

«La caridad es pobre.» Se refería a nosotros.

«La caridad es llana.» Pensé: así es, más o menos;
sencilla y llana.

«La caridad es... Oh, oh, oh. Ca-ri-dad. ¿Dónde estás?
¡Ay!... La caridad... hum.»

Una silla cedió y el sonido de la madera astillada hendió el aire en la puerta trasera de la iglesia.

«Te llamo y no respondes. ¡Ay, oh, caridad!»

Otro grito se elevó delante de mí y una mujer corpulenta se desplomó con los brazos por encima de la cabeza, como una candidata al bautismo. El desahogo
emocional era contagioso. Se oyeron grititos por toda la
sala, como cohetes del 4 de julio.

La voz del pastor era un péndulo, balanceándose a
derecha e izquierda, izquierda y derecha, derecha y...
«¿Cómo puedes decir que eres mi hermano y odiarme?
¿Es eso caridad? ¿Cómo puedes decir que eres mi hermana y despreciarme? ¿Es eso caridad? ¿Cómo puedes
decir que eres mi amigo y maltratarme y ultrajarme in-

justamente? ¿Es eso caridad? Oh, hijos míos, he venido...»

La congregación se balanceaba al final de sus frases, acentuando, confirmando. «Ven, señor.»

«... para deciros, para abrir vuestros corazones y hacer que reine en ellos la caridad. Perdonad a vuestros enemigos en Su nombre. Mostrad la caridad de la que Jesús hablaba a este viejo mundo enfermo. Necesita al practicante de la caridad.» Su voz se fue apagando y las expresiones se hicieron cada vez más escasas y quedas.

«Y ahora repito las palabras del apóstol Pablo: "Cumplid con la fe, la esperanza y la caridad, las tres, pero la mayor de ellas es la caridad".»

La congregación coreó con satisfacción. Aunque fueran los parias de la sociedad, iban a ser ángeles en un cielo de mármol blanco y a sentarse a la diestra de Jesús, el Hijo de Dios. El Señor amaba a los pobres y odiaba a los encumbrados del mundo. ¿Acaso no había dicho Él mismo que sería más fácil para un camello pasar por el ojo de una aguja que para un rico entrar en el Cielo? Estaban seguros de que iban a ser los únicos habitantes de esa tierra de leche y miel, excepto unos pocos blancos, claro está, como John Brown, del que los libros de Historia decían, en cualquier caso, que estaba loco. Lo único que debían hacer los negros en general y los que participaban en la novena en particular era resistir esa vida de fatigas y penas, porque un hogar bienaventurado los esperaba en el futuro remoto.

«Entonces, cuando llegue la mañana, cuando todos los santos de Dios se reúnan, contaremos la historia de cómo vencimos y la entenderemos mejor.»

Algunas personas que se habían desmayado recibían

atención para que volvieran en sí en los pasillos, cuando el evangelista abrió las puertas de la iglesia. Elevándose sobre los «Gracias, Jesús», empezó a entonar un himno de metro largo:

Acudí hasta Jesús,
preocupado, herido y triste;
encontré en Él el sosiego
y me devolvió la alegría.

Las señoras mayores recogieron el himno y lo compartieron con total armonía. La multitud con sus canturreos empezó a parecer un enjambre de abejas cansadas, desasosegadas y deseosas de volver a la colmena.

«Todos aquellos que me escuchen y no tengan un hogar espiritual, cuyos corazones estén agobiados y acongojados, que vengan, que vengan antes de que sea demasiado tarde. No os pido que os incorporéis a la Iglesia de Dios en Cristo. No. Soy un siervo de Dios y en esta novena nuestro empeño es el de llevar a las almas descarriadas hasta Él, conque, si queréis incorporaros esta noche, decid simplemente a qué iglesia queréis afiliaros y os presentaremos a un representante de ella. Tengan la amabilidad de acercarse los diáconos de las siguientes iglesias.»

Se trataba de una actitud revolucionaria. Nadie había oído nunca hablar de que un pastor aceptara a miembros de otra iglesia. Era la primera vez que veíamos caridad entre los predicadores. Representantes de las iglesias Baptista, EMA, EMAS y EMC. avanzaron hasta la primera fila y se situaron en sus puestos, a poca distancia unos de otros. Los pecadores conversos afluyeron por los pasillos para estrechar la mano del evangelista y se quedaron a su lado o se los dirigió a uno de los hombres que estaban en fila. Aquella noche se salvaron más de veinte personas.

Hubo casi tanta conmoción a propósito de la salvación de los pecadores como durante el grato sermón melódico.

Las Madres de la Iglesia, señoras mayores con aros de encaje blanco prendidos en su ralo pelo, celebraron su propio oficio. Caminaron en torno a los nuevos conversos cantando:

> *El año próximo, por estas fechas,*
> *puede que no esté aquí,*
> *sino en alguna tumba solitaria.*
> *Oh, Señor, ¿cuánto falta aún?*

Cuando se hubo pasado el cepillo y entonado el último himno en honor de Dios, el evangelista pidió que todos los presentes consagraran de nuevo su alma a Dios y la labor de su vida a la caridad. Después nos dijo que podíamos marcharnos.

Fuera y por el camino a casa, la gente seguía recreándose con su magia, como los niños con las tortas de barro, sin decidirse a reconocer que el juego había terminado.

«El Señor lo ha inspirado esta noche, ¿verdad?»

«Ya lo creo y con un potente fuego.»

«Bendito sea el Señor. Estoy contento de haberme salvado.»

«Esa es la verdad. La diferencia es enorme.»

«Me habría gustado que hubiera escuchado ese sermón la gente para la que trabajo. No tienen idea de lo que les espera.»

«La Biblia dice: "El que quiera oír que oiga. Al que no quiera, vergüenza debería darle".»

Se regodeaban con la probidad de los pobres y la distinción de los oprimidos. Que se quedaran los blancos con su dinero y poder, su segregación y sarcasmo, sus grandes casas y escuelas, céspedes como tapices y libros y sobre todo —sobre todo— con su blancura. Mejor era ser sumiso y humilde, verse escupido e injuriado en esta corta vida que pasar la eternidad achicharrándose en los fuegos del Infierno. Ninguno de ellos habría reconocido que los cristianos y caritativos se alegraban al imaginar a sus opresores girando eternamente en el asador del Demonio sobre las llamas del fuego y del azufre.

Pero eso era lo que decía la Biblia y no se equivocaba. «¿Acaso no se dice en ella que "antes de que una palabra de estas cambie, se hundirán el Cielo y la Tierra"? Esa gente va a recibir su merecido.»

Cuando la mayoría de los fieles llegó al puentecillo sobre el estanque, los asaltaron los ásperos sonidos de una música de ventorrillo. Sonaba un blues tabernario acompañado de compases con los pies sobre el entarimado. La señorita Grace, mujer de vida alegre, recibía a sus parroquianos del sábado por la noche. La gran casa blanca resplandecía con luces y rebosaba alboroto. La gente que estaba dentro había olvidado su infortunio durante un rato.

Al pasar cerca del estruendo, los devotos bajaron la cabeza y cesaron las conversaciones. La fastidiosa realidad empezaba a insinuarse de nuevo en su raciocinio. Al fin y al cabo, estaban necesitados y hambrientos, despreciados y desposeídos, y los pecadores tenían la sartén por el mango en todo el mundo. ¿Por cuánto tiempo, Padre misericordioso? ¿Por cuánto tiempo?

Un profano en la materia no habría podido distinguir las canciones entonadas unos minutos antes y aquellas a cuyo compás estaban bailando en la casa disoluta contigua a las vías del ferrocarril. Todas ellas hacían las mismas preguntas. ¿Por cuánto tiempo, oh, Dios? ¿Por cuánto tiempo?

19

El recinto estaba lleno hasta el último centímetro y, sin embargo, seguía entrando gente y apretujándose entre las paredes de la Tienda. El tío Willie había aumentado al máximo el volumen de la radio para que los jóvenes del porche no se perdieran ni una palabra. Las mujeres estaban sentadas en sillas de cocina, sillas de comedor, taburetes y cajas de madera volcadas. Los niños pequeños y los de pecho estaban encaramados en todos los regazos disponibles y los hombres recostados en las estanterías o unos en otros.

Por entre el talante aprensivo salían lanzadas saetas de alegría, como las vetas que forman los rayos en un cielo negro.

«No me preocupa esta pelea. Joe va a vencer a ese pelanas blanco como si estuviera abierta la veda.»

«Va a zurrar a ese chaval blanco hasta que diga "¡Ay, mamá!".»

Por fin cesó la charla y las cancioncillas de los anuncios de cuchillas de afeitar y comenzó el combate.

«Un golpe rápido en la cabeza.» En la Tienda la multitud rugió. «Un izquierdazo en la cabeza y un derechazo y otro izquierdazo.» Uno de los oyentes cacareó como una gallina y lo hicieron callar.

«Están abrazados, Louis está intentando zafarse.»

Un chistoso mordaz dijo en el porche: «¿Qué os apostáis a que ese blanco no tiene inconveniente ahora en abrazar a ese negro?».

«El árbitro interviene para separarlos, pero Louis ha apartado por fin a su contrincante con un empujón y le ha propinado un gancho en la mejilla. El contrincante lo encaja, ahora retrocede. Louis lo alcanza con un izquierdazo corto en la mandíbula.»

Por las puertas salió al patio una oleada de susurros de asentimiento.

«Otro izquierdazo y otro. Louis está reservando su potente derecha...» Los murmullos de la Tienda se habían vuelto un berrido de niño de pecho por entre el que sonó una campana y el comentario del locutor: «Con esa campanada concluye el tercer asalto, damas y caballeros».

Mientras yo me abría paso para entrar en la Tienda, me preguntaba si se imaginaría el locutor que con su «damas y caballeros» estaba dirigiéndose a todos los negros del mundo que transpiraban y rezaban en sus asientos pegados a la «voz de su amo».

Unas pocas personas pidieron refrescos como R. C. Cola, Dr. Pepper y Hires. La fiesta de verdad comenzaría después del combate. Entonces hasta las ancianas damas cristianas que enseñaban a sus hijos —e intentaban, a su vez, practicar— el ofrecimiento de la otra mejilla comprarían refrescos y, si la victoria del «Bombardero Negro» fuera particularmente sangrienta, pedirían tortas de cacahuete y también chocolatinas Baby Ruth.

Bailey y yo dejábamos las monedas sobre la caja registradora. Durante el combate, el tío Willie no nos dejaba hacerla sonar al cobrar. Era demasiado ruidosa y podía perturbar el ambiente. Cuando sonó la campana para el asalto siguiente, nos abrimos paso por entre el silencio casi celestial para reunirnos con la caterva de niños que había fuera.

«Tiene a Louis contra las cuerdas y ahora le lanza un izquierdazo al cuerpo y un derechazo a las costillas. Otro derechazo al cuerpo, parece haber sido bajo... Sí, damas y caballeros, el árbitro lo está señalando, pero el contrincante sigue cubriendo de golpes a Louis. Otro en el cuerpo y parece que Louis va a caer.»

Mi raza gimió. Era la caída de nuestro pueblo. Era otro linchamiento, otro negro más colgado de un árbol, otra mujer víctima de una emboscada y violada, un niño negro azotado y mutilado. Eran sabuesos siguiendo la pista a un hombre que corría por ciénagas. Era una mujer blanca abofeteando a su criada por haber olvidado algo.

Los hombres de la Tienda se irguieron para prestar mejor atención. Las mujeres apretaron con fuerza a sus nenes en el regazo, mientras en el porche cesaban los taconeos y las sonrisas, los galanteos y los pellizcos de unos minutos antes. Podía ser el fin del mundo. Si Joe perdía, volveríamos a la esclavitud y al desamparo. Resultarían ser ciertas todas las acusaciones de que éramos tipos inferiores de seres humanos, solo un poco superiores a los monos, de que éramos estúpidos, feos, vagos y sucios y —lo peor de todo— el propio Dios nos odiaba y nos ordenaba ser cortadores de madera y acarreadores de agua por siempre jamás.

No respirábamos. No confiábamos. Esperábamos

«Se ha separado de las cuerdas, damas y caballeros. Avanza hacia el centro del cuadrilátero.» No había tiempo para sentirse aliviado. Aún podía suceder lo peor.

«Y ahora Joe parece enfadado. Ha acertado a Carnera en la cabeza con un gancho del puño izquierdo y un derechazo. Ahora le propina un rápido izquierdazo en el cuerpo y otro en la cabeza; ahora, un golpe cruzado con la izquierda y un derechazo en la cabeza. El ojo derecho del contrincante está sangrando y parece resultarle imposible cerrar su defensa. Louis encuentra siempre un hueco. El árbitro se acerca, pero Louis lanza un izquierdazo al cuerpo y después un gancho a la barbilla y el contendiente se ha caído. Está en la lona, damas y caballeros.»

Las mujeres se pusieron de pie, con lo que los niños resbalaron hasta el suelo, y los hombres se inclinaron hacia la radio.

«Ahí está el árbitro. Está contando: uno, dos, tres, cuatro, cinco, seis, siete... ¿Intenta levantarse de nuevo el contrincante?»

Todos los hombres de la Tienda gritaron: «No».

«... ocho, nueve, diez.» Hubo unos pocos sonidos del auditorio, pero parecía contenerse con mucho esfuerzo. «El combate ha concluido, damas y caballeros. Colocamos el micrófono ante el árbitro... Aquí está. Ahora coge la mano del "Bombardero Negro", la levanta... Aquí está...»

Entonces la voz, ronca y familiar, nos penetró hasta estremecernos: «Vencedor, Joe Louis... que conserva el título de campeón del mundo de los pesos pesados».

Campeón del mundo, un muchacho negro, el hijo de una negra. Era el hombre más fuerte del mundo. La gente bebía Coca-Cola como ambrosía y comía chocolatinas como si fuera Navidad. Algunos de los hombres se iban detrás de la Tienda y vertían licor ilegal en sus refrescos y algunos de los chicos mayores los seguían. Los que no se habían visto rechazados volvían arrojando el aliento delante de sí como fumadores orgullosos.

La gente iba a tardar una hora o más en abandonar la Tienda y dirigirse a casa. Quienes vivían demasiado lejos habían hecho planes para quedarse en el pueblo. No convenía que un hombre negro y su familia fueran sorprendidos por un solitario camino rural en una noche en que Joe Louis había demostrado que éramos el pueblo más fuerte del mundo.

20

Tú la das,
tú la llevas,
dáselas a quien
tú más quieras.

Los sonidos del juego de tula se oían entre los árboles, mientras las ramas de las copas ondeaban en ritmos de contrapunto. Me eché en un montículo de verde hierba y enfoqué con visión telescópica el juego infantil. Las chicas corrían como locas de un lado para otro, ahora aquí, después allí, nunca aquí, vistas y no vistas, parecían no seguir dirección alguna, como un huevo estrellado, pero, aunque raras veces se dijera, se sabía que todos los movimientos encajaban y respondían a un plan más amplio. Elevé a un estrado los ojos de mi mente y desde ella admiré el resultado del juego de tula. Los alegres vestidos del día de jira pasaban rápidos, se detenían y se lanzaban como hermosas libélulas sobre un estanque obscuro. Los chicos, látigos negros a la luz del sol, se lanzaban hacia los árboles tras los que sus compañeras, medio ocultas y palpitantes en las sombras, habían huido.

La jira estival al claro contiguo al estanque, con la merendola de pescado frito, era el acontecimiento al aire libre más importante del año. Asistía todo el mundo. Todas las iglesias estaban representadas, así como los grupos sociales (la Orden de los Alces, la Estrella Oriental, los Masones, los Caballeros de Colón, las Hijas de Pitias), los profesionales (los maestros negros del condado de Laffayette) y todos los alborozados niños.

Los músicos llevaban sus guitarras hechas con cajas de puros, armónicas, birimbaos, peines envueltos en papel de seda e incluso contrabajos hechos con barreños.

La cantidad y variedad de la comida habría recibido aprobación en el menú de un epicúreo romano. Bajo los bancos, había cazuelas llenas de pollo frito y cubiertas con paños de cocina, junto a una montaña de ensaladilla abarrotada de huevos duros, barras enteras de mortadela de color herrumbre envueltas en estopilla. Había pepinillos, encurtidos de fabricación casera y jamones asados de estilo rural, aromatizados con clavo y piñas, a cuál más atrayente. Nuestros clientes fijos habían encargado sandías frías, por lo que Bailey y yo abarrotamos la caja de Coca-Cola con los frutos verdes y rayados y llenamos todos los barreños con hielo, además de la gran tina negra que la Yaya usaba para hervir la colada. También ellas sudaban ahora al grato aire de la tarde.

La jira estival brindaba a las señoras la oportunidad de exhibir su destreza culinaria. En el foso de la barbacoa, pollos y costillas de cerdo chisporroteaban en su propia grasa y en una salsa cuyo secreto guardaba cada familia como si se tratara de un asunto escandaloso. Sin embargo, a la ecuménica luz de la jira estival toda auténtica artista de la pastelería podía revelar su valía para deleite del pueblo, que hacía el papel de crítico. Bizcochos esponjosos de naranja y montículos de color carmelita obscuro que goteaban chocolate Hershey acompañaban a tartas recubiertas de blanco coco y confites de color crema. Los bizcochos se desplomaban con su mantecosa carga y los niños pequeños no podían resistir la tentación de lamer las dulces capas ni sus madres la de darles palmadas en los dedos pringosos.

Los pescadores expertos y los aficionados de fin de semana estaban sentados en troncos de árboles junto al estanque. De la rápida corriente sacaban robalos y plateadas percas que se debatían. Una cuadrilla de muchachas pelaba y limpiaba por turno las capturas y mujeres ataviadas con delantales almidonados salaban y rebozaban el pescado en harina de maíz y después lo echaban en sartenes que vibraban con la grasa hirviendo.

En un ángulo del claro, un grupo de cantantes de góspel estaba ensayando. Su armonía, apretada como sardinas en lata, flotaba por sobre la música del coro del condado y se fundía con las canciones de los coros infantiles. «Chicos, no vayáis a dejar caer la pelota en alguna de mis tartas, porque, si no, vais a ver lo que es bueno.»

«Sí, señora», y todo seguía igual. Los chicos seguían lanzando la pelota de tenis con maderas arrancadas de una cerca, haciendo hoyos en el suelo al correr y chocando unos con otros.

Yo quería haber llevado algo para leer, pero la Yaya dijo que, si no quería jugar con los demás niños, podía ser de provecho limpiando pescado o acarreando agua desde el pozo más cercano o leña para la barbacoa.

Me encontré por casualidad con un refugio. En torno al foso de la barbacoa había señales con flechas que dirigían a «Hombres», «Mujeres» y «Niños» hacia senderos casi cubiertos por la maleza crecida desde la jira del año anterior. A mis diez años, me sentía como si tuviera siglos de edad y juicio, por lo que no podía arriesgarme a que niños pequeños me vieran acuclillada tras un árbol. Tampoco tenía valor para seguir la flecha que señalaba el camino para las «Mujeres». Si una persona mayor me hubiera sorprendido allí, habría podido pensar que me las estaba dando de «mujercita» y contárselo a la Yaya y ya sabía lo que me esperaba, conque, cuando sentí la necesidad apremiante de orinar, me dirigí en otra dirección. Una vez atravesada la hilera de sicómoros, me encontré en un claro diez veces menor que la explanada de la merienda, fresco y tranquilo. Tras hacer mi necesidad, encontré un asiento entre dos raíces salientes de un nogal negro y me recosté en su tronco. Para los que lo merecieran, el Cielo debía de ser así y tal vez California también. Mientras miraba directamente al irregular círculo del cielo, empecé a tener la sensación de estar cayendo sobre una nube azul, muy lejana. Las voces de los niños y el intenso olor a comida cocinándose sobre las fogatas fueron los clavos a los que me así justo para salvarme.

Crujió la hierba y me sobresalté, al verme descubierta. Louise Kendricks entró en mi bosquecillo. Yo no sabía que también ella huía del ambiente festivo. Era de mi edad y vivía con su madre en una casita muy pulcra situada detrás de la escuela. Sus primas, que eran de nuestro grupo de edad, eran más ricas y de piel más clara, pero yo estaba convencida en secreto de que Louise era la mujer más hermosa de Stamps, después de la señora Flowers.

«¿Qué haces aquí sentada a solas, Marguerite?» No me acusaba, pedía información. Dije que estaba contemplando el cielo. Me preguntó: «¿Para qué?». Evidentemente, para una pregunta así no había respuesta, conque no me molesté en urdir una. Louise me recordaba a Jane Eyre. Su madre pasaba apuros económicos, pero era fina y, aunque trabajaba de criada, llegué a la conclusión de que había que llamarla institutriz y así lo hacía al hablar con Bailey y para mis adentros. (¿Quién podría enseñar a una romántica y soñadora niña de diez años a llamar las cosas por su nombre?) La señora Kendricks no podía ser muy mayor, pero, para mí, todas las personas mayores de dieciocho años eran adultos y no podía haber distinciones entre mayores y menores. Había que complacerlas y mimarlas con cortesía, por lo que no podían dejar de pertenecer a la misma categoría de quienes parecían iguales, hablaban igual y eran igual. Louise era una chica solitaria, aunque tenía muchos compañeros de juegos y participaba con entusiasmo en cualquier coro de la escuela.

Su cara, que era alargada y del color del chocolate obscuro, estaba cubierta por un tenue velo de tristeza, tan ligero pero tan permanente, como la gasa que cubre el cadáver en su ataúd durante el velatorio, y sus ojos, que a mí me parecían la más favorecedora de sus facciones, se movían rápidos, como si lo que buscaban acabara de esquivarla un segundo antes.

Se había acercado y la luz moteada se filtraba por

entre los árboles y le dibujaba lunares movedizos en la cara y las trenzas. Era la primera vez que yo lo advertía, pero era idéntica a Bailey. Su pelo era del «bueno» —más liso que ensortijado— y sus facciones tenían la regularidad de los objetos colocados por una mano cuidadosa. Levantó la vista: «Pero desde aquí no se ve demasiado cielo». Después se sentó, al alcance de mi brazo. Al descubrir dos raíces que salían fuera de la tierra, apoyó sus finas muñecas en ellas, como si hubiera estado sentada en un sillón. Poco a poco, se recostó en el árbol. Yo cerré los ojos y pensé en la necesidad de encontrar otro lugar y la improbabilidad de que existiera otro con todas las virtudes de aquel. Se oyó un gritito y, antes de que pudiese abrir los ojos, Louise me había cogido de la mano. «Estaba cayéndome —dijo, al tiempo que meneaba sus largas trenzas—. Estaba cayendo en el cielo.»

Me gustó que fuera capaz de caer al cielo y reconocerlo. Le propuse: «Vamos a intentarlo juntas, pero contamos hasta cinco y después nos erguimos». Louise me preguntó: «¿Quieres que nos cojamos de las manos? ¿Por si acaso?». Acepté. Si una de nosotras llegaba a caer, la otra podría sacarla.

Después de unos cuantos vuelcos casi fatales en la eternidad (las dos sabíamos lo que era), nos reímos de haber jugado con la muerte y la destrucción y haber escapado.

Louise dijo: «Vamos a mirar ese trocito de cielo dando vueltas». Nos cogimos de las manos en el centro del claro y empezamos a dar vueltas, muy despacio al principio. Alzamos la cabeza y miramos de frente aquel seductor retazo azul: más rápido, un poquito más rápido, después más rápido, más rápido aún. Sí... ¡socorro!... nos caíamos. Luego la eternidad venció, al fin y al cabo. No podíamos cesar de girar o caer hasta que la ávida gravedad me arrancó de su mano y me arrojó para que me rompiera la crisma allá abajo... no, allá arriba y no allá abajo. Me vi sana y salva y aturdida al pie del sicómoro. Louise había acabado de rodillas en el otro extremo del bosquecillo.

Era sin duda el momento de reír. Estábamos derrotadas, pero no habíamos perdido nada. Primero lanzamos risitas nerviosas y gateamos tambaleándonos una hacia la otra y acabamos lanzando sonoras carcajadas. Nos dimos palmadas en la espalda y los hombros y reímos un poco más. Habíamos puesto algo en ridículo o habíamos revelado un embuste, ¿y acaso no era eso para caerse de culo?

Por atreverse a desafiar lo desconocido conmigo, llegó a ser mi primera amiga. Pasamos horas tediosísimas enseñándonos a hablar el otro estilo de jerga infantil. Titute yitita sitatibitetis («Tú ya sabes»). Como todos los demás niños hablaban la variante más sencilla, éramos superiores, porque la nuestra era más difícil de hablar y más difícil aún de entender. Por fin empecé a comprender lo que hacía lanzar sus risitas tontas a las niñas. Louise me soltaba varias frases en la ininteligible jerga y se echaba a reír. Naturalmente, también a mí me daba la risa: una risa tonta, en realidad, pues no entendía nada. No creo que ella entendiera tampoco ni la mitad de lo que decía, pero, al fin y al cabo, las niñas tienen que lanzar sus risitas tontas y, después de haber sido una mujer durante tres años, estaba a punto de volverme una niña.

Un día, en la escuela, una chica a la que apenas conocía y con la que casi no había hablado nunca me entregó una nota. Con pliegues tan intrincados, había de ser una nota de amor. Yo estaba segura de que se había equivocado de persona, pero insistió en que era para mí. Al desplegarla, me confesé a mí misma que me sentía aterrada. ¿Y si se hubiera tratado de una broma? ¿Y si en el papel hubiese aparecido un animal repugnante con la palabra TÚ encima? Los compañeros lo hacían a veces simplemente porque me consideraban una engreída. Por fortuna, obtuve permiso para ir al servicio —que estaba fuera— y en el fétido cuarto leí:

Querida amiga, M. J.:

Los tiempos son duros y los amigos pocos.
Tengo mucho gusto en escribirte.
¿Aceptas mi tarjeta de San Valentín?

TOMMY VALDON

Me devané los sesos. ¿Quién? ¿Quién era Tommy Valdon? Al final, una cara surgió a duras penas de mi memoria. Era el chico guapo y de piel carmelita que vivía al otro lado del estanque. En cuanto lo hube identificado, empecé a hacerme cábalas: ¿por qué? ¿Por qué yo? ¿Sería una broma? Pero, si Tommy era quien yo recordaba, se trataba de un chico muy serio y estudioso. Pues, en ese caso, no era una broma. Bien, entonces, ¿en qué indecencias estaría pensando? Tantas preguntas me abrumaban, me sentía como un ejército en retirada. Rápido, cubríos. Proteged los flancos. No dejéis que el enemigo acorte la distancia. En cualquier caso, ¿qué significaba recibir una tarjeta de San Valentín?

Cuando iba a tirar el papel en el fétido agujero, me acordé de Louise. Se lo podía enseñar. Volví a plegar el papel en su forma original y regresé a la clase. Durante el mediodía no daba tiempo, pues tenía que correr a la Tienda y atender a los clientes. Llevaba metida la nota en un calcetín y, todas las veces que la Yaya me miraba yo temía que su mirada de la iglesia se hubiera vuelto tan penetrante como los rayos X y pudiese no solo ver la nota y leer su mensaje, sino también interpretarla. Tenía la sensación de caer desde un despeñadero de culpabilidad y estuve por segunda vez a punto de destruirla, pero no hubo ocasión. Sonó la campana y Bailey me echó una carrera hasta la escuela, por lo que olvidé la nota, pero un asunto serio es un asunto serio y había que prestarle atención. Después de las clases, esperé a Louise. Estaba hablando con un grupo de chicas y riéndose, pero, cuando le hice nuestra señal (dos saludos con la mano izquierda), se despidió de ellas y se reunió conmigo en la carretera. No le di oportunidad de preguntarme en qué pensaba (su pregunta favorita); me limité a entregarle la nota. Al reconocer los pliegues, dejó de reír. Estábamos en un apuro. Abrió la carta y la leyó dos veces en voz alta. «¿Y qué? ¿Qué te parece?»

Dije: «¿Que qué me parece? Eso es lo que te pregunto yo a ti: ¿qué debe parecerme?».

«Al parecer, quiere que aceptes su tarjeta de San Valentín.»

«Louise, sé leer, pero, ¿qué significa eso?»

«Mujer, ya sabes: es por San Valentín, su amor.»

Vuelta a empezar con esa odiosa palabra: esa palabra

falaz que se abría como un volcán, como para tragarte.

«Pues no voy a serlo, pero es que ni pensarlo: nunca más.»

«¿Lo has hecho ya alguna vez? ¿Qué quieres decir con eso de nunca más?»

No podía mentir a mi amiga y no quería resucitar viejos fantasmas.

«Pues entonces no le respondas y se acabó.» Me sentí algo aliviada de que, según ella, pudiera uno librarse de eso tan rápidamente. Rompí la nota en dos y le di una parte a ella. Mientras bajábamos la cuesta, desmenuzamos el papel en mil trocitos y lo lanzamos al viento.

Dos días después, vino a mi clase una bedel. Habló en voz baja a la señorita Williams, nuestra maestra. La señorita Williams dijo: «Como recordaréis, mañana es San Valentín, el mártir que murió hacia el año 270 en Roma. Se celebra su fiesta intercambiando muestras de afecto y tarjetas. Los alumnos de octavo han preparado sus tarjetas y la bedel hace de cartero. Durante la última clase de hoy, os daremos cartulinas, cintas y papel de seda rojo para que preparéis vuestros regalos. Aquí, en la mesa de trabajo, hay cola y tijeras. Ahora, poneos de pie cuando oigáis vuestro nombre».

La maestra llevaba un rato barajando los sobres de colores y pronunciando nombres, cuando comprendí. Había estado pensando en la sencilla invitación del día anterior y en la expeditiva forma en que Louise y yo nos habíamos deshecho de ella.

Quienes oíamos pronunciar nuestro nombre para recibir la tarjeta de San Valentín nos sentíamos solo ligeramente más violentos que quienes permanecían sentados contemplando a la señorita Williams abrir los sobres.

«Helen Gray.» Helen Gray, chica alta y sosa de Louis-ville, se echó para atrás. La señorita Williams empezó a leer unos bobos y ripiosos versos pueriles. Yo era presa de la vergüenza y la expectación y, sin embargo, tuve tiempo de sentirme ofendida por aquella poesía tan ridícula, que yo podría haber mejorado dormida.

«Marguerite Anne Johnson. Huy, Dios mío, pero si esto parece más una carta que una tarjeta de San Valentín. "Querida amiga, te escribí una carta y te vi hacerla pedazos con tu amiga L. No creo que quisieras ofenderme, por lo que, me respondas o no, siempre serás mi prenda querida. T. V."»

La señorita Williams sonrió y continuó con indolencia, sin darnos permiso para sentarnos: «Aunque solo estáis en séptimo, estoy segura de que no seréis tan presuntuosos como para firmar una carta con las iniciales, pero aquí tenemos a un muchacho de octavo, a punto de graduarse, bla, bla, bluf, bla. Al salir, podéis recoger vuestras tarjetas y estas cartas».

Era una carta bonita y Tommy tenía una letra preciosa. Sentí haber roto la primera. Su afirmación de que, respondiese yo o no, su afecto seguiría siendo el mismo me tranquilizó. Si hablaba así, no podía ir tras lo que ya se sabe. Dije a Louise que, la próxima vez que viniese a la Tienda, iba a estar de lo más amable con él. Por desgracia, la situación era tan maravillosa para mí, que todas las veces que veía a Tommy me deshacía en deliciosas risitas y era incapaz de pronunciar una frase coherente. Al cabo de un tiempo, dejó de dedicarme sus miradas.

21

Bailey clavó ramas en el suelo detrás de la casa, las cubrió con una manta raída e hizo una tienda. Iba a ser su refugio del Capitán Marvel. En ella iniciaba a las chicas en los misterios del sexo. Metió, una por una, en las sombras grises a las impresionadas, las curiosas, las aventureras, tras explicarles que iban a jugar a papá y mamá. A mí me asignaba el papel de nena y vigilante. Ordenaba a las chicas que se levantaran las faldas y después se echaba sobre ellas y meneaba las caderas.

A veces yo tenía que levantar el telón (la señal convenida de que se acercaba un adulto) y veía sus patéticos forcejeos, al tiempo que hablaban de la escuela y de películas.

Llevaba seis meses jugando a eso, cuando conoció a Joyce. Era una chica del campo unos cuatro años mayor que Bailey (cuando se conocieron, él apenas tenía once), cuyos padres habían muerto y los parientes se habían hecho cargo de sus hermanos y hermanas y de ella. Joyce había venido a Stamps a vivir con una tía viuda, más pobre incluso que el más pobre del pueblo. Joyce estaba muy desarrollada para su edad. Sus pechos no eran los bultitos duros de otras chicas de su edad; llenaban la parte de arriba de sus raquíticos vestidos. Caminaba muy tiesa, como si llevara una carga de leña entre las piernas. A mí me parecía grosera, pero Bailey decía que era muy mona y que quería jugar a papá y mamá con ella.

Con el sexto sentido de las mujeres, Joyce sabía que había hecho una conquista y se las arreglaba para merodear por la Tienda al caer la tarde y todos los sábados. Cuando estábamos muy ajetreados en la Tienda, hacía recados a la Yaya y sudaba con profusión. Con frecuencia, cuando llegaba, después de haber bajado corriendo la cuesta, su vestido de algodón se pegaba a su fino cuerpo y Bailey no le quitaba la vista de encima hasta que se le secaba la ropa.

La Yaya le daba regalitos de comida para llevar a su tía y algunos sábados el tío Willie le daba diez centavos para que fuera a «una función».

Durante la semana de Pascua, no nos dejaban ir al cine (la Yaya decía que debíamos sacrificarnos todos para purificar nuestra alma) y Bailey y Joyce decidieron que jugáramos los tres a papá y mamá. Como de costumbre, yo era la nena.

Montó la tienda y Joyce se metió, a gatas, la primera. Bailey me dijo que me sentase fuera y jugara con mi muñequita, entró y cerró el telón.

«Bueno, ¿qué? ¿No te abres la bragueta?», cuchicheó Joyce.

«No. Súbete tú las faldas.»

Se oyeron crujidos dentro de la tienda y se formaron protuberancias por los lados, como si estuvieran intentando levantarse.

Bailey preguntó: «¿Qué haces?».

«Bajarme las bragas.»

«¿Para qué?»

«No podemos hacerlo con las bragas puestas.»

«¿Por qué no?»

«¿Cómo vas a meterla?»

Silencio. Mi pobre hermano no sabía lo que ella quería decir. Yo, sí. Levanté el telón y dije: «Joyce, no hagas eso a mi hermano». Ella casi dio un grito, pero se dominó y dijo en voz baja: «Marguerite, cierra esa puerta». Bailey añadió: «Sí. Ciérrala. Tú tienes que hacer de nena». Pensé que si Bailey dejaba que le hiciera eso, acabaría en el hostal, conque le avisé: «Bailey, si le dejas que te haga eso, te arrepentirás». Pero él amenazó con que, si no cerraba la puerta, no me hablaría durante un mes, por lo que dejé caer el borde de la manta y me senté en la hierba delante de la tienda.

Joyce asomó la cabeza y dijo con voz dulzona, como la de las mujeres blancas de las películas: «Nena, tú vete a buscar leña. Papá y yo vamos a encender un fuego y después voy a hacerte un pastel». Luego su voz cambió, como si fuera a pegarme: «Anda, vete».

Después de aquello, Bailey me dijo que Joyce tenía pelo en la «cosa» y que le había salido de «hacerlo» con tantos chicos. Tenía pelo incluso en los sobacos: en los dos. Estaba muy orgulloso de las dotes de ella.

A medida que avanzaba su amorío, aumentaron los robos de Bailey en la Tienda. Siempre habíamos cogido dulces y algunas perras y, naturalmente, los pepinillos en vinagre, pero ahora Bailey, obligado a saciar la voraz hambre de Joyce, cogía latas de sardinas, grasienta salchicha polaca, queso e incluso las caras latas de salmón rosado, lujo que nuestra familia raras veces podía permitirse.

Por aquella época decayó la disposición de Joyce a hacer recados. Se quejaba de que no se sentía del todo bien, pero, como ahora tenía algunas monedas, seguía viniendo a la Tienda y comiendo cacahuetes Planters y bebiendo Dr. Pepper.

La Yaya la echaba a veces. «¿No habías dicho que no te sentías bien, Joyce? ¿No sería mejor que te fueras a casa para que tu tía te dé algún remedio?»

«Sí, señora.» Entonces salía de mala gana del porche y sus tiesas piernas la llevaban cuesta arriba hasta que se perdía de vista.

Creo que fue el primer amor de Bailey fuera de la familia. Para él, fue la madre que le dejaba acercarse todo lo que anhelara, la hermana que no era taciturna, reservada, llorosa y sensible. Lo único que había de hacer era seguir entregando la comida y ella seguía soltando afecto. Le daba igual que fuera casi una mujer o tal vez fuese esa diferencia precisamente lo que la hacía tan atractiva.

Estuvo por allí unos meses y así como había aparecido, salida del limbo, así también desapareció en la nada. No hubo cotilleo sobre ella, ninguna pista sobre su marcha o su paradero. Antes de enterarme de que ella se había marchado, noté el cambio en Bailey. Perdió el interés por todo. Andaba de un lado para otro cavilando y podía decirse con propiedad que «palideció». La Yaya lo notó y dijo que no estaba muy católico por el cambio de estación (se acercaba el otoño), por lo que fue al bosque en busca de ciertas hojas, le hizo un té y lo obligó a beberlo después de que tomara una cucharada rebosante de azufre y melaza. Que no se opusiera, que no intentara convencerla para que no le diese la medicina, fue una prueba palmaria de que estaba muy enfermo.

Aunque no me había gustado Joyce mientras tuvo a Bailey en sus garras, la odié por marcharse. Echaba de menos la tolerancia que le había infundido (había abandonado casi del todo los sarcasmos y las bromas sobre la gente del campo) y había empezado a contarme sus secretos otra vez, pero, desde que ella se había ido, competía conmigo en mostrarse poco comunicativo. Se cerró sobre sí mismo como un estanque al tragarse una piedra. No había señal de que se hubiera abierto nunca y, cuando mencioné el nombre de ella, respondió: «¿Qué Joyce?».

Meses después, cuando la Yaya estaba despachando a la tía de Joyce, dijo: «Sí, señora Goodman, la vida es eso y nada más: una cosa tras otra».

La señora Goodman estaba apoyada en la roja caja de Coca-Cola. «Esa es la pura verdad, hermana Henderson.» Bebió un sorbo de tan cara bebida.

«Las cosas cambian tan rápido, que te da vueltas la cabeza.» Era la forma en que la Yaya iniciaba una conversación. Me quedé callada como un muerto para poder escuchar el cotilleo y contárselo a Bailey.

«Fíjese, por ejemplo, en esa chiquilla, Joyce. Solía andar por la Tienda todo el tiempo. Después se esfumó como el humo. Hace meses que no le vemos el pelo.»

«No, claro. Me da vergüenza contarle... cómo es que se fue.»

Se sentó en una silla de cocina. La Yaya me atisbó en la sombra.

«Nena, al Señor no le gustan los búcaros chicos con

grandes orejas. Si no tienes nada que hacer, yo te voy a buscar algo.»

La verdad tuvo que llegar hasta mí por la puerta de la cocina.

«No tengo gran cosa, hermana Henderson, pero di a esa niña todo lo que tenía.»

La Yaya dijo que eso, desde luego, no se podía negar. No dijo «que se apostara algo».

«Y, después de todo lo que hice, se escapó con uno de esos mozos del ferrocarril. Era una perdida, igualita a su mamá antes que ella. Ya sabe usted lo que se suele decir: "Lo que se lleva en la sangre...".»

La Yaya preguntó: «¿Cómo la atrapó la serpiente?».

«Pues, mire, no me interprete mal, hermana Henderson, no se lo reprocho a usted, que es, lo sé, una mujer temerosa de Dios, pero parece ser que lo conoció aquí.»

La Yaya se sintió turbada. ¿Semejantes manejos en la Tienda? Preguntó: «¿En la Tienda?».

«Sí, señora. ¿Recuerda usted cuando vino aquella panda de "Alces" a jugar el partido de béisbol?» (La Yaya debía de recordarlo, como yo.) «Pues resultó ser uno de ellos. Me dejó una notita. Decía que la gente en Stamps se creía superior a ella y que solo había hecho un amigo: su nieto de usted. Dijo que se mudaba a Dallas (Texas) para casarse con ese mozo del ferrocarril.»

La Yaya dijo: «Dios lo quiera».

La señora Goodman dijo: «Mire, hermana Henderson, no estuvo conmigo bastante tiempo para que me acostumbrara a ella de verdad, pero aún la echo de menos. Era cariñosa, cuando quería». La Yaya la consoló así: «En fin, hemos de tener presentes las palabras del Libro Sagrado: "El Señor me lo dio y el Señor me lo quitó"».

La señora Goodman terció y acabaron la frase juntas: «Bendito sea el nombre del Señor».

No sé desde cuándo habría sabido Bailey lo de Joyce, pero por la noche, cuando intenté sacar su nombre a colación, dijo: «¿Joyce? Ahora tiene alguien para que se lo "haga" todo el tiempo». Y aquella fue la última vez en que se mencionó su nombre.

22

El viento soplaba sobre el techo y revolvía las tejas de madera. Lanzaba silbidos estridentes bajo la puerta cerrada. La chimenea emitía terribles sonidos de protesta, al verse invadida por las apremiantes ráfagas.

A una milla de distancia, el Kansas City Kate (el tren tan admirado, pero demasiado importante para parar en Stamps) irrumpió con su estrépito por el centro del pueblo, lanzó sus pitidos «uuuuuu-iii» de advertencia y continuó, sin mirar atrás, hacia un destino fascinante y desconocido.

Iba a haber una tormenta y era la noche perfecta para releer *Jane Eyre*. Bailey había acabado sus tareas y ya estaba detrás de la estufa con Mark Twain. Me tocaba a mí cerrar la Tienda, por lo que había dejado mi libro, a medio leer, sobre el mostrador de los dulces. Como el tiempo iba a ser malo, estaba segura de que al tío Willie no le parecería mal —me lo recomendaría, de hecho— que cerrara temprano (para ahorrar electricidad) y me uniera a la familia en la alcoba de la Yaya, que nos servía de sala de estar. Poca gente andaría por la calle con un tiempo que amenazaba con un tornado (pues, aunque soplaba el viento, el cielo estaba tan claro y sereno como en una mañana estival). La Yaya convino en que igual podíamos cerrar, por lo que salí al porche, cerré las contraventanas, coloqué la barra de madera que trababa la puerta y apagué la luz.

En la cocina, donde la Yaya estaba haciendo tortas de maíz para acompañar la sopa de verduras de la cena, sonaban las ollas y, mientras yo leía sobre Jane Eyre, que se encontraba en una fría mansión inglesa de un caballero inglés aún más frío, los sonidos y los olores hogareños me resultaban muy acogedores. El tío Willie estaba enfrascado en el *Almanaque,* su lectura nocturna, y mi hermano estaba lejísimos: en una balsa por el Misisipí.

Yo fui la primera en oír el repiqueteo en la puerta trasera, un repiqueteo y una llamada, una llamada y un repiqueteo, pero, como sospechaba que podía haber sido la esposa loca de la torre, no hice caso. Después lo oyó el tío Willie y sacó a Bailey de la historia de Huck Finn, al mandarle que abriera.

Por la puerta abierta, la luz de la Luna entró en la sala con un resplandor frío que rivalizó con nuestra mortecina lámpara. Todos esperamos —yo con expectación temerosa—, pues no se veía a ningún ser humano. Solo entraba el viento, que pugnaba con la débil llama del quinqué de petróleo y daba empellones en torno al calor familiar de nuestra barriguda estufa. El tío Willie pensó que debía de haber sido la tormenta y dijo a Bailey que cerrara la puerta, pero, justo antes de que este fijara la plancha de madera en su sitio, llegó una voz por la rendija, que resolló: «¿Hermana Henderson? ¿Hermano Willie?»

Bailey estuvo a punto de cerrar la puerta otra vez, pero el tío Willie preguntó: «¿Quién es?», y la acongojada cara carmelita del señor George Taylor salió del gris y quedó a la vista. Se cercioró de que no nos habíamos acostado y le dijimos que entrara. Cuando la Yaya lo vio, lo invitó a quedarse a cenar y a mí me dijo que colocara unos boniatos en las brasas para que hubiera para todos. El pobre hermano Taylor había estado comiendo en las casas de todo el pueblo desde que había enterrado a su mujer en el verano. Tal vez porque yo pasaba por un periodo romántico o porque los niños tienen un mecanismo innato en pro de la supervivencia, temí que estuviera interesado en casarse con la Yaya y venir a vivir con nosotros.

El tío Willie descansó el *Almanaque* sobre su dividido regazo. «Esta es su casa siempre que guste, hermano Taylor, siempre que guste, pero esta noche es peligrosa. Lo dice aquí —con su mano tullida dio una palmadita en el *Almanaque*—, que el 12 de noviembre va a pasar por Stamps una tormenta procedente del Este: noche borrascosa.» El señor Taylor permaneció exactamente en la misma posición que había adoptado al llegar, como una persona demasiado congelada para adaptar el cuerpo acercándose siquiera al fuego. Tenía la cabeza gacha y la luz roja le daba en la bruñida piel de su calva, pero sus ojos polarizaron los míos con una atracción desconocida. Estaban profundamente hundidos en su carita y destacaban absolutamente dentro de las demás facciones con una redondez que parecía trazada con lápiz de ojos y le daba aspecto de búho y, cuando notó que yo lo miraba tan fijamente, su cabeza apenas se movió, pero sus ojos se desviaron y se posaron en mí. Si hubiese habido en su mirada desprecio o condescendencia o cualquiera de las emociones vulgares que los adultos revelan ante los niños, no me habría costado esfuerzo volver a mi libro, pero sus ojos despedían una nada acuosa: una nada que resultaba completamente insoportable. Vi una vidriosidad que solo había observado antes en canicas nuevas o en una chapa de botella empotrada en un bloque de hielo. Su mirada se apartó tan rápido de la mía, que casi fue posible pensar que yo había imaginado, en realidad, ese intercambio.

«Pero, ya le digo, esta es su casa. Siempre podemos hacerle un lugar bajo este techo.» El tío Willie no parecía notar que el señor Taylor estaba ajeno a todo lo que decía. La Yaya trajo la sopa al cuarto, quitó la tetera del calentador y colocó la olla humeante en el fuego. El tío Willie continuó: «Madre, estaba diciendo al hermano Taylor que esta es su casa, siempre que guste». La Yaya dijo: «Exactamente, hermano Taylor. No tiene usted que quedarse en esa casa solitaria como un alma en pena. El Señor le dio su esposa y el Señor se la quitó».

No sé si fue la presencia de la Yaya o la sopa que borbollaba en la estufa lo que lo influyó, pero el señor Taylor pareció animarse mucho. Sacudió los hombros, como para librarse de un contacto molesto, e intentó sonreír sin conseguirlo. «Hermana Henderson, no sabe usted cuánto se lo agradezco... Quiero decir que no sé lo que haría, si no fuera por todos... Quiero decir que no sabe usted lo que significa poder... En fin, quiero decir que le estoy muy agradecido.» A cada pausa, inclinaba la cabeza hacia el pecho, como una tortuga al salir de la concha, pero no movía los ojos.

La Yaya, siempre cohibida ante las exhibiciones públicas de emociones que no se debiesen a una razón religiosa, me dijo que fuera con ella para ayudarla a traer el pan y los tazones. Ella llevó la comida y yo la seguí con el quinqué de petróleo. La nueva luz dio una perspectiva espectral y severa al cuarto. Bailey seguía sentado, inclinado sobre su libro, como un gnomo negro y jorobado. Uno de sus dedos se anticipaba a sus ojos a lo largo de la página. El tío Willie y el señor Taylor estaban inmóviles como las figuras de un libro sobre la historia de los negros americanos.

«Hale, tenga, hermano Taylor.» La Yaya le estaba ofreciendo un tazón de sopa. «Tal vez no tenga hambre, pero tómelo por el alimento.» En su voz había el afectuoso interés de una persona sana al hablar con un inválido y sus sencillas palabras resultaron conmovedoramente auténticas. «Se lo agradezco.» Bailey salió de su ensimismamiento y fue a lavarse las manos.

«Willie, bendice la mesa.» La Yaya posó el tazón de Bailey e inclinó la cabeza. Durante la bendición, Bailey permaneció en la puerta, como la imagen misma de la obediencia, pero yo sabía que estaba pensando en Tom Sawyer y Jim, como yo habría pensado en Jane Eyre y el señor Rochester, si no hubiera sido por los centelleantes ojos del bueno y macilento del señor Taylor.

Nuestro huésped tomó, obediente, unas cucharadas de sopa, dio un mordisco, en forma de semicírculo, en el pan y después dejó el tazón en el suelo. Algo en el fuego retuvo su atención, mientras nosotros comíamos ruidosamente. Al notar que se mantenía aparte, la Yaya dijo: «No le conviene tomárselo así. Ya sé que estuvieron juntos mucho tiempo...».

El tío Willie dijo: «Cuarenta años».

«... pero ya hace seis meses desde que ella se fue a descansar en paz... y no debe usted dejarse vencer por el desánimo. El Señor nunca nos da más de lo que podamos sobrellevar.» Esas palabras confortaron al señor Taylor. Volvió a coger su tazón y removió la cuchara en la espesa sopa.

La Yaya vio que había logrado algún contacto, por lo que continuó: «Disfrutó usted de muchos años buenos. Debe estar agradecido por ello. La única lástima es que no tuvieran hijos».

Si yo hubiese tenido la cabeza inclinada, me habría perdido la metamorfosis del señor Taylor. No fue un cambio gradual, sino, según me pareció, repentino. Volvió a dejar el tazón en el suelo con un ruido sordo y su cuerpo, de cintura para arriba, se inclinó hacia la Yaya. Sin embargo, lo más impresionante se produjo en el rostro. Su superficie carmelita pareció obscurecerse al recobrar vida, como si bajo su fina piel hubiese una agitación interna. La boca, abierta, enseñaba sus largos dientes: era una habitación obscura amueblada con unas pocas sillas blancas.

«Hijos.» Parecía que esa palabra fuese una bola de chicle que estuviera moviendo por su vacía boca. «Sí, señor, niños.» Bailey (y yo), acostumbrados a que nos llamaran así, lo miramos expectantes.

«Eso es lo que quiere ella.» Sus ojos estaban muy vivos y luchaban por saltar de las cuencas que los aprisionaban. «Eso es lo que decía ella: hijos.»

La atmósfera estaba cargada y densa. Había una casa mayor posada sobre nuestro tejado y nos empujaba imperceptiblemente hacia el suelo.

La Yaya preguntó, con la voz que dedicaba a las personas buenas: «¿Quién lo decía, hermano Taylor?». Ya sabía la respuesta. Todos nosotros la sabíamos.

«Florida.» Sus arrugadas manitas apretaban los puños, después se abrían y luego volvían a apretarlos. «Anoche mismo lo dijo.»

Bailey y yo nos miramos y yo acerqué mi silla un poco más a la suya. «Dijo: "Quiero hijos".» Cuando dio a su voz, de por sí aguda, el tono que consideraba femenino o, en cualquier caso, el de su esposa, la señora Florida, el sonido cruzó rápido la sala zigzagueando como un rayo.

El tío Willie había dejado de comer y lo miraba con expresión como de piedad. «Tal vez estuviera soñando, hermano Taylor. Pudo haber sido un sueño.»

La Yaya terció conciliadora. «Eso es. Mire, los niños me estaban leyendo algo el otro día. Decía que la gente sueña con lo que estuviera pensando cuando se fue a la cama.»

El señor Taylor dio un respingo. «¡Qué iba a ser un sueño! Estaba tan despierto como en este preciso instante.» Estaba enfadado y la tensión aumentaba su mascarita de firmeza.

«Voy a contarles lo que sucedió.»

¡Oh, Dios mío! Una historia de aparecidos. Yo detestaba y temía las largas noches invernales en que los últimos clientes acudían a la Tienda y se sentaban en torno a la estufa a tostar cacahuetes e intentar superarse contando espeluznantes relatos de fantasmas y aparecidos, espíritus y amuletos, vudú y otras historias enemigas de la vida, pero una real, que hubiera sucedido a una persona real y, además, la noche pasada, iba a ser algo insoportable. Me levanté y me acerqué a la ventana.

El entierro de la señora Florida Taylor había sido en junio, justo después de los exámenes finales. Bailey, Louise y yo los habíamos hecho muy bien y nos sentíamos satisfechos. El verano se extendía magnífico ante nosotros con promesas de meriendas de pescado frito en el campo, excursiones para coger moras y partidos de cróquet hasta el anochecer. Habría hecho falta la pérdida de un ser querido para que mi sensación de bienestar se hubiera visto afectada. Había conocido a las hermanas Brontë y me habían encantado y había substituido el «Si» de Kipling por «Invictus». Mi amistad con Louise se consolidó con los juegos de las tabas y del invernáculo y las confesiones, profundas y secretísimas, con frecuencia intercambiadas después de decir muchas veces: «¿Prometes no decírselo a nadie?». Nunca le hablé de lo de San Luis y había llegado a creer que aquella pesadilla, con sus consiguientes culpa y miedo, no me había sucedido en realidad a mí. Había sucedido, muchos años atrás, a una niña mala que nada tenía que ver conmigo.

Al principio, la noticia de que la señora Taylor hubiera muerto no me pareció una información particularmente llamativa. Pensé, como piensan los niños, que, siendo tan mayor, lo único que podía hacer era morirse. Era una mujer bastante agradable que, por la edad, andaba a pasitos cortos y tenía unas manitas parecidas a pequeñas garras mansas aficionadas a tocar la piel joven. Siempre que venía a la Tienda, yo me veía obligada a acercarme a ella, que me pasaba sus amarillas uñas por las mejillas. «Tienes un cutis pero que muy bonito.» Era un cumplido excepcional en un mundo en que se pronunciaban pocas palabras de elogio, por lo que compensaba el tacto de los secos dedos.

«Vas a ir al entierro, nena.» La Yaya ni siquiera me preguntó si deseaba hacerlo.

Dijo: «Vas a ir, porque la hermana Taylor te apreciaba tanto, que te ha dejado su broche amarillo». (No dijo «de oro» porque no lo era.) «Dijo al hermano Taylor: "Quiero que mi broche de oro sea para la nieta de la hermana Henderson", conque vas a tener que ir.»

Yo había seguido, cuesta arriba, algunos ataúdes desde la iglesia hasta el cementerio, pero, como la Yaya decía que yo era impresionable, nunca me habían obligado a asistir al funeral. A los once años de edad, la muerte es más irreal que aterradora. Me parecía que pasar una tarde sentada en la iglesia, por un absurdo broche viejo que no solo no era de oro, sino que, además, era demasiado antiguo para que yo me lo pusiese, era desperdiciarla, pero, si la Yaya decía que debía ir, allí estaría, seguro.

Los ocupantes de los bancos delanteros, vestidos con trajes de sarga azul y crespón negro, tenían expresión de desconsuelo. Un himno funerario se abrió paso por la iglesia de forma tediosa, pero lograda. Se fue colando poco a poco en el centro de todo pensamiento alegre, en el recoveco de todo recuerdo feliz, aniquilando a los gozosos y esperanzados: «Al otro lado del Jordán, hay paz para los extenuados, hay paz para mí». El destino inevitable de todos los seres vivos parecía estar a un paso. Antes de aquel momento, yo nunca había considerado que «moribundo», «morir», «muerto», «fallecido» fueran palabras que pudiesen tener la más remota conexión conmigo.

Pero, en aquel día sofocante, tomé, irremediablemente abrumada, conciencia de mi propia mortalidad con las lentas corrientes del destino.

Tan pronto como el lastimero canto concluyó, el pastor subió al altar y pronunció un sermón que, en el estado en que me encontraba, no me dio demasiado alivio. El tema era: «Tú eres mi buena y fiel servidora y me has complacido». Su voz se entrelazaba por entre los sombríos hálitos dejados por el canto fúnebre. En tono monótono, advirtió a los oyentes que «este podría ser el último de vuestros días» y la mejor garantía contra la muerte en pecado era «ponerse a bien con Dios», para que en el día fatídico les dijera: «Tú eres mi bueno y fiel servidor y me has complacido».

Tras habernos introducido bajo la piel el miedo a la fría tumba, empezó a hablar de la señora Taylor: «Una mujer devota, que daba limosna a los pobres, visitaba a los enfermos, pagaba diezmos a la iglesia y en general llevaba una vida virtuosa». Entonces se puso a hablar directamente al ataúd, que yo había visto al llegar y del que desde ese momento había apartado la vista permanentemente.

«Tuve hambre y tú me diste de comer. Tuve sed y tú me diste de beber. Estuve enfermo y me visitaste. Estuve preso y no me abandonaste. Todo lo que hiciste por el más insignificante de ellos lo hiciste por Mí.» Saltó del estrado y se acercó a la caja de terciopelo gris. Con gesto imperioso, retiró la tela gris que la cubría y miró al misterio que había dentro.

«Duerme, alma en gracia, hasta que Cristo te llame a Su luminoso Cielo.»

Siguió hablando directamente a la muerta y yo casi deseaba que esta se levantara y le respondiera, ofendida por la tosquedad de su actitud. El señor Taylor lanzó un grito. Se puso en pie de repente y alargó sus brazos hacia el pastor, el ataúd y el cadáver de su esposa. Durante un largo minuto se cernió, de espaldas a la iglesia, mientras las instructivas palabras seguían llenando la sala, llenas de promesas, cargadas de advertencias. La Yaya y otras señoras lo sujetaron a tiempo y lo hicieron volver al banco, donde en seguida se dobló sobre sí mismo como un muñeco de trapo con la figura del Hermano Conejo.

El señor Taylor y los altos provisores de la iglesia fueron los primeros en desfilar en torno al féretro para dar la despedida a la difunta y vislumbrar por un momento la suerte que esperaba a todos los hombres. Después, con pasos lentos, aminorados aún más por la culpabilidad de los vivos al contemplar al muerto, los adultos de la iglesia avanzaron hasta el ataúd y regresaron a sus asientos. Sus rostros, que mostraban aprensión antes de llegar al ataúd, revelaban, al regresar por el pasillo opuesto, la confirmación final de sus temores. Contemplarlos era un poco como mirar por una ventana, cuando la persiana no está del todo echada. Aunque no me lo propuse, era imposible no advertir sus papeles en el drama.

Y después una de las acomodadoras, vestidas de negro, extendió la mano envaradamente hacia las filas de los niños. Hubo furtivos susurros de reticencia, pero, al final, un muchacho de catorce años inició nuestro cortejo y yo no me atreví a hacerme la remolona, pese a que la idea de ver a la señora Taylor me hacía muy poca gracia. A medida que avanzábamos por el pasillo lateral, los gemidos y chillidos se mezclaban con el nauseabundo olor que despedían la ropa negra de lana que llevaban los asistentes en pleno verano y las hojas verdes marchitándose sobre hojas amarillas. Yo no acababa de distinguir si estaba oliendo el atenazante sonido de la miseria o escuchando el empalagoso olor de la muerte.

Habría sido más fácil verla a través de la gasa, pero miré hacia abajo, hacia el rígido rostro, que de repente parecía tan vacío y malvado. Conocía secretos en los que yo no quería entrar nunca. Las mejillas se le habían caído hacia las orejas y un solícito empleado de pompas fúnebres había pintado de carmín sus negros labios. El olor a putrefacción era dulzón y agobiante. Buscaba a tientas la vida con un ansia a un tiempo voraz y odiosa, pero era hipnótico. Yo quería marcharme, pero los zapatos se me habían pegado al suelo y tuve que agarrarme a los bordes del ataúd para permanecer en pie. El inesperado alto de la fila en movimiento hizo que los niños nos apretujásemos unos contra otros y llegasen a mis oídos comentarios bastante significativos.

«Sigue adelante, nena, sigue adelante.» Era la Yaya. Su voz tiraba de mi voluntad y alguien empujó desde atrás, por lo que quedé liberada.

Me abandoné al instante a la lobreguez de la muerte. El cambio que había logrado producir en la señora Taylor revelaba que su fuerza era arrolladora. Su aguda voz, que cortaba el aire en la Tienda, se había apagado para siempre y su cara, carmelita y regordeta, se había desinflado y aplastado como un nauseabundo excremento de vaca.

El ataúd fue conducido en un furgón tirado por caballos hasta el cementerio y durante todo el camino fui platicando con los ángeles de la muerte y discutiendo su elección del momento, el lugar y la persona.

Por primera vez, la ceremonia del entierro tenía sentido para mí.

«Polvo eres y en polvo te convertirás.» No cabía duda de que la señora Taylor volvía a la tierra, de la que procedía. De hecho, tras reflexionar, llegué a la conclusión de que parecía una criatura de barro sobre el raso blanco de su ataúd de terciopelo: una criatura de barro moldeada por niños creativos en un día de lluvia y que pronto volvería a ser tierra suelta.

El recuerdo de la lúgubre ceremonia había sido tan real para mí, que, al alzar la vista, me sorprendió ver a la Yaya y al tío Willie comiendo junto a la estufa. No estaban preocupados ni titubeaban, como si supieran que cada cual debe decir lo que tenga que decir, pero yo no quería oír ni palabra y el viento, aliado conmigo, amenazaba al cinamomo fuera, delante de la puerta trasera.

«Anoche, después de decir mis oraciones, me acosté, pero es que, claro, es la misma cama en la que ella murió.» Oh, ¿por qué no se callaba aquel hombre? La Yaya dijo: «Nena, siéntate y cómete la sopa. En una noche fría como esta, necesitas algo caliente en el estómago. Siga, hermano Taylor, por favor». Me senté lo más cerca posible de Bailey.

«Pues, que había una cosa que me obligaba a abrir los ojos.»

«¿Qué clase de cosa?», preguntó la Yaya con la cuchara en el aire.

«Claro —explicó el tío Willie—, podría ser una cosa buena o una cosa mala.»

«Pues es que no estaba yo seguro, conque pensé que

era mejor abrirlos, porque podría haber sido, en fin, cualquiera de las dos. Los abrí y lo primero que vi fue un angelito. Era tan regordete como un pan de mantequilla y se reía, tenía ojos azules, muy azules.»

El tío Willie preguntó: «¿Un angelito?».

«Sí, señor, y se reía en mis narices. Después oí este largo gemido: "Aaah". En fin, como usted dice, hermana Henderson, estuvimos juntos más de cuarenta años. Conozco la voz de Florida. En ese momento no me asusté. Pregunté: "¿Florida?". Entonces el ángel se rio con más ganas y se oyó, más fuerte, el gemido.»

Dejé el tazón sobre la mesa y me acerqué más a Bailey. La señora Taylor había sido una mujer muy agradable y paciente, que no dejaba de sonreír. Lo único que discordaba y me molestaba, cuando venía a la Tienda, era su voz. Como las personas casi sordas, gritaba, sin oír la mitad de lo que decía y en parte esperando que sus oyentes hiciesen lo propio. Así era cuando estaba viva. La idea de que aquella voz saliese de la tumba, bajara toda la cuesta desde el cementerio y quedase suspendida sobre mi cabeza bastaba para ponerme los pelos de punta.

«Sí, señor.» El señor Taylor estaba mirando la estufa y el rojo resplandor le daba en la cara. Parecía como si tuviera un fuego dentro de la cabeza. «Primero llamé: "Florida, Florida. ¿Qué quieres?". Y ese diabólico ángel seguía riéndose con ganas.» El señor Taylor intentó reírse y solo consiguió parecer asustado. «"Quiero..." Entonces fue cuando dijo: "Quiero..."». Hizo sonar su voz como el viento, en caso de que este tuviera broncone umonía. Resolló: «"Quiero tener hijos"».

Bailey y yo nos arrimamos el uno al otro por la parte del suelo, cruzado por la corriente.

La Yaya dijo: «Pero, vamos a ver, hermano Taylor, podía ser que estuviera usted soñando. Ya sabe que, según dicen, si te acuestas pensando en algo...».

«No, señora Henderson, estaba tan despierto como ahora.»

«¿Se dejó ver?» El tío Willie tenía una expresión soñadora.

«No, Willie, lo único que vi fue ese angelito regordete, pero no me equivocaba de voz... "Quiero tener hijos."»

El frío viento me había congelado los pies y la espina dorsal y la imitación del señor Taylor me había helado la sangre.

La Yaya dijo: «Nena, ve a buscar el tenedor largo para sacar los boniatos».

«¿Cómo?» No podía ser que se refiriera al tenedor largo colgado en la pared detrás del fogón... a un millón de pavorosas millas de distancia.

«He dicho que vayas a buscar el tenedor. Se están quemando los boniatos.»

Desenredé las piernas del miedo que las atenazaba y casi tropecé con la estufa. La Yaya dijo: «Esta niña podría tropezar hasta con el dibujo de una alfombra. Siga, hermano Taylor. ¿Le dijo algo más?».

Yo no quería saberlo, pero tampoco estaba impaciente por abandonar la habitación iluminada en la que mi familia estaba sentada en torno al cálido fuego.

«Pues dijo "Aaah" varias veces y después ese ángel se marchó atravesando el techo. Le aseguro que estuve a punto de quedarme tieso de miedo.»

Yo había llegado al océano de nadie en tinieblas. No se necesitaba una gran decisión. Sabía que iba a ser una tortura pasar por la espesa negrura de la alcoba del tío

Willie, pero también más fácil que quedarme escuchando aquella historia de aparecidos. Además, no podía arriesgarme a molestar a la Yaya. Cuando estaba disgustada, me hacía dormir en el borde de la cama y aquella noche sabía que necesitaba estar pegada a ella.

Puse un pie en la obscuridad y la sensación de alejamiento de la realidad me hizo casi sentir pánico. Se me ocurrió la idea de que podía ser que no volviera a salir nunca a la luz. Rápidamente encontré la puerta que me devolvía a la realidad familiar, pero, al abrirla, me llegó la horrible historia e intentó apoderarse de mis oídos. Cerré la puerta.

Naturalmente, yo creía en fantasmas, espectros y «cosos» así. Por haberme criado con una religiosísima abuela negra y sureña, habría sido anormal que no hubiese sido supersticiosa.

En ir a la cocina y volver no pude tardar más de dos minutos, pero en ese tiempo pasé por cementerios cenagosos, trepé por lápidas polvorientas y eludí carnadas de gatos negros como la noche.

De vuelta en el círculo familiar, observé para mis adentros cómo se parecía el vientre de la estufa incandescente a un ojo ciclópeo.

«Me recordó a cuando murió mi padre. Ya saben que nos llevábamos muy bien.» El señor Taylor se había quedado autohipnotizado en el pavoroso mundo de los horrores. Interrumpí su reminiscencia: «Yaya, aquí tienes el tenedor». Bailey se había echado de costado detrás de la estufa y los ojos le brillaban. Estaba más fascinado con el morboso interés del señor Taylor en su historia que con el propio relato.

La Yaya me puso una mano en el hombro y dijo:

«Estás temblando, nena. ¿Qué ocurre?». Aún tenía yo carne de gallina por la experiencia del miedo.

El tío Willie se rio y dijo: «Tal vez tuviera miedo de ir a la cocina».

Su risita aguda no me engañó. Todos nos sentíamos desasosegados por la llamada de lo desconocido.

«No, señor, nunca he visto nada tan claro como aquel angelito.» Sus mandíbulas cortaban, maquinales, los boniatos, ya reducidos a puré. «Así, riéndose, como una exhalación. ¿Qué le parece que podía significar, hermana Henderson?»

La Yaya se había echado hacia atrás en la mecedora y esbozaba una sonrisa: «Si está seguro de que no estaba soñando, hermano Taylor...».

«Estaba tan despierto como —se estaba enfadando otra vez— ahora.»

«Pues entonces tal vez signifique...»

«¡Como si no supiera yo cuándo estoy dormido y cuándo despierto!»

«... que la hermana Florida desea que se ocupe usted de los niños de la iglesia.»

«Una cosa que yo solía decir siempre a Florida es que la gente no te deja meter baza...»

«Podría ser que esté intentando decirle...»

«Mire usted, no estoy loco. Mi cabeza funciona tan bien como antes.»

«... que se haga cargo de la clase de catecismo...»

«Hace treinta años. Si digo que estaba despierto, cuando vi aquel angelito regordete, la gente debería...»

«Hacen falta más maestros para la clase de catecismo. Bien lo sabe Dios.»

«... creerme, cuando lo digo.»

Sus observaciones y respuestas eran como una partida de ping-pong en la que, a cada voleo, la pelota pasaba por encima de la red y volvía volando al contrincante. Se perdía el sentido de lo que estaban diciendo y solo quedaba el ejercicio. Llevaban a cabo el intercambio con la seguridad de una contradanza acompasada y las sacudidas de la colada del lunes crepitando al viento: unas veces restallando hacia el Este y otras hacia el Oeste, con el único propósito de ir secando la ropa a zurriagazos.

Al cabo de unos minutos, la embriaguez provocada por la Parca se había disipado, como si nunca hubiera existido, y la Yaya estaba animando al señor Taylor a que cogiese a uno de los chicos de la familia Jenkins para que lo ayudara en su granja. El tío Willie cabeceaba ante el fuego y Bailey había vuelto a escaparse con las sosegadas aventuras de Huckleberry Finn. El cambio que se había producido en el cuarto era extraordinario. Las sombras que se habían alargado y opacado sobre la cama, en el ángulo, habían desaparecido o se habían revelado como imágenes obscuras de sillas y otras cosas familiares. La luz que se estrellaba contra el techo se calmó e imitó conejos y no leones, asnos y no espíritus.

Tendí un jergón para el señor Taylor en la alcoba del tío Willie y me acurruqué contra la Yaya, que —como acababa yo de descubrir— era tan buena y recta, que podía dominar a los espíritus irritables, como Jesús había dominado el mar. «Paz, cálmate.»

23

Los niños de Stamps temblaban visiblemente al imaginárselo. Algunos adultos estaban también entusiasmados, pero lo que es seguro es que los jóvenes habían contraído la epidemia de la graduación. Se iban a graduar cursos numerosos de primaria y secundaria. Incluso los que estaban ya muy alejados del día de su gloriosa liberación estaban deseosos de ayudar con los preparativos, como si se tratara de un ensayo general. La tradición exigía que los alumnos del tercer curso de secundaria que iban a ocupar los pupitres de las clases desalojadas mostraran sus dotes de mando y organización. Se pavoneaban por la escuela y los patios apremiando a los de los cursos inferiores. Su autoridad era tan reciente, que a veces, si apretaban demasiado, no había que tenérselo en cuenta. Al fin y al cabo, se acercaba el próximo curso y nunca venía mal a un alumno de sexto de primaria tener una «hermana» de juegos en octavo ni a un estudiante de segundo de secundaria poder decir de uno de cuarto: «Es mi plas». De modo que se sobrellevaba todo con espíritu de comprensión mutua, pero los cursos que estaban a punto de graduarse eran la nobleza. Como los viajeros que van pensando en destinos exóticos, los graduados estaban extraordinariamente olvidadizos. Venían a la escuela sin los libros o las libretas o incluso los lápices. Surgían voluntarios que se volcaban en conseguirles lo que les faltaba. En el momento de aceptarlos, podían dar o no las gracias a los voluntariosos compañeros, cosa que carecía de importancia en los ritos de la pregraduación. Hasta los profesores se mostraban respetuosos para con los veteranos, ahora sosegados y más maduros, y solían hablarles, ya que no como a iguales, como a personas solo ligeramente inferiores a ellos. Después de que se hubieran devuelto los exámenes y se hubiesen comunicado las calificaciones, el estudiantado, que actuaba como una familia extensa, sabía quiénes habían quedado bien, quiénes habían destacado y quiénes eran los pobres que habían fracasado.

A diferencia del instituto de bachillerato de los blancos, la Escuela de Formación Profesional del Condado de Laffayette se distinguía por no tener ni césped ni setos, ni pista de tenis ni hiedra. Sus dos edificios (clases principales, enseñanza primaria y economía doméstica) estaban situados en una colina pelada y sin una cerca que la delimitara de las granjas adyacentes. A la izquierda de la escuela, había una gran explanada que se usaba, alternativamente, de campo de béisbol o pista de baloncesto. Los aros oxidados en unos postes poco firmes representaban el material recreativo permanente, aunque se podían pedir bates y pelotas al profesor de Educación Física, si el solicitante reunía los requisitos para ello y si no estaba ocupada la pista.

Por aquella zona pedregosa, atemperada por las sombras de unos pocos caquis altos, se paseaba el curso que iba a graduarse. Las chicas con frecuencia iban cogidas de la mano y ya no se molestaban en hablar con los alumnos de cursos inferiores. Tenían expresión melancólica, como si aquel antiguo mundo no fuera su elemento y estuviesen destinadas a escenarios superiores. En cambio, los chicos se habían vuelto más cordiales, más sociables: un cambio manifiesto respecto de la actitud de reserva que mostraban mientras estaban estudiando para los exámenes finales. Ya no parecían dispuestos a abandonar la antigua escuela, los senderos y las aulas familiares. Solo un pequeño porcentaje de ellos iban a pasar a la enseñanza superior: en una de las escuelas de formación profesional del Sur, que preparaban a los jóvenes negros para ser carpinteros, granjeros, mozos, albañiles, criadas, cocineras y niñeras. Su futuro representaba una carga pesada sobre sus hombros y los privaba de la alegría colectiva que había estado omnipresente en la vida de los chicos y las chicas del curso a punto de concluir su bachillerato elemental.

Los padres que podían permitírselo habían encargado zapatos y ropa de confección nuevos a Sears and Roebuck o Montgomery Ward. También encargaban a las mejores costureras los vaporosos vestidos para el día de la graduación y el arreglo de pantalones de segunda mano, que con el planchado quedarían tan impecables como un uniforme militar, para tan importante acontecimiento.

Importante lo era, ya lo creo. Asistirían blancos a la ceremonia y dos o tres hablarían de Dios, la patria y la forma de vida sureña y la señora Parsons, esposa del director, tocaría la marcha de la graduación, mientras los graduados de los cursos inferiores desfilarían por los pasillos laterales y se sentarían debajo del estrado. Los graduados de la enseñanza secundaria esperarían en aulas vacías el momento de hacer su espectacular entrada.

En la Tienda yo era la persona importante, la niña en el día de su cumpleaños, el centro de la atención. Bailey se había graduado el año anterior, si bien había tenido que abandonar todos los placeres para recuperar el tiempo perdido en Baton Rouge.

Mi clase iba a llevar vestidos de piqué amarillos y la Yaya se dedicó a hacer el mío con el mayor esmero. Frunció el canesú con bordados entrecruzados y después el resto del corpiño. Sus obscuros dedos entraban y salían por la tela de color limón, mientras bordaba margaritas en relieve en torno al dobladillo. Antes de dar por terminada su labor, añadió un puño de ganchillo en las mangas abullonadas y un cuello puntiagudo, también de ganchillo.

Iba yo a estar preciosa: un modelo ambulante de todos los diversos estilos de la costura fina y no me preocupaba tener solo doce años y graduarme simplemente de octavo. Además, muchos de los maestros de las escuelas de negros de Arkansas solo tenían ese diploma y estaban autorizados a impartir instrucción.

Los días se habían hecho más largos y dignos de atención. El color beige pálido de antes había quedado substituido por colores intensos y marcados. Empecé a ver los vestidos de mis compañeras, los tonos del color de su piel y el polen que soltaban los sauces. Las nubes

que recorrían, indolentes, el cielo eran objetos de gran
interés para mí. Sus tornadizas formas podían encerrar
un mensaje que, con mi nueva felicidad y un poquito
de tiempo, no tardaría en descifrar. Durante aquel periodo contemplé la bóveda celeste tan religiosamente,
que tenía un dolor de cuello permanente. Había empezado a sonreír con mayor frecuencia y las mandíbulas
me dolían por esa actividad inhabitual. Supongo que,
entre los dos puntos doloridos, podría haberme encontrado mal, pero no era así. Como miembro del equipo
vencedor (el curso que se graduó en 1940), había ale-
jado las sensaciones desagradables a millas de distancia. Había puesto rumbo a la libertad de los campos
abiertos.

La juventud y la aprobación social se aliaron conmigo
y cortamos el paso a los recuerdos de desprecios e insul-
tos. El viento de nuestro rápido paso me remodeló las
facciones. Las lágrimas olvidadas quedaron reducidas a
barro y después polvo. Los años de retraimiento quedaron atrás, olvidados como colgajos cubiertos de pará-
sito musgo.

Mi trabajo por sí solo me había granjeado un puesto
destacado y me iban a llamar entre los primeros en la
ceremonia de graduación. En la pizarra del aula, así
como en la lista de calificaciones de la sala de actos,
había estrellas azules, blancas y rojas —ni faltas de asistencia ni retrasos— y mi labor académica era una de las
mejores del año. Podía recitar el preámbulo de la Cons-
titución más de prisa incluso que Bailey. Con frecuencia
medíamos el tiempo: «NosotroselpueblodelosEstado-
sUnidosparaformarunauniónmásperfecta...». Me había
aprendido de memoria los presidentes de los Estados

Unidos, de Washington a Roosevelt, por orden cronológico y alfabético.

Mi pelo también me gustaba. La negra masa había ido alargándose y espesándose gradualmente, por lo que no se me deshacían las trenzas y no me arrancaba el cuero cabelludo cuando intentaba peinarme.

Louise y yo habíamos ensayado los ejercicios hasta quedar exhaustas. El primero de la clase, Henry Reed, era el encargado de pronunciar el discurso de despedida. Era un muchacho bajo y muy negro, de ojos hundidos, nariz larga y ancha y cabeza de forma extraña. Yo llevaba años admirándolo, porque todos los finales de curso competíamos por las mejores notas de nuestra clase. La mayoría de las veces me superaba, pero, en lugar de sentirme decepcionada, me gustaba que compartiéramos los primeros puestos entre los dos. Como muchos chicos negros sureños, vivía con su abuela, que era tan estricta como la Yaya y tan bondadosa como esta podía serlo. Era atento, respetuoso y afable con las personas mayores, pero en el recreo elegía los deportes más violentos. Yo lo admiraba. Cualquiera que estuviese suficientemente atemorizado o fuera lo bastante obtuso podía —pensaba yo— ser educado, pero poder actuar con el máximo de capacidad tanto con los adultos como con los niños era admirable.

Su discurso de despedida se titulaba «Ser o no ser». El rígido profesor de segundo de secundaria le había ayudado a escribirlo. Había pasado meses preparando los énfasis dramáticos.

Las semanas que habían de transcurrir hasta la graduación estuvieron llenas de actividades frenéticas. Un grupo de niños pequeños iba a representar una obra sobre ranúnculos, margaritas y conejillos. Se los oía por todo el edificio practicando sus brincos y cancioncillas que sonaban como campanillas de plata. A las chicas mayores (no graduadas, por supuesto) se les había asignado la tarea de preparar refrigerios para las festividades de la noche. Un penetrante aroma a jengibre, canela, nuez moscada y chocolate flotaba en torno al edificio de los cursos de economía doméstica, mientras las incipientes cocineras hacían muestras para catarlas junto con sus maestros.

En cada rincón del taller, los muchachos de la carpintería cortaban madera con hachas y sierras para hacer decorados. Los únicos que no participaban en el bullicio general eran los graduados. Teníamos libertad para quedarnos sentados en la biblioteca de la parte trasera del edificio o contemplar —desde lejos, claro está— las medidas que se adoptaban para nuestro acto.

Hasta el pastor predicó sobre la graduación el domingo anterior. Su tema fue: «Haced brillar tanto vuestra luz, que los hombres vean vuestras buenas obras y alaben a vuestro Padre, que está en los Cielos». Aunque el sermón iba dirigido, en principio, a nosotros, aprovechó la ocasión para dirigirse a los poco aplicados, los que se dedicaban a juegos de dinero y, en general, a los zoquetes, pero, como había dicho nuestros nombres al comienzo del oficio, no nos importó.

Entre los negros, existía la tradición de hacer regalos a los niños que simplemente pasaban de un curso a otro. Mucho más importante era cuando la persona se graduaba en los primeros puestos de la clase. El tío Willie y la Yaya habían encargado un reloj del ratón Mickey, como el de Bailey. Louise me regaló cuatro pañuelos bordados. (Yo le regalé tres servilletas hechas con ganchillo.) La señora Sneed, la esposa del pastor, me hizo una enagua para que la llevara el día de la graduación y casi todos los clientes me dieron cinco o incluso diez centavos con el comentario: «Sigue superándote», o alguna otra expresión de aliento.

Por fin, cosa asombrosa, amaneció el gran día y, antes de que quisiera darme cuenta, ya había saltado de la cama. Abrí de par en par la puerta trasera para verlo con mayor claridad, pero la Yaya dijo: «Nena, apártate de esa puerta y ponte la bata».

Deseé que el recuerdo de aquella mañana nunca me abandonara. La luz del sol estaba aún naciendo y el día no tenía la intensidad que le infundiría su maduración al cabo de unas horas. Enfundada en mi bata y descalza en el patio trasero, so pretexto de ir a ver cómo iban mis judías tiernas, me abandoné al calor, aún no intenso, y agradecí a Dios que, pese a las malas acciones que hubiera cometido en mi vida, me hubiese permitido vivir para ver aquel día. En algún momento, con mi fatalismo, había pensado que moriría accidentalmente y nunca tendría la oportunidad de subir las escaleras de la sala de actos y recibir, con elegancia, el diploma que me había ganado a pulso. Gracias a la misericordia de Dios, me había granjeado el indulto.

Bailey salió en bata y me dio una caja envuelta en papel de regalo. Me dijo que había pasado meses ahorrando el dinero para pagarlo. Parecía una caja de bombones, pero yo sabía que Bailey no se hubiera gastado el dinero en comprar dulces, cuando teníamos todos los que queríamos ante nosotros.

Se sentía tan orgulloso del regalo como yo. Era un

volumen encuadernado en cuero de una colección de poemas de Edgar Allan Poe o, como lo llamábamos Bailey y yo, «EAP». Busqué «Annabelle Lee» y recorrimos los senderos del jardín, para arriba y para abajo, con la tierra fría entre los dedos de los pies, recitando aquellos hermosos y tristes versos.

La Yaya hizo un desayuno dominguero, a pesar de que solo era viernes. Después de concluir la bendición, abrí los ojos y encontré el reloj en mi plato. Era un día de ensueño. Todo salía bien y a mi favor. No había que recordarme nada ni reprenderme por nada. Al acercarse la noche, estaba demasiado nerviosa para hacer tarea alguna, por lo que Bailey se ofreció a hacerlo todo antes de bañarse.

Unos días antes, habíamos hecho un rótulo para la Tienda y, después de apagar las luces, la Yaya colgó del picaporte la cartulina. Decía claramente: «Cerrado por graduación».

El vestido me sentaba perfectamente y todo el mundo decía que con él parecía un rayo de sol. Por la colina, camino de la escuela, Bailey iba detrás con el tío Willie, quien le susurró: «Sigue adelante, niño». Quería que caminara delante con nosotras, porque se sentía violento de tener que caminar tan despacio. Bailey dijo que era mejor que las damas caminaran juntas y los hombres cubriesen la retirada. Todos nos reímos con simpatía.

De entre las tinieblas salieron niños como luciérnagas. Sus vestidos de papel rizado y sus alas de mariposa no estaban hechos para correr, por lo que oímos el sonido seco de más de una rasgadura y el lamento —«ay, ay»— que le seguía.

La escuela resplandecía sin regocijo. Desde el pie de la colina, las ventanas parecían frías e inhóspitas. Me embargó una sensación de inoportunidad y, si la Yaya no me hubiera cogido la mano, habría vuelto atrás, hasta donde estaban Bailey y el tío Willie y tal vez más lejos. La Yaya me preguntó en broma si me estaba entrando mieditis y me llevó a tirones hacia el edificio, ahora extraño.

Al llegar a las escaleras de la fachada, recuperé la seguridad. Ahí estaban mis compañeros, los «magníficos», el curso que se graduaba, con el pelo peinado hacia atrás, las piernas untadas de aceite, vestidos nuevos y pliegues planchados, pañuelos limpios y bolsitos de mano, todos cosidos en casa. Oh, estábamos lo que se dice impecables. Me uní a mis compañeros y ni siquiera vi a mi familia entrar y ocupar sus asientos en la abarrotada sala de actos.

La banda de la escuela inició una marcha y todos los cursos entraron en fila, como se había ensayado. Nos quedamos de pie ante los asientos que se nos habían asignado y, a una señal del director del coro, nos sentamos. Nada más hacerlo, la banda comenzó a tocar el himno nacional. Volvimos a levantarnos y lo cantamos, después de lo cual recitamos la promesa de lealtad. Permanecimos de pie unos pocos minutos antes de que el director del coro y el director del instituto nos indicaran, bastante desesperados —me pareció—, que ocupásemos nuestros asientos. La orden era tan inhabitual, que nuestro mecanismo, cuidadosamente ensayado y en perfecto estado de funcionamiento, se descompuso. Pasamos todo un minuto buscando torpemente nuestros asientos y chocando unos con otros. Los hábitos cambian o se consolidan bajo presión, por lo que en nuestro estado de tensión nerviosa habíamos estado dispuestos a seguir el orden habitual de nuestras reuniones: el himno nacional americano, después la promesa de lealtad, luego la canción que toda persona negra por mí conocida llamaba el Himno Nacional Negro, todo ello en el mismo tono, con la misma pasión y, en la mayoría de los casos, apoyados en el mismo pie.

Tras encontrar mi asiento por fin, me sentí presa del presentimiento de que iban a ocurrir cosas peores. Algo no ensayado, no previsto, iba a suceder e íbamos a quedar mal. Recuerdo perfectamente mi explícita elección del pronombre. Éramos «nosotros», el curso que se graduaba, la unidad, lo que entonces me preocupaba.

El director dio la bienvenida a «padres y amigos» y pidió al pastor baptista que dirigiera la oración. La invocación de este fue breve y enérgica y, durante un momento, pensé que volvíamos a adentrarnos por la senda de la actuación correcta. Sin embargo, cuando el director volvió al estrado, su voz había cambiado. Los sonidos siempre me afectaban profundamente y la voz del director era una de mis favoritas. Durante las reuniones, menguaba y llegaba debilitada hasta el auditorio. Yo no tenía pensado escucharle, pero me despertó la curiosidad y me erguí para prestarle atención.

Estaba hablando de Booker T. Washington, nuestro «difunto gran dirigente», quien había dicho que podíamos estar tan juntos como los dedos de la mano, etcétera. Después dijo algunas vaguedades sobre la amistad y, en particular, la de las personas bondadosas para con las menos afortunadas. En aquel momento su voz casi se apagó, como un río que va quedando reducido a un arroyo y después a un reguero, pero se aclaró la voz y dijo: «Nuestro orador de esta noche, que es también nuestro amigo, ha venido de Texarkana para pronunciar el discurso de graduación, pero, a causa de la irregularidad de los horarios de trenes, después de hablar va a tener que salir corriendo». Dijo que entendíamos y había de saber que estábamos de lo más agradecidos por el tiempo que podía concedernos y dispuestos siempre a ajustarnos al programa de otro, o algo por el estilo, y sin más preámbulos: «Les presento al señor Edward Donleavy».

Entraron por la puerta del escenario no uno, sino dos hombres blancos. El más bajo se dirigió al estrado de oradores y el alto se acercó al asiento del centro y se sentó, pero ese era el asiento de nuestro director, ya ocupado. El caballero desplazado anduvo de un lado para otro por unos largos instantes antes de que el pastor baptista le cediera su silla y abandonase el escenario con más dignidad de lo que merecía la situación.

Donleavy miró el auditorio una vez (pensándolo bien, estoy segura de que solo quería asegurarse de que estábamos allí de verdad), se ajustó las gafas y empezó a leer en un manojo de papeles.

Se alegraba «de estar aquí y ver la labor realizada, exactamente como en las demás escuelas».

Al primer «amén» del auditorio, deseé que el culpable muriera al instante asfixiándose con esa palabra, pero empezaron a oírse por la sala los «amén» y los «sí, señor» como goteras a través de un paraguas agujereado.

Nos habló de los maravillosos cambios que nos esperaban a nosotros, los niños de Stamps. Ya se habían concedido mejoras a la Escuela Central (naturalmente, la escuela blanca era la Central), que entrarían en funcionamiento en el otoño. Un conocido artista de Little Rock iba a darles clases de arte. Iban a tener los más nuevos microscopios y equipo de química para su laboratorio. El señor Donleavy no nos ocultó por mucho tiempo quién había hecho posibles esas mejoras para la Central. Tampoco nosotros íbamos a quedar al margen en el plan general de mejoras que tenía pensado.

Según dijo, había señalado a personas de muy altas esferas que uno de los mejores defensas del equipo de rugby de la Escuela de Formación Profesional de Arkansas se había graduado en la magnífica Escuela del Condado de Laffayette. Entonces se oyeron menos «amén». Los pocos que llegaron a sonar se quedaron en el aire con la monotonía y la pesadez del hábito.

Se puso a elogiarnos y dijo haberse jactado de que «uno de los mejores jugadores de baloncesto de Fisk hiciese su primera canasta aquí, en la Escuela de Formación Profesional del Condado de Laffayette».

Los chicos blancos iban a tener la oportunidad de llegar a ser Galileos, Madames Curies, Edisons y Gauguins y nuestros muchachos (las chicas ni siquiera contaban) tratarían de llegar a ser Jesse Owens y Joe E. Louis.

Owens y el «Bombardero Moreno» eran grandes héroes en nuestro mundo, pero, ¿qué funcionario del Departamento de Educación del Olimpo blanco de Little Rock tenía derecho a decidir que esos dos hombres hubieran de ser nuestros únicos héroes? ¿Quién decidía que, para que Henry Reed se comprara un microscopio de pésima calidad y llegase a ser un científico, había de trabajar, como George Washington Carver, de limpiabotas? Evidentemente, Bailey iba a ser siempre demasiado pequeño para llegar a atleta, conque, ¿qué tipejo con cara de cemento armado de qué escaño del condado había decidido que, si mi hermano quería llegar a ser abogado, había de hacer primero la penitencia por el color de su piel recogiendo algodón, azadonando maíz y estudiando por las noches cursos por correspondencia durante veinte años?

Las muertas palabras de aquel hombre cayeron como ladrillos por la sala de actos y muchas de ellas me acertaron a mí en el vientre. Los buenos modales, tan duramente aprendidos, me impedían mirar hacia atrás, pero, a mi derecha y a mi izquierda, los miembros del orgulloso curso que se graduaba en 1940 tenían las cabezas gachas. Todas las chicas de mi fila habían encontrado algo nuevo que hacer con su pañuelo. Unas plegaban los diminutos cuadrados en lazos de amor y otras en triángulos, pero la mayoría los apretaban y después los desplegaban en sus amarillos regazos.

En el estrado se estaba volviendo a representar la antigua tragedia. El profesor Parsons estaba sentado y rígido, como un desecho de escultor. Su enorme y pesado cuerpo parecía desprovisto de voluntad o deseo y sus ojos indicaban que ya no estaba con nosotros. Los demás profesores examinaban la bandera (estaba plegada a la derecha del escenario) o sus notas o las ventanas que daban a nuestro terreno de juego, ahora famoso.

La graduación —el momento mágico y archisecreto de los volantes, los regalos, las felicitaciones y los diplomas— estaba acabada para mí antes de que pronunciaran mi nombre. Los logros no eran nada. Los mapas, meticulosamente dibujados en tintas de tres colores, el aprendizaje y el deletreo de palabras decasílabas, el aprendizaje de memoria de todo *El rapto de Lucrecia...* no servían para nada. Donleavy nos había desenmascarado.

Éramos criadas, granjeros, mozos y lavanderas y cualquier aspiración a algo superior era ridícula y presuntuosa.

Entonces deseé que Gabriel Prosser y Nat Turner hubieran matado a todos los blancos en la cama, que Abraham Lincoln hubiese sido asesinado antes de que firmara la Proclamación de la Emancipación, que Harriet Tubman hubiese muerto de aquel tiro a la cabeza y Cristóbal Colón se hubiera ahogado en la *Santa María*.

Era horrible ser negra y no poder controlar mi propia vida. Era cruel ser joven y estar ya adiestrada para permanecer sentada y escuchar en silencio las acusaciones contra mi color sin tener oportunidad de defenderme. Deberíamos estar todos muertos. Pensé que me habría gustado vernos a todos muertos, unos encima de los otros: una pirámide de carne en la que los blancos formaran la base más ancha y después los indios con sus absurdos *tomahawks*, *tipis*, *wigwams* y tratados y los negros con sus fregonas, recetas, sacos de algodón y «espirituales» saliéndoles por la boca. Los niños holandeses deberían haber tropezado todos con sus zuecos de madera y haberse roto la crisma. Los franceses deberían haberse asfixiado con la adquisición de Luisiana (1803), mientras los gusanos de seda se hubiesen comido a todos los chinos con sus estúpidas coletas. Como especie, éramos una abominación: todos nosotros.

Donleavy se presentaba a las elecciones y aseguró a nuestros padres que, si vencía, podríamos contar con el único terreno de juego asfaltado para negros en aquella parte de Arkansas. También —en ningún momento levantó la vista para agradecer los gruñidos de aceptación— íbamos a obtener algún material nuevo para el edificio dedicado a los estudios de economía doméstica y para el taller.

Concluyó y, como no había por qué dar sino las más rutinarias gracias, saludó con la cabeza a los hombres del escenario y el hombre alto que en ningún momento había sido presentado se reunió con él en la puerta. Se marcharon con la actitud de quienes ahora sí que iban a algo de verdad importante. (Las ceremonias de graduación en la Escuela Normal del Condado de Laffayette habían sido algo simplemente preliminar.)

El malestar que dejaron era palpable: como un huésped no invitado que no acabara de marcharse. El coro cantó un arreglo moderno de «Adelante, soldados cristianos» con una nueva letra relativa a los graduados que buscaban su lugar en el mundo, pero no surtió efecto. Elouise, la hija del pastor baptista, recitó «Invictus» y yo sentí deseos de gritar ante la impertinencia de «Soy el dueño de mi destino, el capitán de mi alma».

Mi nombre había dejado de sonarme familiar y tuvieron que darme un codazo para que fuera a recoger mi diploma. Todos mis preparativos se habían esfumado. No avancé hacia el escenario como una amazona vencedora ni busqué en el auditorio la señal de aprobación con la cabeza de Bailey. Marguerite Johnson —oí el nombre otra vez—: leyeron mis méritos, hubo sonidos de aprobación en el auditorio y ocupé mi puesto en el escenario, tal como habíamos ensayado.

Pensé en los colores que detestaba: crudo, castaño rojizo, lavanda, beige y negro.

Se oyó un runrún de pies y papeles a mi alrededor y después Henry Reed estaba pronunciando su discurso de despedida: «Ser o no ser». ¿Es que no había oído a los blancos? No podíamos *ser,* por lo que esa cuestión era un desperdicio de tiempo. La voz de Henry se oyó clara y firme. Yo sentí temor de mirarlo. ¿Es que no había entendido el mensaje? Los negros no tenían la posibilidad de adoptar una actitud «mental más noble», porque el mundo no pensaba que tuviéramos inteligencia y nos lo hacía saber. ¿«Fortuna fantástica»? Pero bueno, eso era un chiste. Cuando concluyera la ceremonia, iba a tener yo que decir a Henry algunas cosas. Es decir, si aún me importaban. No «el busilis», Henry, sino «la hez». «Ahí está la hez»: nosotros.

Henry había sido buen estudiante de declamación. Su voz se alzaba en oleadas de promesa y bajaba en pleamares de advertencias. El profesor de inglés lo había ayudado a componer un sermón partiendo del soliloquio de Hamlet. Lo de ser un hombre, un hacedor, un constructor, un dirigente o un instrumento era un chiste sin gracia, una lamentable patochada. Me asombraba que Henry continuara con su discurso, como si creyera que podíamos elegir.

Yo había estado escuchando y refutando en silencio todas las afirmaciones con los ojos cerrados; después hubo un silencio, el que en un auditorio avisa de que algo improvisto está sucediendo. Alcé la vista y vi a

Henry Reed, el conservador, el decente, el empollón, volver la espalda al auditorio, dirigirse a nosotros (el orgulloso curso que se graduaba en 1940) y cantar, casi como si recitara:

Alzad todas las voces y cantad
hasta que la Tierra y el Cielo resuenen
con las armonías de la libertad...

Era el poema de James Weldon Johnson. Era la música compuesta por J. Rosamond Johnson. Era el Himno Nacional Negro. Por hábito, estábamos cantándolo.

Nuestros padres y madres se pusieron en pie en la obscura sala y se unieron al himno de aliento. Un maestro de párvulos dirigió a los niños pequeños al escenario y los ranúnculos, las margaritas y los conejillos marcaron el compás e intentaron seguir:

De piedra era el camino que pisábamos,
dura la vara disciplinaria resultaba
los días de esperanza muerta antes de nacer,
pero, ¿acaso no han llegado nuestros
cansados pies con ritmo constante
al lugar por el que suspiraron nuestros padres?

Todos los niños que yo conocía habían aprendido esa canción junto con el abecedario y el«Jesusito de mi vida», pero yo nunca la había oído. Nunca había oído la letra, pese a haberla cantado millones de veces. Nunca había pensado que tuviera nada que ver conmigo.

En cambio, las palabras pronunciadas por Patrick Henry me habían causado tal impresión, que habría podido erguirme y decir temblando: «No sé qué rumbo seguirán otros, pero a mí dadme la libertad o la muerte». Y entonces oí por primera vez, en realidad:

Hemos llegado por un camino
regado por las lágrimas,
hemos llegado abriéndonos paso
por entre la sangre de los degollados.

Mientras vibraban en el aire los ecos de la canción, Henry Reed inclinó la cabeza, dijo «gracias» y volvió a su lugar en la fila. Ninguno de los muchos que vertieron lágrimas sintió vergüenza al enjugárselas.

Volvíamos a estar en pie: otra vez, como siempre. Sobrevivíamos. Las simas habían sido heladas y tenebrosas, pero ahora un sol esplendoroso hablaba a nuestras almas. Yo ya no era un simple miembro del orgulloso curso que se graduaba en 1940; era un miembro orgulloso de la espléndida y hermosa raza negra.

Oh, poetas negros conocidos y desconocidos, ¿con qué frecuencia nos han sostenido vuestros sufrimientos vendidos en pública subasta? ¿Quién calculará las noches en que vuestras canciones nos hicieron sentir menos solos o vuestros cuentos hicieron parecer menos trágicas las ollas vacías?

Si fuéramos un pueblo muy dado a revelar secretos, podríamos alzar monumentos y celebrar sacrificios a la memoria de nuestros poetas, pero la esclavitud nos curó de esa debilidad. Sin embargo, baste con decir que sobrevivimos en relación exacta con la dedicación de nuestros poetas (incluidos predicadores, músicos y cantantes de blues).

24

El ángel del mostrador de los dulces me había descubierto por fin y estaba imponiendo una penitencia dolorosísima por todos los Milky Ways, Mounds, Mr. Goodbars y Hersheys con almendras robados. Tenía dos caries que estaban podridas hasta las encías. El dolor superaba las propiedades de las aspirinas molidas o del aceite de clavo. Solo una cosa podía ayudarme, por lo que rezaba con toda seriedad para que se me permitiera meterme debajo de la casa y que todo el edificio se desplomara sobre mi mandíbula izquierda. Como en Stamps no había un dentista negro —ni tampoco, si vamos al caso, un médico—, en ocasiones anteriores la Yaya había tratado el dolor de una muela arrancándola (un extremo del cordel atado a esta y el otro enrollado en su muñeca) y con analgésicos y oraciones. En aquel caso concreto, la medicina no había surtido efecto; no había esmalte suficiente en que enganchar el cordel y las plegarias habían quedado desatendidas porque el ángel equilibrador bloqueaba su paso.

Pasé varios días y noches con un dolor insoportable: no tanto acariciando la idea de tirarme al pozo cuanto pensando en serio en hacerlo, por lo que la Yaya decidió llevarme a un dentista. El dentista negro más cercano estaba en Texarkana, a veinticinco millas, y yo estaba segura de que, antes de que llegáramos a la mitad de esa distancia, me habría muerto. La Yaya dijo que iríamos a ver al doctor Lincoln, allí mismo, en Stamps, para que me atendiera. Dijo que le debía un favor.

Yo sabía que había varios blancos del pueblo que debían favores a la Yaya. Bailey y yo habíamos visto en los libros que durante la Depresión había prestado dinero tanto a negros como a blancos y la mayoría seguían debiéndoselo, pero yo no recordaba haber visto el nombre del doctor Lincoln ni había oído decir nunca que un negro hubiera acudido a su consulta. Sin embargo, la Yaya dijo que iríamos y puso agua al fuego para nuestros baños. Yo nunca había ido a un médico, por lo que me dijo que, después del baño (que me haría sentir mejor en la boca), debía ponerme ropa interior recién almidonada y planchada. El baño no surtió efecto y entonces supe que el dolor era más grave que el que nadie hubiese padecido jamás.

Antes de abandonar la Tienda, me ordenó que me lavara los dientes y después me enjuagase la boca con Listerine. La simple idea de abrir mis apretadas mandíbulas aumentaba el dolor, pero, tras la explicación de que, cuando vas al médico, has de lavarte todo el cuerpo, pero muy en particular la parte que te va a examinar, hice acopio de valor y abrí las mandíbulas. El aire frío en la boca y la sacudida en las muelas me quitaron la poca razón que me quedaba. Me quedé paralizada de dolor, mi familia casi tuvo que atarme para sacarme el cepillo de dientes. No fue poco trabajo lograr que me pusiera en camino a la consulta del dentista. La Yaya hablaba con todas las personas que encontrábamos, pero no se paraba a charlar. Explicaba, sin siquiera ladear la cabeza, que íbamos al médico y que a la vuelta echaría una parrafadita.

Hasta que llegamos al estanque, el dolor fue mi elemento, un halo que me aureolaba como una esfera de tres pies de radio. Al cruzar el puente que llevaba al territorio de los blancos, los retazos de cordura se abrieron paso. Tenía que dejar de gemir y empezar a caminar derecha. Hubo que arreglar la toalla blanca que llevaba atada en la cabeza y me pasaba bajo la barbilla. Si estabas a punto de morir y la agonía te sorprendía en la parte blanca del pueblo, tenías que hacerlo con estilo.

En el otro extremo del puente, el dolor pareció disminuir, como si una brisa blanca soplara de la zona de los blancos y amortiguase todo en ella: incluida mi mandíbula. La carretera de grava era más suave, las piedras más pequeñas y las ramas de los árboles colgaban en torno al sendero y casi nos cubrían. Si no disminuyó el dolor entonces, el espectáculo —familiar y, sin embargo, extraño— me hipnotizó y me hizo creer que así había sido.

Pero mi cabeza seguía latiendo con la insistencia acompasada de un bombo. ¿Y cómo podía un dolor de muelas pasar delante del calabozo, oír las canciones de los presos, su tristeza y sus risas, y no cambiar? ¿Cómo podían una o dos raíces de muelas o incluso las de toda la boca encontrarse con una carretada de hijos de pelagatos blancos, soportar su estúpida presunción y no sentirse menos importante? Detrás del edificio que albergaba el consultorio del dentista discurría un senderito usado por los criados y los comerciantes que servían al carnicero y al único restaurante de Stamps. La Yaya y yo seguimos esa senda hasta la escalera de servicio del consultorio del dentista Lincoln. Mientras subíamos hasta el segundo piso, había un sol radiante que infundía al día una realidad sólida.

La Yaya llamó a la puerta trasera y abrió una joven blanca que mostró su sorpresa al vernos allí. La Yaya dijo que deseaba ver al dentista Lincoln, que le dijera que había venido Annie. La joven cerró la puerta con fuerza. La verdad es que la humillación de escuchar a la Yaya dar a la joven blanca su nombre de pila, como si no tuviera apellido, fue equiparable al dolor físico. Parecía terriblemente injusto tener dolor de muelas y de cabeza y al mismo tiempo haber de soportar la pesada carga de ser negra.

Siempre era posible que los dientes se calmaran y tal vez se desprendiesen por sí solos. La Yaya dijo que íbamos a esperar. Permanecimos más de una hora apoyadas en la tambaleante barandilla del dentista y bajo un sol de justicia.

El dentista abrió la puerta y miró a la Yaya. «A ver, Annie, ¿para qué me necesitas?»

No vio la toalla en torno a mi mandíbula ni advirtió mi cara hinchada.

La Yaya dijo: «Señor dentista Lincoln, esta es mi nieta. Tiene dos muelas podridas y las está pasando moradas». Esperó a que él reconociera la veracidad de su declaración.

Él no hizo comentario alguno, ni oral ni facial.

«Lleva casi cuatro días con ese dolor de muelas y hoy le he dicho: "Jovencita, vas a ir al dentista".»

«¿Annie?»

«Sí, señor dentista Lincoln.»

Estuvo buscando palabras como quien busca conchas.

«Annie, ya sabes que no atiendo a negros, a personas de color.»

«Ya lo sé, señor dentista Lincoln, pero es que esta es mi nietecita y no le va a dar ninguna molestia...»

«Annie, todo el mundo tiene sus normas. En este mundo hay que tener normas. Pues bien, la mía es la de que no atiendo a personas de color.»

El sol había secado el aceite de la piel de la Yaya y le había derretido la vaselina en el cabello. Brilló grasienta al reclinarse y salir de la sombra del dentista.

«A mí me parece, señor dentista Lincoln, que podría usted atenderla, es muy poquito lo que tiene. Y me parece que usted me debe uno o dos favores.»

Él se ruborizó ligeramente. «Con favores o sin favores, el dinero ya está devuelto y no hay nada más que hablar. Lo siento, Annie.» Había puesto la mano en el pomo de la puerta. «Lo siento.» La segunda vez lo dijo con tono un poquito más amable, como si de verdad lo sintiera.

La Yaya dijo: «No le insistiría así, si fuese para mí, pero, por ser para mi nietecita, no puedo aceptar la negativa. Cuando usted vino a pedirme dinero prestado, no tuvo que rogar. Me lo pidió y se lo dejé. Ahora bien, no era esa mi norma. No suelo prestar dinero, pero, como estaba usted a punto de perder esta casa, procuré ayudarlo».

«Ya está pagado y por alzar la voz no me vas a hacer cambiar de opinión. Mi norma...» Soltó la puerta y se acercó un poco más a la Yaya. Entre los tres atestábamos el pequeño rellano. «Annie, mi norma es la de que prefiero meter la mano en la boca de un perro que en la de un negro.»

No me había mirado ni una sola vez. Se dio la vuelta y se metió por la puerta al fresquito de dentro. La Yaya se quedó rumiando unos minutos. Yo olvidé todo, excepto su cara, que me parecía casi desconocida. Ella dio un respingo hacia delante, cogió el pomo de la puerta y con su suave voz habitual dijo: «Nena, baja y espérame abajo. Vuelvo en seguida».

En las circunstancias más normales yo sabía que no servía de nada rechistar a la Yaya, conque bajé la empinada escalera con miedo de mirar atrás y también de no hacerlo. Me volví cuando la puerta se cerró con un portazo y ya había desaparecido.

La Yaya entró en aquella sala como si estuviese en su casa. Apartó a aquella ridícula enfermera con una mano y entró, muy decidida, en la consulta del dentista. Estaba sentado en su sillón afilando sus viles instrumentos y añadiendo aún más quemazón a sus medicinas. Los ojos de la Yaya ardían como brasas y los brazos se le habían vuelto el doble de largos. El dentista alzó los ojos para mirarla justo antes de que ella lo cogiera del cuello de la chaqueta blanca.

«Póngase de pie, cuando vea a una dama, despectivo bribón.» La lengua se le había afilado y las palabras le salían perfectamente pronunciadas: claras y penetrantes como pequeños estampidos de truenos.

Al dentista no le quedó más remedio que cuadrarse. Al cabo de un minuto, bajó la cabeza y habló en tono humilde. «Sí, señora Henderson.»

«Cacho bribón, ¿te parece correcto hablarme así de-

lante de mi nieta?» No lo zarandeó, aunque tenía poder para hacerlo. Se limitó a mantenerlo derecho.

«No, señora Henderson.»

«No, señora Henderson. ¿Y qué más?» Entonces la Yaya lo zarandeó un poquito, pero, con su fuerza, bastó para dejarle la cabeza y los brazos bamboleándose como los de un monigote. El dentista tartamudeaba mucho más que el tío Willie. «No, señora Henderson, lo siento.»

Sin acabar de mostrar toda su aversión, la Yaya lo dejó caer otra vez en su sillón de dentista. «Más lo siento yo, porque eres el dentista más chungo que me he echado a la cara.» (Podía darse el lujo de usar expresiones vulgares porque tenía un dominio elocuente del inglés.)

«No te he pedido que te disculparas delante de Marguerite porque no quiero que se entere del poder que tengo, pero ahora te ordeno y en firme que abandones Stamps antes del anochecer.»

«Señora Henderson, no puedo llevarme mis instrumentos...» Ahora temblaba espantosamente.

«No los vas a necesitar, porque también te ordeno que no vuelvas a practicar la odontología nunca más. ¡Nunca más! Cuando te instales en tu nuevo domicilio, serás vegetariano y atenderás a perros sarnosos, gatos con cólera y vacas con epizootia. ¿Queda claro?»

A él le corría saliva por la barbilla y tenía los ojos nublados por las lágrimas. «Sí, señora. Gracias por no matarme. Gracias, señora Henderson.»

La Yaya dejó de ser la figura de tres metros de alto con brazos de dos metros de largo y dijo: «No me lo agradezcas, bribón; no me molestaría en matar a un tipejo como tú».

Al salir, agitó el pañuelo hacia la enfermera y la convirtió en un saco de arpillera lleno de pienso para pollos.

Cuando la Yaya bajó las escaleras, parecía cansada, pero, ¿quién no lo habría estado después de pasar por lo que ella? Se me acercó y me ajustó la toalla bajo la mandíbula (yo había olvidado el dolor de muelas; lo único que noté fue la gran delicadeza con que lo hizo para no despertar el dolor). Me cogió de la mano. Su voz no cambió en ningún momento. «Vamos, nena.»

Pensé que iríamos a casa y que me prepararía una tisana para eliminar el dolor y tal vez me consiguiera dientes nuevos también: dientes nuevos que me creciesen en las encías de la noche a la mañana. Se encaminó hacia la farmacia, que estaba en la dirección opuesta a la Tienda. «Te voy a llevar al dentista Baker de Texarkana.»

Me alegré, al fin y al cabo, de haberme bañado y haberme puesto desodorante Mum y polvos de talco Cashmire Bouquet. Fue una sorpresa maravillosa. El dolor de muelas se había atenuado hasta resultar más llevadero, la Yaya había eliminado al malo y nos íbamos las dos solitas de viaje a Texarkana.

En el autobús la Yaya cogió un asiento interior de la parte trasera y yo me senté a su lado. Me sentía muy orgullosa de ser su nieta y convencida de que parte de su magia había bajado hasta mí. Me preguntó si tenía miedo. Me limité a mover la cabeza y me recliné sobre su fresco antebrazo carmelita. No había miedo de que un dentista, sobre todo un dentista negro, se atreviera a hacerme daño entonces: delante de la Yaya, no. El viaje transcurrió sin novedad, excepto la de que ella me rodeó con su brazo, cosa que hacía muy raras veces.

El dentista me enseñó la medicina y la aguja antes de dormirme las encías, pero, si no lo hubiera hecho, no me habría preocupado. La Yaya estaba justo detrás de él. Tenía los brazos cruzados e inspeccionaba todo lo que él hacía. Me extrajeron las muelas y la Yaya me compró un helado. El viaje de vuelta a Stamps fue tranquilo, excepto que tenía que escupir en una latita muy pequeña de rapé que la Yaya me había conseguido y, con los vaivenes y traqueteos del autobús por las carreteras rurales, resultaba difícil.

En casa, me dieron una solución salina tibia y, cuando me enjuagué la boca, enseñé a Bailey los agujeros, llenos de sangre coagulada, semejantes al relleno en la corteza de un pastel. Él dijo que era muy valiente y eso me dio pie para revelar nuestra confrontación con el dentista pelanas y los increíbles poderes de la Yaya.

Yo debía reconocer que no había oído la conversación, pero, ¿qué otra cosa podía ella haber dicho sino lo que yo conté? ¿Qué otra cosa podía haber hecho? Bailey convino con mi análisis sin demasiado entusiasmo y yo salí corriendo contenta (al fin y al cabo, había estado enferma) y entré en la Tienda. La Yaya estaba preparando la cena y el tío Willie estaba recostado en el umbral. Ella le dio su versión.

«Ese Lincoln, el dentista, se ha puesto muy chulito. Me ha dicho que antes preferiría meter la mano en la boca de un perro y, cuando le he recordado el favor, se lo ha quitado de encima como si fuera una pelusa, conque he mandado a la nena abajo y he entrado. Nunca había estado en su consulta, pero he encontrado la puerta del sitio donde saca las muelas y ahí estaban la enfermera y él conchabados como ladrones. Me he quedado ahí hasta que me ha visto.» Se oyó un cataplum: eran las ollas en el fogón. «Ha dado un brinco como si se hubiera sentado en un alfiler. Me ha dicho: "Annie, ¿cuántas veces he de decirte que no voy a andar hurgando en la boca de un negro?". Yo le he dicho: "Entonces alguien tendrá que hacerlo", y él ha dicho: "Llévala a Texarkana, al dentista negro", y entonces es cuando yo le he dicho: "Si me paga usted el dinero, podré permitirme ese lujo". Él ha dicho: "Ya te lo he pagado". Le he dicho que faltaban los intereses y él ha dicho: "No había intereses". Yo he dicho: "Ahora los hay. Con diez dólares me conformo como pago total". Mira, Willie, no ha estado bien hacer eso, porque le presté ese dinero sin pensar en intereses.

»Ha ordenado a esa desdeñosa enfermera suya que me diera diez dólares y me hiciese firmar un recibo por el total de la deuda. Me lo ha dado y he firmado los papeles. Aunque legalmente ya estábamos en paz, supongo, se lo merece, por no comportarse como las personas.»

La Yaya y su hijo rieron y rieron de la maldad del blanco y el pecado retributivo de ella.

Yo prefería, con mucha diferencia, mi versión.

25

Conociendo a la Yaya, yo sabía que nunca la conocería. Su reserva y recelo, propios de los chaparrales africanos, habían resultado agravados por la esclavitud y confirmados por siglos de promesas formuladas e incumplidas. Los negros americanos tenemos un dicho que describe la cautela de la Yaya: «Si preguntas a un negro dónde ha estado, te dirá adónde se dirige». Para entender esa importante información, es necesario saber quién usa esa táctica y con quién funciona. Si se dice parte de la verdad (es imperativo que en la respuesta haya algo de verdad) a una persona que no la conozca, se queda satisfecha, por considerar que se ha respondido a su pregunta. Si se da una respuesta veraz, pero que guarde poca, por no decir ninguna, relación con la pregunta, a una persona que la conozca (que utilice, a su vez, esa estratagema), comprende que la información que quiere obtener es de carácter privado y no se le concederá de buena gana. De ese modo se evitan las negativas directas, las mentiras y la revelación de asuntos personales.

La Yaya nos dijo un día que nos iba a llevar a California. Explicó que estábamos creciendo, que necesitábamos estar con nuestros padres, que, al fin y al cabo, el tío Willie estaba inválido y que ella se iba haciendo mayor. Todo ello era verdad y, sin embargo, ninguna de esas verdades satisfacían nuestra necesidad de la Verdad. La Tienda y las habitaciones traseras se convirtieron en una fábrica en pleno funcionamiento. La Yaya no se levantaba ni un momento de la máquina de coser, en la que hacía y rehacía vestidos para que los usáramos en California. Las vecinas sacaron de sus baúles piezas de tela que llevaban decenios guardadas en ellos y cubiertas de bolas de naftalina (estoy segura de que fui la única muchacha de California que llevó a la escuela faldas de moaré, blusas de raso amarillecido, vestidos de crepé con forro de raso y ropa interior de crepé de China).

Fuera cual fuese la razón auténtica —la Verdad— para llevarnos a California, siempre pensaré que estribó más que nada en un incidente en que Bailey desempeñó el papel principal. Bailey había adoptado la costumbre de imitar a Claude Rains, Herbert Marshall y George McCready. A mí no me parecía extraño que un muchacho de trece años en el retrógrado pueblo sureño de Stamps hablara con acento inglés. Entre sus héroes figuraban D'Artagnan y el Conde de Montecristo e imitaba sus fanfarronadas.

Cierta tarde, unas semanas antes de que la Yaya revelara su plan de llevarnos al Oeste, Bailey llegó a la Tienda temblando. Su carita ya no era negra, sino de un gris sucio y descolorido. Como acostumbrábamos a hacer al entrar en la Tienda, se metió detrás del mostrador de los dulces y se apoyó en la caja registradora. El tío Willie lo había enviado a un recado en la zona de los blancos y quería que Bailey le explicara por qué había tardado tanto. Al cabo de un momento, nuestro tío vio que pasaba algo y, sintiéndose incapacitado para afrontarlo, llamó a la Yaya, que estaba en la cocina.

«¿Qué ocurre, niño?»

Él no dijo nada. Yo sabía, al verlo, que, mientras estuviera en ese estado, sería inútil preguntarle nada. Significaba que había visto u oído algo tan feo o espantoso, que había quedado paralizado. Cuando éramos más pequeños, me había explicado que, cuando la situación era muy mala, su alma se limitaba a meterse detrás de su corazón, acurrucarse y quedarse dormida. Cuando se despertaba, lo que le había dado miedo se había esfumado. Desde que leímos «La caída de la casa Usher», habíamos hecho un pacto en el sentido de que ninguno de los dos permitiría que enterraran al otro sin comprobar «con absoluta y total certeza» (su expresión favorita) que estaba muerto. También hube de jurar que, cuando él tuviera el alma dormida, nunca intentaría despertarla, pues la conmoción podría dejarlo dormido para siempre, conque lo dejé en paz y, al cabo de un rato, la Yaya tuvo que dejarlo en paz también.

Mientras yo despachaba a los clientes, pasaba a su lado o me inclinaba por encima de él y, como sospechaba, no reaccionaba. Cuando se disipó el encantamiento, preguntó al tío Willie qué habían hecho, para empezar, las personas de color a los blancos. El tío Willie, que nunca fue muy dado a explicar cosas, porque había salido a la Yaya, no dijo gran cosa, excepto que «la gente de color no habían tocado ni un pelo a los blancos». La Yaya añadió que, según algunos, los blancos habían ido a África (lo dijo como si se tratara de un valle recóndito de la Luna), habían apresado a las personas de color y las habían hecho esclavas, pero nadie creía en realidad que fuera cierto. No había forma de explicar lo que había ocurrido hacía «tropecientos» años, pero de momento tenían la sartén por el mango. Ahora, que no les iba a durar mucho. ¿Acaso no había sacado Moisés a los hijos de Israel de las sangrientas manos del Faraón para llevarlos a la Tierra Prometida? ¿Acaso no había protegido el Señor a los niños hebreos en el horno llameante y liberado a Daniel? Bastaba que esperáramos a que el Señor interviniese.

Bailey dijo que había visto a un hombre, un hombre de color, a quien nadie había liberado. Estaba muerto. (Si la noticia no hubiera sido tan importante, habría caído sobre nosotros una andanada de estallidos y oraciones de la Yaya. Bailey estaba casi blasfemando.) Dijo: «Ese hombre estaba muerto y putrefacto: no hediondo, sino putrefacto».

La Yaya le ordenó: «Niño, cuidado con lo que dices».

El tío Willie preguntó: «¿Quién? ¿Quién era?».

A Bailey solo le sobresalía la cabeza por encima de la caja registradora. Dijo: «Cuando he pasado por delante del calabozo, unos hombres acababan de sacarlo del estanque. Estaba envuelto en una sábana, todo enrollado como una momia, después un blanco se ha acercado y ha retirado la sábana. El hombre estaba boca abajo, pero el blanco ha metido el pie por debajo de la sábana y le ha dado la vuelta para que quedara boca arriba».

Se volvió hacia mí. «My, no tenía ningún color. Estaba hinchado como una bola.» (Llevábamos meses discutiendo. Bailey decía que no existía nada incoloro y yo argumentaba que, si había color, también había de haber su opuesto y ahora reconocía esa posibilidad, pero no me sentía contenta de mi victoria.) «Los hombres de color han retrocedido y yo también, pero el blanco se ha quedado ahí, mirando hacia abajo, y ha sonreído. Tío Willie, ¿por qué nos odian tanto?»

El tío Willie musitó: «En realidad, no nos odian. Es que no nos conocen. ¿Cómo pueden odiarnos? Más que nada nos temen».

La Yaya preguntó a Bailey si había reconocido al hombre, pero él estaba absorto en lo sucedido y en el suceso.

«El señor Bubba me ha dicho que era demasiado pequeño para ver algo así y que debía largarme a casa, pero yo tenía que quedarme. Entonces el blanco nos ha dicho que nos acercáramos. Ha dicho: "Vale, chicos, tenedlo en el calabozo y, cuando llegue el sheriff, se lo notificará a su familia. Este es un negro por el que nadie debe preocuparse más. Ya no va a ir a ninguna parte". Después los hombres han cogido los extremos de la sábana, pero, como ninguno quería acercarse al cadáver, han sostenido por la puntita y ha estado a punto de rodar al suelo. El blanco me ha pedido que me acercara yo también y los ayudase.»

La Yaya explotó. «¿Quién era?» Aclaró: «¿Quién era el blanco?».

Bailey no podía liberarse del horror. «He cogido un lado de la sábana y he entrado en el calabozo con los hombres. He entrado en el calabozo llevando a un negro muerto y putrefacto.»

Su voz parecía de un anciano por la conmoción. Los ojos se le salían, literalmente, de las órbitas.

«El blanco nos ha gastado la broma de que iba a encerrarnos a todos ahí, pero el señor Bubba ha dicho: "Pero, señor Jim, si nosotros no lo hemos hecho. Nosotros no hemos hecho nada malo". Entonces el blanco se ha reído y ha dicho que no sabíamos aceptar una broma y ha abierto la puerta.» Respiró de alivio. «¡Uf, qué gusto me ha dado salir de ahí! El calabozo y los presos gritando que no querían a un negro muerto ahí con ellos, que iba a apestar todo el local. Llamaban al blanco "jefe". Han dicho: "Jefe, no le hemos hecho una faena tan grande como para que nos meta a otro negro aquí con nosotros y, además, muerto". Después se han echado a reír. Se han reído todos, como si fuera gracioso.»

Bailey estaba hablando tan rápido, que se olvidó de tartamudear, se olvidó de rascarse la cabeza y limpiarse las uñas con los dientes. Estaba absorto en un misterio, encerrado en el enigma que los muchachos negros sureños empiezan a descifrar, a *intentar* descifrar, a partir de los siete años y hasta la muerte: el rompecabezas de la desigualdad y el odio, carente de la menor gracia. Su experiencia planteaba la cuestión del valor y los valores, de la inferioridad agresiva y la arrogancia agresiva. ¿Podía el tío Willie, hombre negro sureño y, además, inválido, intentar responder a las preguntas, explícitas e implícitas? ¿Intentaría la Yaya, que conocía las actitudes de los blancos y las astucias de los negros, responder a su nieto, cuya vida misma dependía de que no entendiera de verdad el enigma? Con toda seguridad, no.

Los dos respondieron de forma muy característica. El tío Willie dijo algo así como que no sabía adónde iba a ir a parar el mundo y la Yaya rezó: «Que Dios dé descanso al alma de ese pobre hombre». Estoy segura de que aquella noche empezó a juntar los detalles de nuestro viaje a California.

Durante varias semanas, el transporte fue la mayor preocupación de la Yaya. Un empleado de ferrocarriles había quedado en facilitarle un pase a cambio de comestibles. El pase daba derecho a una reducción solo de su billete y hasta eso tenía que ser aprobado, por lo que nos vimos obligadas a esperar en una especie de limbo hasta que, en unas oficinas que nunca visitaríamos, unos blancos a los que nunca veríamos firmaran, sellasen y devolvieran por correo el pase a la Yaya. Mi billete hubo que pagarlo «al contado». Aquella repentina sangría en la niquelada caja registradora desequilibró nuestra estabilidad financiera. La Yaya consideró que Bailey no podía acompañarnos, ya que habíamos de utilizar el pase en un periodo de tiempo determinado, pero que nos seguiría al cabo de un mes más o menos, cuando se hubieran pagado las facturas pendientes. Aunque nuestra madre vivía ahora en San Francisco, la Yaya debió de considerar más prudente ir primero a Los Ángeles, donde estaba nuestro padre. Me dictó cartas en las que notificaba a los dos que íbamos a ponernos en camino.

Íbamos a ponernos en camino, pero no podíamos decir cuándo. Teníamos la ropa lavada, planchada y guardada en las maletas, por lo que durante un tiempo inmóvil nos pusimos la ropa no lo bastante buena para brillar bajo el sol de California. Los vecinos, que entendían las complicaciones de los viajes, se despidieron de nosotras un millón de veces.

«Bueno, pues, si no la veo antes de que lleguen los billetes, hermana Henderson, que tenga un buen viaje y no tarde en volver a casa.» Una viuda amiga de la Yaya había accedido a ocuparse del tío Willie (cocinar, lavar, limpiar y dar compañía) y, después de miles de partidas interrumpidas, abandonamos por fin Stamps.

Mi pena al marcharme se limitó a la tristeza de separarme de Bailey durante un mes (nunca habíamos estado separados) e imaginar la soledad del tío Willie (puso buena cara, aunque a los treinta y cinco años nunca se había separado de su madre) y a la pérdida de Louise, mi primera amiga. No iba a echar de menos a la señora Flowers, porque me había transmitido su palabra secreta con la que convocar a un genio que había de servirme toda mi vida: libros.

26

La intensidad con que viven los jóvenes exige que se queden «en blanco» con la mayor frecuencia posible. La verdad es que yo no había pensado en encontrarme frente a Mamá hasta el último día de nuestro viaje. Iba a «ir a California», es decir, las naranjas, el sol, las estrellas de cine, los terremotos y (comprendí al final) Mamá. Me volvió, como un amigo muy añorado, la antigua sensación de culpa. Me pregunté si se mencionaría al señor Freeman o se esperaría de mí que dijera algo sobre la propia situación. Desde luego, no podía preguntárselo a la Yaya y Bailey estaba a miríadas de millas de distancia.

La angustia ante esas preguntas hizo que me resultaran duros los mullidos asientos y agrios los huevos cocidos y, cuando miré a la Yaya, me pareció demasiado grande, demasiado negra y muy chapada a la antigua. Todo lo que veía se cerraba ante mí. Los pueblos pequeños, en los que nadie saludaba con la mano, y los demás pasajeros del tren, con los que había conseguido una relación casi parental, desaparecían en un mundo que me era ajeno.

No estaba preparada para encontrarme con mi madre, así como un pecador se muestra reacio a encontrarse con su Hacedor y, cuando quise darme cuenta, la tenía ante mí, más pequeña que la que abrigaba en mi memoria, pero más espléndida que recuerdo alguno. Llevaba un traje de cuero de color canela claro, zapatos haciendo juego y un sombrero varonil con una pluma en la cinta y me dio palmaditas en la cara con las manos enfundadas en guantes. Exceptuando la boca pintada de carmín, los blancos dientes y los brillantes ojos negros, parecía que acabara de salir de un baño de tinte beige. La imagen de la Yaya y Mamá abrazadas en el andén de la estación ha permanecido obscurecida en mi memoria bajo la capa de la turbación de entonces y la madurez de ahora. Mamá era un alegre polluelo acurrucándose contra la grande y sólida gallina negra. Los sonidos que emitían tenían una rica armonía interior. La voz profunda y lenta de la Yaya permanecía bajo los rápidos piídos y gorjeos, como las piedras bajo el agua que corre.

La mujer más joven besaba, reía y corría de un lado para otro a fin de recoger nuestros abrigos y confiar nuestro equipaje a un mozo de transporte. Se ocupó con toda facilidad de detalles que habrían requerido media jornada a una persona del campo. Me impresionaba una vez más lo maravillosa que era y, mientras me duró el trance, quedaron a raya las voraces ansiedades.

Nos mudamos a un piso y yo dormí en el sofá que por la noche se transformaba milagrosamente en una gran cama cómoda. Mamá se quedó en Los Ángeles el tiempo necesario para dejarnos instalados y después regresar a San Francisco a buscar una vivienda para su familia, repentinamente aumentada.

La Yaya, Bailey (se unió a nosotros un mes después de nuestra llegada) y yo vivimos en Los Ángeles unos seis meses, mientras se resolvía todo lo relativo a nuestra vivienda permanente. Bailey padre nos visitaba de vez en cuando y nos traía bolsas de fruta. Brillaba como un dios Sol, que otorgaba, bondadoso, los dones del entusiasmo y la alegría a sus tristes súbditos.

Como estaba encantada con la creación de mi propio mundo, hubieron de pasar años hasta que reflexionara sobre la extraordinaria adaptación de la Yaya a aquella vida ajena. Una anciana negra sureña, que no había salido nunca de su comunidad, aprendió a tratar con caseros blancos, vecinos mexicanos y desconocidos negros. Hizo la compra en supermercados mayores que la ciudad de la que procedía. Se enfrentó a acentos que debieron de resultar chocantes a sus oídos. Ella, que nunca había estado a más de cincuenta millas de su lugar de nacimiento, aprendió a atravesar el laberinto de calles con nombres españoles de ese enigma que es Los Ángeles.

Hizo el mismo tipo de amistades que había hecho siempre. Al atardecer de los domingos, antes de los servicios vespertinos de la iglesia, ancianas que eran copias idénticas de ella venían al piso a compartir las sobras de la comida del domingo y la charla religiosa sobre un más allá radiante.

Cuando todo estuvo listo para nuestro traslado al Norte, nos dio la consternadora noticia de que iba a regresar a Arkansas. Había cumplido su misión y el tío Willie la necesitaba. Nosotros teníamos por fin a nuestros padres. Al menos vivíamos en el mismo Estado.

Hubo días de confusión y desconcierto para Bailey y

para mí. Estaba muy bien decir que estaríamos con nuestros padres, pero, ¿quiénes eran, al fin y al cabo? ¿Irían a ser más severos que ella con nuestras travesuras? Sería mal asunto. ¿O más tolerantes? Peor aún. ¿Aprenderíamos a hablar así de rápido? Yo lo dudaba y aún más dudaba que llegara a descubrir nunca de qué se reían tan fuerte y tan a menudo.

Habría estado dispuesta a regresar a Stamps aun sin Bailey, pero la Yaya se marchó sin mí a Arkansas envuelta en su entereza como en algodón.

Mamá nos llevó en coche a San Francisco por la gran autopista blanca que parecía no ir a tener fin nunca. No cesaba de hablar e indicar lugares de interés. Al pasar por Capistrano, cantó una canción popular que yo había oído en la radio: «Cuando las golondrinas vuelven a Capistrano».

Fue ensartando historias humorísticas por el camino como una estela luminosa e intentó cautivarnos, pero su persona y el hecho de que fuera nuestra madre ya lo habían logrado tan bien, que aturdía un poco verla desplegar aún más y más energía positiva.

El enorme coche obedecía a su conducción con una sola mano, mientras ella daba caladas tan profundas a su Lucky Strike, que las mejillas se le hundían y le formaban valles en la cara. Nada podía haber sido más mágico que reunirnos con ella por fin y tenerla para nosotros solos en el mundo cerrado de un coche en movimiento.

Aunque los dos estábamos extasiados, ni Bailey ni yo dejamos de advertir su nerviosismo. Saber que teníamos poder para afectar a aquella diosa nos hizo mirarnos como conjurados y sonreír. Además, la volvía humana.

Pasamos unos meses sórdidos en un piso de Oakland, que tenía una bañera en la cocina y estaba tan cerca del muelle de la Southern Pacific, que se estremecía con las llegadas y las salidas de los trenes. En muchos sentidos era como estar de nuevo en San Luis —junto con los tíos Tommy y Billy— y la abuela Baxter, la de los anteojos y el porte rígido, volvía a ser capitán general con mando en plaza, aunque el poderoso clan Baxter se había visto en apuros después de la muerte, unos años antes, del abuelo Baxter.

Fuimos a la escuela y ningún miembro de la familia puso objeciones a los resultados ni a la calidad de nuestro trabajo. Íbamos a un campo de deportes que tenía una pista de baloncesto, un campo de rugby y mesas de ping-pong bajo marquesinas. Los domingos, en lugar de ir a la iglesia, íbamos al cine.

Yo dormía con la abuela Baxter, que padecía bronquitis crónica y fumaba como un carretero. Durante el día apagaba los cigarrillos a medias y los dejaba en un cenicero junto a su cama. Por la noche, cuando se despertaba tosiendo, buscaba a tientas una colilla y, después de que se viera una llamarada de luz, fumaba ese tabaco, aún más fuerte, hasta que su irritada garganta quedaba anestesiada con la nicotina. Durante las primeras semanas de dormir con ella, me despertaban los meneos en la cama y el olor a tabaco, pero no tardé en acostumbrarme a ellos y dormir apaciblemente toda la noche.

Una noche, después de haberme acostado normalmente, me despertó otro tipo de meneo. A la tenue luz que pasaba por la persiana de la ventana, vi a mi madre arrodillada junto a mi cama. Me acercó la cara al oído.

«Ritie —susurró—, Ritie. Ven, pero no hagas nada de ruido.» Después se levantó sigilosa y salió del cuarto. La seguí obediente y presa de un mar de cavilaciones. Por la puerta entornada de la cocina se veían, enfundadas en el pijama, las piernas de Bailey colgando de la bañera tapada. El reloj de la mesa del comedor señalaba las dos y media de la mañana. Yo nunca había estado levantada a esa hora.

Miré inquisitiva a Bailey, quien me contestó con una mirada plácida. Supe al instante que nada había que temer. Después repasé mentalmente mi repertorio de fechas importantes. No era el cumpleaños de nadie ni el Día de los Inocentes ni la víspera de Todos los Santos, pero algo era.

Mamá cerró la puerta de la cocina y me dijo que me sentara junto a Bailey. Se llevó las manos a las caderas y dijo que estábamos invitados a una fiesta.

¡Vaya una razón para despertarnos en plena noche! Ninguno de los dos dijo nada.

Prosiguió: «Voy a dar una fiesta y vosotros sois mis ilustres y únicos invitados».

Abrió el horno y sacó una fuente de sus tortitas crujientes y doradas y nos mostró una olla de chocolate con leche al fuego. No quedaba más remedio que echarse a reír de nuestra simpática y locuela madre. Cuando Bailey y yo nos echamos a reír, ella hizo lo propio, pero manteniendo un dedo delante de la boca para intentar acallarnos.

Nos sirvió solemnemente y se disculpó por no tener una orquesta que tocara para nosotros, pero dijo que al menos ella cantaría. Cantó y bailó el *time step*, el *snake hips* y el *Suzy Q*. ¿A qué niño no le va a resultar irresistible una madre que se ríe con ganas y a menudo, sobre todo si el ingenio del niño está lo bastante desarrollado para entender el sentido de la broma?

La belleza de Mamá le infundía poder y su poder la hacía ser resueltamente sincera. Cuando le preguntamos qué hacía, en qué trabajaba, nos llevó a la calle Siete de Oakland, donde había bares polvorientos y estancos junto a iglesias instaladas en locales comerciales. Señaló el salón de juegos de naipes Raincoat y la pretenciosa taberna de Slim Jenkins. Algunas noches jugaba al *pinochle* por dinero o dirigía una partida de póquer en Mother's Smith o paraba en Slim's a tomar unas copas. Nos dijo que nunca había engañado a nadie ni se proponía hacerlo. Su trabajo era tan honrado como el de la gruesa señora Walker (una criada), que vivía en el piso contiguo al nuestro, y «muchísimo mejor pagado». No estaba dispuesta a lavar ni a cocinar como una marmota para nadie. El Señor le había dado una inteligencia y tenía intención de utilizarla para mantener a su madre y a sus hijos. No hacía falta que añadiese: «Y, de paso, divertirme un poco».

En la calle, la gente se alegraba de verdad de verla. «Hola, mi amor. ¿Qué hay de nuevo?»

«Todo chachi, mi amor, chachi.»

«¿Cómo te va, guapa?»

«Pues no estoy para muchos trotes, la verdad.» (Al tiempo que lo desmentía con su risa.)

«¿Qué cuentas, mi vida?»

«Pues que, según me han dicho, los blancos siguen teniendo la sartén por el mango.» (Lo decía como si no fuera la más absoluta verdad.)

Nos mantuvo perfectamente con humor e imaginación. De vez en cuando nos llevaba a restaurantes chinos o pizzerías italianas. Descubrimos el *goulash* húngaro y el estofado irlandés. Mediante la comida nos enterábamos de que había otros pueblos en el mundo.

Pese a su jovialidad, Vivian Baxter no tenía piedad. En aquella época había un dicho en Oakland que, aunque ella misma no lo usase, explicaba su actitud. Era: «"Compasión" está cerca de "caca" en el diccionario y yo ni siquiera sé leer». Su mal genio no había disminuido con el paso del tiempo y, cuando un carácter apasionado no se suaviza con momentos de compasión, es muy probable que el melodrama ocupe el escenario. En todos sus estallidos de cólera mi madre era *justa*. Tenía la imparcialidad de la naturaleza y la misma falta de indulgencia o clemencia.

Antes de que llegáramos de Arkansas, se produjo un incidente que condujo a los protagonistas a la cárcel y al hospital. Mamá tenía un socio (que tal vez fuera algo más) con el que regentaba un restaurante con casino de juego. Según Mamá, el socio no estaba arrimando el hombro como debía y, cuando se enfrentó a él, se puso altanero y dominante y tuvo la imperdonable ocurrencia de llamarla «zorra». Ahora bien, todo el mundo sabía que, aunque ella decía tacos con tanta libertad como reía, no consentía a nadie decirlos delante de ella y, menos aún, dirigidos a ella. Tal vez por el bien del negocio, contuvo una reacción espontánea. Dijo a su socio: «En toda mi vida voy a ser zorra una sola vez y ya lo he sido». Y el hombre tuvo la temeridad de soltar otro «zorra»... y Mamá le disparó. Previendo algún tipo de problema, cuando decidió hablar con él, había tenido la precaución de meterse un pequeño revólver del 32 en el gran bolsillo de la falda.

Después de recibir un tiro, el socio, en lugar de alejarse, se lanzó hacia ella tambaleándose y, según dijo ella, puesto que estaba dispuesta a dispararle (nótese: disparar, no matar), no tenía por qué salir corriendo, por lo que le disparó por segunda vez. Debió de ser una situación enloquecedora para los dos. Para ella, cada disparo parecía impelerlo a él hacia adelante, lo contrario de lo que deseaba, y para él, cuanto más se acercaba, más le disparaba ella. No cedió hasta que él la alcanzó y le echó los dos brazos en torno a la nuca y la arrastró hasta el suelo. Según dijo posteriormente, la policía tuvo que desenredarlo antes de llevárselo a la ambulancia y, el día siguiente, cuando la pusieron en libertad con fianza, se miró en un espejo y «tenía los ojos amoratados hasta aquí». Al arrojarle los brazos en torno a ella, él debió de golpearla. Por menos de nada se le hacían cardenales.

Pese a haber recibido dos tiros, el socio no murió y, aunque disolvieron el negocio, conservaron la admiración mutua. Ella le había disparado, cierto es, pero no había sido traidora y lo había avisado y él había tenido fuerzas para dejarle dos ojos amoratados y después salvar la vida. Cualidades admirables.

La segunda guerra mundial comenzó un sábado por la tarde, cuando yo me dirigía al cine. La gente en la calle gritaba: «Estamos en guerra. Hemos declarado la guerra al Japón».

Fui corriendo hasta casa: sin estar del todo segura de

que no fuese a caerme una bomba antes de reunirme con Bailey y Mamá. La abuela Baxter calmó mi angustia explicándome que, mientras el Presidente fuera Franklin Delano Roosevelt, ninguna bomba caería en los Estados Unidos. Al fin y al cabo, era un político de políticos y sabía lo que se hacía.

Poco después, Mamá se casó con Papá Clidell, que resultó ser el primer padre que yo iba a conocer. Era un hombre de negocios con éxito y Mamá y él nos llevaron a San Francisco. El tío Tommy, el tío Billy y la abuela Baxter se quedaron en la gran casa de Oakland.

27

Durante los primeros meses de la segunda guerra mundial, el distrito Fillmore o Ensanche Occidental de San Francisco experimentó una revolución a ojos vistas. En la superficie, parecía del todo pacífica y casi una refutación de ese término. El mercado de mariscos Yakamoto se convirtió silenciosamente en el Salón de Limpieza de Calzado y Estanco de Sammy. La ferretería de Yashigira se transformó en Le Salón de Beauté, propiedad de la señorita Clorinda Jackson. Las tiendas japonesas que vendían productos a los clientes *nisei* pasaron a manos de emprendedores hombres de negocios negros y, en menos de un año, eran ya domicilios permanentes, lejos de casa, para los negros sureños recién llegados. Donde habían predominado los olores de *tempura,* pescado crudo y *cha,* ahora predominaba el aroma de menudillos, hortalizas y puntas de jamón.

La población asiática mermó ante mis ojos. Yo no sabía distinguir a los japoneses de los chinos y aún no veía la diferencia real entre el origen nacional de sonidos como Ching y Chan o Moto y Kano.

A medida que iban desapareciendo los japoneses, en

silencio y sin protestas, entraban los negros con sus ruidosos rockolas, su animosidad recién liberada y el alivio por haber escapado de las ataduras sureñas. En cosa de unos meses, la zona japonesa se convirtió en el Harlem de San Francisco.

Una persona conocedora de todos los factores que contribuyen a la opresión podría haber esperado compasión o incluso apoyo por parte de los recién llegados negros a los japoneses desalojados, sobre todo porque ellos (los negros) habían padecido, a su vez, durante siglos, una vida como de campo de concentración en las plantaciones de la esclavitud y más adelante en las cabañas de aparceros, pero no había las sensaciones de una relación común.

Los negros recién llegados habían sido reclutados en las desecadas tierras agrícolas de Georgia y Misisipí por agentes de las fábricas de armamentos. La posibilidad de vivir en edificios de dos o tres pisos (que al instante se convertían en barrios bajos) y ganar salarios semanales de dos e incluso tres cifras era como para encandilarlos. Por primera vez podían imaginarse como jefes y manejando dinero. Podían pagar a otras personas para que trabajasen para ellos (es decir, tintoreros, taxistas, camareras, etcétera). Los astilleros y las fábricas de municiones, que gracias a la guerra conocían un auge, les hacían saber que los necesitaban e incluso los apreciaban. Era una posición totalmente ajena, pero muy agradable para ellos. ¿Quién podía esperar que esos hombres, con su nueva y vertiginosa importancia, se preocuparan por una raza cuya existencia nunca habían conocido?

Otra razón para su indiferencia ante el traslado de los japoneses era más sutil, pero más profundamente sentida. Los japoneses no eran blancos. Sus ojos, lengua y costumbres revelaban que su piel blanca era solo aparente y demostraban a sus obscuros sucesores que, como no había de temérselos, tampoco había de tenérseles consideración. Todo ello se debió a decisiones inconscientes.

Ningún miembro de mi familia ni de las familias amigas mencionó nunca a los japoneses ausentes. Era como si nunca hubieran sido propietarios ni hubiesen vivido en las casas que nosotros habitábamos. En Post Street, la calle en que se encontraba nuestra casa, la cuesta descendía suavemente hasta Fillmore, centro comercial de nuestro distrito. En las dos cortas manzanas que había antes de que llegara a su destino, la calle albergaba los restaurantes abiertos día y noche, dos salas de billar, cuatro restaurantes chinos, dos casas de juego, además de casas de comida, salones de limpiabotas, salones de belleza, peluquerías y al menos cuatro iglesias. Para comprender perfectamente la incesante actividad en el barrio negro de San Francisco durante la guerra, basta con saber que las dos manzanas descritas eran calles adyacentes que se reproducían muchas veces en la zona de unos ocho a diez bloques.

La atmósfera de desplazamiento colectivo, la impermanencia de la vida en época de guerra y las torpes personalidades de los llegados en tiempos más recientes contribuían a disipar mi sensación de desarraigo. En San Francisco me vi por primera vez como parte de algo. No es que me identificara con los recién llegados ni con los escasos descendientes negros de sanfranciscanos nativos ni con los blancos y ni siquiera con los asiáticos: me identificaba con los tiempos y la ciudad. Entendí la arrogancia de los jóvenes marineros que recorrían las calles en pandillas saqueadoras y se acercaban a todas las chicas como si se tratara, en el mejor de los casos, de prostitutas y, en el peor, de agentes del Eje decididas a hacer perder la guerra a los Estados Unidos. El miedo latente a que San Francisco fuera bombardeado, al que contribuían los avisos semanales sobre posibles ataques aéreos inesperados y los ejercicios de defensa civil en la escuela, intensificó mi sensación de arraigo. ¿Acaso no había pensado yo siempre —pero lo que se dice siempre— que la vida era un gran riesgo para los vivos?

Además, la ciudad actuó durante la guerra como una mujer inteligente, al verse asediada. Entregó lo que no podía retener con seguridad y protegió lo que tenía a su alcance. La ciudad se convirtió para mí en el ideal de lo que quería ser de adulta: cordial pero nunca demasiado efusiva, serena pero no frígida ni distante, distinguida pero sin la horrible afectación.

Para los habitantes de San Francisco, «la ciudad que sabe hacer las cosas» era la bahía, la niebla, el Hotel Sir Francis Drake, el Top o' the Mark, Chinatown, el distrito Sunset y tantas y tantas otras cosas blancas. Para mí, muchacha negra de trece años, paralizada por la forma de vida sureña y, además, negra, la ciudad era belleza y libertad. La niebla no era solo los vapores humeantes procedentes de la bahía y atrapados y encerrados por las colinas, sino también una suave brisa de anonimato que envolvía y ocultaba al viajero tímido. Me volví intrépida, carente de miedos, embriagada por la realidad física de San Francisco. Segura en mi protectora arrogancia, estaba convencida de que nadie la amaba con tanta imparcialidad como yo. Caminaba en torno al Mark Hopkins y contemplaba el Top o' the Mark, pero (tal vez como en la fábula de la zorra y las uvas) me impresionaba más la vista de Oakland desde la colina que ese edificio escalonado o sus visitantes, envueltos en pieles. Después de que la ciudad y yo llegáramos a un acuerdo sobre mi arraigo, pasé semanas deambulando por los puntos de interés y me parecieron vacíos e impropios de San Francisco. Los oficiales navales, con sus bien vestidas esposas y sus blancos nenes limpios, habitaban una dimensión espaciotemporal distinta de la mía. Las señoras mayores y bien cuidadas en coches con conductor y las muchachas rubias con zapatos de ante y jerséis de cachemira podían ser sanfranciscanas, pero en mi cuadro de la ciudad representaban, como máximo, el oropel del marco.

Orgullo y prejuicio caminaban juntos por las hermosas colinas. Los sanfranciscanos nativos, posesivos con la ciudad, tenían que afrontar una afluencia, no de impresionados y respetuosos turistas, sino de provincianos estridentes y sencillos. También se veían obligados a vivir con la superficial sensación de culpa ante el trato recibido por sus antiguos condiscípulos *nisei*.

Los blancos sureños analfabetos llevaron consigo intactos sus prejuicios al Oeste desde las colinas de Arkansas y los pantanos de Georgia. Los antiguos granjeros negros no habían abandonado su desconfianza y su miedo a los blancos que la Historia les había enseñado en lecciones angustiosas. Esos dos grupos se vieron obligados a trabajar codo con codo en las fábricas de armamento y sus animosidades supuraban y se abrían como furúnculos en el rostro de la ciudad.

Los sanfranciscanos habrían jurado por el puente

Golden Gate que el racismo brillaba por su ausencia en el corazón de su ciudad de aire acondicionado, pero habrían estado en un triste error.

Corría de boca en boca la historia de una señora sanfrasciscana blanca que se había negado a sentarse junto a un civil negro en el tranvía, aun después de que este le hiciera sitio. Su explicación fue la de que no estaba dispuesta a sentarse junto a un escaqueado del servicio militar que, además, era negro. Añadió que lo menos que podía hacer era luchar por su país, como su hijo, que estaba combatiendo en Iwo Jima. Según la historia, el hombre se separó de la ventana para enseñar una manga sin brazo. Dijo con calma y gran dignidad: «Entonces pida a su hijo que busque el brazo que yo me dejé allí».

28

Aunque mis notas eran muy buenas (a mi llegada de Stamps, me habían permitido saltarme dos semestres), no logré aclimatarme al instituto. Era una institución femenina cercana a mi casa y las jovencitas eran más indecentes, descaradas, malvadas y cargadas de prejuicios que ninguna de las que había conocido en la Escuela de Formación Profesional del Condado de Laffayette. Muchas de las chicas negras habían llegado, como yo, directamente del Sur, pero habían conocido o decían haber conocido las brillantes luces de la Gran D (Dallas) o T (Tulsa, Oklahoma) y su lenguaje corroboraba sus afirmaciones. Se pavoneaban con un aura de invencibilidad y, junto con algunas de las alumnas mexicanas que llevaban navajas en sus altos copetes, intimidaban absolutamente a las chicas blancas y a las estudiantes negras y mexicanas que no podían escudarse en el arrojo. Por fortuna, me trasladaron al Instituto George Washington.

Sus hermosos edificios estaban situados en una loma del distrito residencial blanco, a unas sesenta manzanas del barrio negro. Durante el primer trimestre, fui una de las tres estudiantes negras de la escuela y, en aquella atmósfera enrarecida, llegué a amar más a mi pueblo. Por las mañanas, en el tranvía que atravesaba mi gueto experimentaba una combinación de terror y trauma. Sabía que muy pronto estaríamos fuera de mi ambiente familiar, se habrían apeado todos los negros que iban en el tranvía, cuando había montado yo, y afrontaría sola las cuarenta manzanas de casas limpias, céspedes lisos, casas blancas y niños ricos.

Por las tardes, camino de casa, las sensaciones eran de alegría, impaciencia y alivio ante el primer rótulo que decía «Barbacoa» o «Visítenos Por Favor» o «Comida casera» o ante las primeras caras carmelitas por las calles. Reconocía que estaba de nuevo en mi país.

En la propia escuela tuve la decepción de no ser la estudiante más brillante ni la casi más brillante siquiera. Los blancos tenían mejor vocabulario que yo y —lo que era más consternador— menos miedo en clase. Nunca dudaban en levantar la mano para responder a una pregunta del profesor; aun cuando se equivocaran, lo hacían de forma agresiva, mientras que yo, antes de atreverme a llamar la atención hacia mi persona, debía estar segura de todos mis datos.

El Instituto George Washington fue la primera escuela auténtica a la que asistí. Mi entera estancia en él podría haber sido una total pérdida de tiempo, de no haber sido por la excepcional personalidad de una profesora brillante. La señorita Kirwin era una de las raras educadoras apasionadas por la información. Siempre creeré que su amor a la enseñanza no se debía tanto a su interés por los estudiantes cuanto a su deseo de cerciorarse de que algunas de las cosas que sabía encontrarían depositarios para compartirlas de nuevo.

Ella y su hermana soltera trabajaban en el sistema escolar de la ciudad de San Francisco desde hacía más de veinte años. Mi señorita Kirwin, mujer alta, llenita, de tez roja y pelo gris como un acorazado, enseñaba civismo y asuntos de actualidad. Al final de un trimestre en su clase, nuestros libros estaban tan limpios y con las páginas tan tiesas como cuando nos los habían entregado. Los estudiantes de la señorita Kirwin nunca —o solo muy raras veces— tenían que abrir sus libros de texto.

Saludaba a todas las clases así: «Buenos días, damas y caballeros». Yo nunca había oído a un adulto hablar con tanto respeto a unos adolescentes. (Los adultos suelen creer que, si se muestran corteses, ven mermada su autoridad.) «En el *Chronicle* de hoy había un artículo sobre la industria minera en las Carolinas (o cualquier otro tema remoto). Estoy segura de que todos ustedes habrán leído el artículo. Quisiera que alguien me comentara ese tema por extenso.»

Después de las dos primeras semanas en su clase, yo y todos los demás estudiantes leíamos con pasión los periódicos de San Francisco, las revistas *Time* y *Life* y todo lo demás que nos cayera en las manos. La señorita Kirwin me demostró que Bailey tenía razón. Este me había dicho en cierta ocasión que «todo saber es moneda de curso legal, según el mercado».

No había estudiantes favoritos ni predilectos del profesor. Si un estudiante le gustaba durante una clase determinada, no podía contar con un trato especial en la del día siguiente y lo mismo era cierto a la inversa. Por la actitud que adoptaba todos los días ante nosotros, daba la impresión de que aquel fuese el día en que nos habíamos conocido. Era reservada y firme en sus opiniones y no perdía tiempo con frivolidades.

En lugar de intimidar, estimulaba. Mientras que algunos de los otros profesores se desvivían por ser agradables —«liberales»— conmigo y otros no me hacían el menor caso, la señorita Kirwin nunca parecía notar que yo fuese negra y, por tanto, diferente. Yo era la señorita Johnson y, si sabía la respuesta para una pregunta que hubiese hecho, nunca me decía sino «correcto», la misma palabra que decía a cualquier otro estudiante que diera la respuesta correcta.

Años después, cuando volví a San Francisco, hice visitas a su clase. Siempre recordaba que yo era la señorita Johnson, que tenía talento y debía aprovecharlo. En aquellas visitas nunca me animaba a entretenerme. Parecía suponer que yo tendría otras visitas que hacer. Muchas veces me pregunté si sabría que era la única profesora a la que yo recordaba.

Nunca supe por qué se me concedió una beca para la Universidad Laboral de California. Era para adultos y, muchos años después, descubrí que figuraba en la lista de organizaciones subversivas del Comité sobre Actividades Antiamericanas del Congreso. A los catorce años, acepté una beca y conseguí otra para el año siguiente. En las clases nocturnas, me matriculé en teatro y danza, junto con adultos blancos y negros. Había elegido teatro simplemente porque me gustaba el soliloquio de Hamlet que comienza con «Ser o no ser». Nunca había visto una obra de teatro y no relacionaba el cine con el teatro. En realidad, las únicas veces que había escuchado el soliloquio había sido cuando lo había recitado melodramáticamente para mí misma: delante del espejo.

Fue difícil refrenar mi afición al gesto exagerado y la voz emotiva. Cuando Bailey y yo leíamos poemas juntos, él parecía un impetuoso Basil Rathbone y yo una enloquecida Bette Davis. En la Universidad Laboral de California, una profesora enérgica y perspicaz me separó del melodrama rápidamente y sin ceremonias.

Me hizo seguir un curso de pantomima de seis meses.

Bailey y Mamá me animaban a que me matriculara en danza y mi hermano me dijo, en privado, que el ejercicio me rellenaría las piernas y me ensancharía las caderas. No necesité otro estímulo.

Mi timidez a la hora de moverme vestida con malla negra por una gran sala vacía no duró mucho. Naturalmente, al principio pensé que todo el mundo estaría mirando mi cuerpo de forma de pepino con sus bultitos por rodillas, codos y —¡ay!— pechos, pero, en realidad, no se fijaron en mí y, cuando la profesora flotó por el suelo y acabó haciendo un arabesco, le cogí gusto. Iba a aprender a moverme así. Iba a aprender a «ocupar el espacio», como ella decía. Mi vida giraba en torno a las clases de la señorita Kirwin, la cena con Bailey y Mamá y el teatro y la danza.

Las personas a las que debía lealtad en aquella época de mi vida habrían resultado incompatibles entre sí: la Yaya con su solemne determinación, la señorita Flowers y sus libros, Bailey con su amor, mi madre y su alegría, la señorita Kirwin y su información, mis clases nocturnas de teatro y danza.

29

Nuestra casa era la típica del San Francisco de después del terremoto y tenía catorce habitaciones. Tuvimos una sucesión de huéspedes, que traían y se llevaban sus diferentes acentos, personalidades y estilos culinarios. A los trabajadores de los astilleros, que armaban un estruendo metálico por las escaleras (todos dormíamos en el segundo piso, excepto Mamá y Papá Clidell) con sus botas con punta de acero y sus cascos de metal, sucedían prostitutas muy maquilladas, que se reían por entre el maquillaje y colgaban sus pelucas de los pomos de las puertas. Dos de aquellos huéspedes (un matrimonio de graduados universitarios) sostenían conmigo largas conversaciones propias de adultos en la gran cocina de la planta baja hasta que el marido se fue a la guerra. A partir de entonces, la esposa, que había sido tan encantadora y sonriente, se convirtió en una sombra silenciosa que raras veces se dibujaba a lo largo de las paredes. Un matrimonio de edad vivió con nosotros durante un año más o menos. Eran dueños de un restaurante y no tenían una personalidad como para encantar o interesar a una adolescente, excepto que el marido se llamaba tío Jim y la esposa tía Boy. Nunca lo entendí.

La combinación de la fuerza y la ternura resulta insuperable, como la de la inteligencia y la necesidad cuando no quedan atenuadas por la instrucción. Yo estaba dispuesta a aceptar a Papá Clidell como uno más de los nombres sin rostro añadidos a la lista de conquistas de Mamá. Con los años me había ejercitado tan bien para dar muestras de interés o, al menos, atención, mientras mi mente saltaba en libertad a otros asuntos, que habría podido vivir en su casa sin verlo nunca y sin que él se enterara, pero su carácter atraía y se ganaba la admiración. Era un hombre sencillo que no tenía complejo de inferioridad por su falta de instrucción y —lo que resultaba más asombroso— tampoco de superioridad por haber triunfado, pese a ello. Solía decir con frecuencia: «Fui a la escuela tres años en mi vida. En Slaten (Texas), los tiempos eran duros y tenía que ayudar a mi papá en la granja».

Bajo esa afirmación sencilla no había recriminaciones ocultas, como tampoco había vanagloria, cuando decía: «Si vivo un poco mejor ahora, es porque trato a todo el mundo como Dios manda».

Era dueño de casas de pisos y, posteriormente, salones de billar y tenía fama de ser algo muy raro: «un hombre de honor». No padecía, como muchos «hombres honrados», la detestable rigidez moral que menoscaba su virtud. Conocía los naipes y los corazones de los hombres. De modo que, durante la época en que Mamá nos estaba informando sobre ciertas realidades de la vida, como la higiene personal, la importancia de caminar bien erguido, los modales en la mesa, los buenos restaurantes y los usos en cuanto a las propinas, Papá Clidell me enseñó a jugar al póquer, las «siete y media», las «treinta y una» y demás. Llevaba caros trajes hechos a medida y un alfiler de corbata con un gran diamante amarillo. Exceptuadas las joyas, era conservador en su forma de vestir y se comportaba con la ostentación inconsciente de un hombre de posibles. Resultó —cosa sorprendente— que yo tenía un aire con él y, cuando Mamá, él y yo íbamos por la calle, sus amigos decían con frecuencia: «Clidell, no puedes negar que es tu hija. Es clavadita a ti».

Ante esas declaraciones, se reía orgulloso, pues nunca había tenido hijos. Por su tardío, pero intenso, sentido paternal, me presentó a los personajes más pintorescos de los bajos fondos negros. Una tarde me invitaron a nuestro salón, abarrotado de humo, para que conociera a Jimmy el Cabezón, Just el Negrales, Clyde el Calmoso, el Chuparra y Pierna Roja. Papá Clidell me explicó que eran los timadores más hábiles del mundo y me iban a contar algunos trucos para que no hiciera nunca «el primo» con nadie.

Para empezar, uno de ellos me avisó: «Nunca ha habido un primo que no quisiera algo por nada». Después se turnaron para enseñarme sus trucos: cómo elegían a sus víctimas (los primos) de entre los blancos ricos e intolerantes y cómo, en todos los casos, utilizaban los prejuicios de las víctimas en su contra.

Algunas de las historias eran graciosas, otras, pocas, patéticas, pero todas me resultaron divertidas o agradables, pues todas las veces el negro, el timador que sabía hacerse pasar por el mayor estúpido, vencía al blanco poderoso y arrogante.

Recuerdo la historia de Pierna Roja como una melodía favorita.

«Si entiendes el principio de la inversión, todo lo que va en tu contra puede jugar también a tu favor.

»En Tulsa había un blanco que timaba a tantos negros, que podía haber creado una Compañía Timadora de Negros. Naturalmente, llegó a pensar que "persona de piel negra" equivalía a "tonto de remate". El Negrales y yo fuimos a Hilsa para tantearlo. Resultó ser un perfecto primavera. Su madre debía de haber pasado mucho miedo en una matanza india en África. Odiaba a los negros solo un poquito más de lo que despreciaba a los indios y era avaricioso.

»El Negrales y yo lo estudiamos y llegamos a la conclusión de que valía la pena jugar contra la banca. Eso significaba que estábamos dispuestos a emplear unos miles de dólares en la preparación. Llevamos a un chaval blanco de Nueva York, un artista del timo, y le hicimos abrir una oficina en Tulsa. Debía hacerse pasar por un agente inmobiliario del Norte que intentaba comprar un terreno valioso en Oklahoma. Investigamos un terreno cerca de Tulsa por el que pasaba un puente de peaje. Había formado parte de una reserva india, pero el Estado lo había expropiado.

»A Just el Negrales le tocó ser el gancho y yo iba a ser el lila. Después de que nuestro amigo de Nueva York contratara a una secretaria y encargase tarjetas de visita, el Negrales abordó al primavera con una propuesta. Había oído hablar —le dijo— de que nuestro primo era el único blanco en quien podía confiar la gente de color. Nombró a algunos de los pobres bobos a los que ese fullero se la había dado. Eso es para demostrarte que se puede ganar a los blancos con su propio engaño. El primavera creyó al Negrales.

»El Negrales le habló de un amigo suyo que era medio indio y medio negro y, según había descubierto un agente inmobiliario del Norte, único propietario de un terreno valioso, que el del Norte quería comprar. Al principio, se comportó como si se oliera la tostada, pero, por la forma como se tragó la propuesta, resultó que lo que creía oler era el dinero de un negro ya en el bote.

»Preguntó dónde estaba el terreno, pero el Negrales lo interrumpió. Dijo al menda blanco que solo quería saber si le podía interesar. El primavera reconoció que le estaba interesando, por lo que el Negrales le dijo que se lo contaría a su amigo y se pondría en contacto con él. El Negrales estuvo reuniéndose con el primavera durante unas tres semanas en coches y callejones y fue dándole largas hasta que el blanco estaba a punto de volverse loco de ansia y avaricia y después soltó —accidentalmente, en apariencia— el nombre del agente inmobiliario del Norte que quería esa finca. Desde ese momento, sabíamos que el pez gordo había picado en el anzuelo y lo único que debíamos hacer era tirar y sacarlo.

»Esperábamos que intentara ponerse en contacto con la oficina, cosa que hizo. El menda blanco vino a nuestra queli con la confianza de que su piel blanca le sirviera para aliarse con el Lunares, nuestro colega blanco, pero el Lunares se negó a hablar del trato y se limitó a decir que el agente inmobiliario había investigado exhaustivamente el terreno más importante del Sur y que, si nuestro primavera no iba soltando la liebre por ahí, podía estar seguro de que iba a haber un dinero curiosito para él en aquel asunto. Evidentemente, toda investigación sobre la propiedad legítima del terreno podía alertar al Estado, que promulgaría, seguro, una ley para prohibir la venta. El Lunares dijo al primavera que se mantendría en contacto con él. El primavera volvió a la tienda tres o cuatro veces, pero fue en vano; después, justo cuando sabíamos que estaba a punto de darse por vencido, el Negrales me llevó a verlo. Ese tontaina se puso más contento que un sarasa en un campamento del CCC.* Era como para pensar que yo tenía metido el cuello en un lazo corredizo y él estaba a punto de encender el fuego bajo mis pies. Nunca disfruté tanto pegándosela a alguien.

»El caso es que, al principio, aparenté temor, pero el Negrales me dijo que aquel era el único blanco en que nuestro pueblo podía confiar. Yo le dije que no confiaba en ningún blanco, porque lo único que querían era tener la oportunidad de matar a un negro legalmente y acostarse con su esposa. (Mejorando lo presente, Clidell.) El primo me aseguró que él era el único blanco que no se sentía así. Algunos de sus mejores amigos eran personas de color. De hecho, por si no lo sabía, la mujer que lo había criado era de color y él había seguido visitándola hasta aquel momento. Me dejé convencer y entonces el primavera empezó a meterse con los blancos del Norte. Me dijo que en el Norte los negros dormían en la calle y tenían que limpiar los retretes con las manos y hacer cosas peores incluso. Entonces me sentí escandalizado y

* CCC: *Civilian Conservation Corps,* organismo federal (1933-1943) encargado de dar trabajo a los jóvenes en la construcción de carreteras, la plantación de árboles, etcétera. *(N. del T.)*

dije: "Entonces no quiero vender mi terreno a ese blanco que ofreció setenta y cinco mil dólares por él". El Negrales dijo: "Yo no sabría qué hacer con tanto dinero", y yo que lo único que quería era el dinero suficiente para comprarle una casa a mi anciana mamá, poner un negocio y hacer un viaje a Harlem. El primavera preguntó cuánto necesitaría para eso y yo le respondí que cincuenta mil dólares, me parecía.

»El primavera me dijo que ningún negro estaba a salvo con semejante suma de dinero, que los blancos se la quitarían. Yo dije que ya lo sabía, pero debía conseguir al menos cuarenta mil dólares. Aceptó. Nos dimos la mano. Dije que me iba a dar mucho gusto ver a ese miserable yanqui quedarse con la miel de "nuestra tierra" en los labios. La mañana siguiente, nos reunimos, firmé la escritura en su coche y me dio el dinero en metálico.

»El Negrales y yo habíamos dejado la mayoría de nuestras cosas en un hotel de Hot Springs (Arkansas). Cuando quedó consumado el trato, nos dirigimos a nuestro coche, cruzamos la frontera estatal y regresamos a Hot Springs.

»Y eso fue todo.»

Tras aquella, vino todo un arcoíris de otras historias triunfales que colmó el cuarto de risas y alegría. Según las previsiones, aquellos narradores, nacidos negros y varones antes de finales del siglo pasado, deberían haber resultado molidos y convertidos en polvo inútil. En cambio, utilizaron su inteligencia para abrir de par en par con alzaprima la puerta del repudio y no solo se hicieron ricos, sino que, además, obtuvieron cierta revancha.

A mí me resultaba imposible considerarlos delincuentes ni sentir otra cosa que orgullo ante sus hazañas.

Las necesidades en una sociedad determinan su ética y en los guetos negros americanos el héroe es aquel al que ofrecen solo las migas de la mesa de este país, pero con ingenio y valor consigue darse un festín de Lúculo. Por eso, el conserje que vive en un cuchitril, pero se pasea con un cadillac verdeazulino, no se granjea risas, sino admiración, y el criado que se compra zapatos de cuarenta dólares no se granjea críticas, sino reconocimiento. Sabemos que han puesto en práctica al máximo sus facultades físicas y mentales. Todo progreso particular contribuye a los progresos de la colectividad.

La mentalidad negra calibra las historias de violaciones de la ley con diferentes pesos y medidas que la blanca. Los delitos menores desconciertan a la comunidad y mucha gente se pregunta, melancólica, por qué no roban los negros más bancos ni malversan más fondos ni hacen chanchullos en los sindicatos. «Somos las víctimas del robo más completo del mundo. La vida requiere contrapesos. Que ahora cometamos algún hurto carece de importancia.» Esa creencia resulta particularmente atractiva a quien no puede competir legalmente con sus conciudadanos.

Mi instrucción y la de mis compañeros negros era muy diferente de la de nuestros condiscípulos blancos. En la clase todos aprendíamos los participios pasivos, pero en las calles y en nuestras casas los negros aprendíamos a comernos las eses de los plurales y los sufijos de los tiempos pasados de los verbos. Estábamos atentos a la distancia existente entre la palabra escrita y el habla coloquial. Aprendimos a pasar de un lenguaje al

otro sin conciencia del esfuerzo. En la escuela, en determinada situación, podíamos responder así: «No es un
fenómeno infrecuente». Pero en la calle, al encontrarnos
con la misma situación, decíamos con facilidad: «Eso ha
pasa'o la tira de veces».

30

Igual que Jane Withers y Donald O'Connor, me iba a ir de vacaciones. Bailey padre me invitó a pasar el verano con él en el sur de California y estaba que no cabía en mí de ilusión. Dados los característicos aires de superioridad de nuestro padre, yo abrigaba la esperanza secreta de que viviera en una mansión rodeada de jardines en la que prestara sus servicios personal vestido con librea.

Mamá me ayudó, solícita, a comprar ropa de verano. Con la altanería que los sanfranciscanos muestran para con quienes viven en un clima más cálido, me explicó que lo único que necesitaba era muchos pantalones cortos, sandalias y blusas, porque «los californianos del Sur prácticamente nunca se ponen otra cosa».

Bailey padre tenía una novia que había empezado a mantener correspondencia conmigo unos meses antes e iba a ir a esperarme a la estación. Habíamos quedado en llevar claveles blancos para identificarnos y el mozo del tren conservó mi flor en el frigorífico del vagón restaurante hasta que llegamos al caluroso pueblecito.

En el andén, mis ojos se saltaban a los blancos y buscaban entre los negros que se paseaban para arriba y para abajo en actitud de espera. No había ningún hombre tan alto como Papá ni ninguna mujer de verdad atractiva (yo había pensado que, dada su primera elección, todas sus mujeres posteriores serían asombrosamente hermosas). Vi a una niña que llevaba una flor blanca, pero la descarté, porque no parecía probable que fuera ella. Después de pasar una junta a otra una y otra vez, el andén quedó vacío. Por fin, me paró y preguntó incrédula: «¿Marguerite?». Su voz resultaba chillona por el asombro y la madurez. Conque, al fin y al cabo, no era una niña. Yo también sentí incredulidad.

Dijo: «Soy Dolores Stockland».

Pasmada, pero intentando comportarme con buenos modales, dije: «Hola, me llamo Marguerite».

¿La novia de Papá? Supuse que debía de tener veinte y pocos años. Su traje de lino bien planchado, sus escarpines y guantes me indicaron que era correcta y seria. Era de estatura media, pero con el cuerpo sin forma de una niña y pensé que, si estaba pensando en casarse con nuestro padre, debía de sentirse horrorizada al encontrarse con una futura hijastra de casi un metro ochenta de altura y que ni siquiera era guapa. (Posteriormente, me enteré de que Bailey padre le había dicho que sus hijos tenían ocho y nueve años y eran monísimos. Ella tenía tal necesidad de creer en él, que, aunque habíamos mantenido correspondencia en una época en que me gustaban las palabras polisílabas y las oraciones intricadas, había pasado por alto lo evidente.)

Yo era un eslabón más en una larga cadena de decepciones. Papá había prometido casarse con ella, pero fue dándole largas hasta que al final se casó con otra mujer del Sur, bajita y severa, llamada Alberta. Cuando yo la conocí, Dolores tenía todas las poses de la burguesía negra sin la base material en que apoyarlas. En lugar de ser propietario de una mansión y tener criados, Papá vivía en un aparcamiento de casas-remolque en las afueras de un pueblo, que era, a su vez, las afueras de otro. Dolores vivía allí con él y mantenía la casa con la limpieza y el orden de un hotel. Había flores de cera en jarrones de cristal. No daba tregua a la lavadora ni a la tabla de planchar. Su peluquera podía contar con su absoluta fidelidad y puntualidad. En una palabra, si no hubiera sido por los intrusos, su vida habría sido perfecta. Y entonces aparecí yo.

Se esforzó al máximo por convertirme en algo que pudiera aceptar mínimamente. Su primer intento, un total fracaso, fue el de mejorar mi atención para los detalles. Primero me pidió que arreglara mi habitación, después intentó engatusarme para lograrlo y al final me lo ordenó. Mi deseo de hacerlo se vio obstaculizado por una profunda ignorancia al respecto y una gran torpeza para manejar objetos pequeños. La cómoda de mi alcoba estaba cubierta de mujercitas blancas de porcelana que sostenían sombrillas, perros, ventrudos cupidos de porcelana y toda clase de animales de vidrio soplado. Después de hacer la cama, barrer el cuarto y colgar la ropa, cuando me acordaba —si es que me acordaba— de quitar el polvo a las chucherías, indefectiblemente apretaba una demasiado fuerte, y le arrancaba una pierna o dos, o no demasiado y la dejaba caer, con lo que quedaba reducida a abyectos añicos.

Papá nunca abandonaba su divertida e impenetrable expresión. Parecía profundamente diabólico al divertirse con nuestro malestar. Desde luego, Dolores adoraba a su gigantesco amante y su declamación (Bailey padre nunca hablaba: peroraba), sazonada con sus sonoros «hum» y «humm», debía de ser un consuelo para ella en su hogar, que no estaba a la altura de la clase media. Él trabajaba en la cocina de un hospital naval y los dos decían que era dietético de la Marina de Guerra de los Estados Unidos. Su frigorífico estaba siempre surtido de trozos de jamón, carne asada y pollos trinchados, todo ello recién comprado. Papá era un cocinero excelente. Durante la primera guerra mundial, había estado en Francia y también había trabajado de portero en el exclusivo Hotel Breakers, por lo que preparaba con frecuencia platos continentales. A menudo teníamos para comer *coq au vin*, costillas *au jus* y *cotelette milanese* con toda la guarnición. Sin embargo, su especialidad era la comida mexicana. Cruzaba la frontera semanalmente para comprar condimentos y otros artículos que honraban nuestra mesa, como pollo en salsa verde y enchilada con carne.

Si Dolores no se hubiera mantenido tan distante de lo que la rodeaba y hubiese sido un poco más práctica, podría haber descubierto que su ciudad estaba llena de esos ingredientes y no hacía falta que Papá viajara a México para comprar provisiones, pero se habría dejado matar antes que echar un vistazo siquiera a uno de los desaliñados mercados mexicanos, por no hablar de aventurarse entre su hediondez. Y también parecía elegante decir: «Mi esposo, el señor Johnson, dietético de la Marina, ha ido a México a comprar algunas cosas para la cena». Eso impresiona mucho a otra gente elegante, que va a la zona de los blancos para comprar alcachofas.

Papá hablaba español con fluidez y, como yo lo había estudiado durante un año, podíamos hablar un poquito. Estoy convencida de que mi talento para aprender una lengua extranjera fue la única cualidad mía que impresionó a Dolores. Ella tenía la boca demasiado tirante y la lengua demasiado inmóvil para ensayar los sonidos extraños. Sin embargo, su inglés, como todo en ella, era —hay que reconocerlo— absolutamente perfecto.

Pasamos semanas entregadas a una prueba de fuerza, mientras Papá nos contemplaba desde la barrera, sin aplaudir ni abuchear, pero pasándoselo pipa. En cierta ocasión, me preguntó si «hum... me gustaba... humm... mi madre». Creí que se refería a mi madre, por lo que respondí que sí: era guapa, alegre y cariñosa. Él me dijo que no se refería a Vivian, sino a Dolores. Entonces le expliqué que no me gustaba, porque era ruin, mezquina y muy presumida. Se echó a reír y, cuando añadí que yo no le gustaba porque era tan alta y arrogante y no lo bastante limpia para ella, se rio con más ganas y dijo algo así como: «En fin, así es la vida».

Una noche, anunció que el día siguiente iba a ir a México a comprar comida para el fin de semana. Ese anuncio no tenía nada en particular hasta que añadió que iba a llevarme consigo. Ante el silencio y el asombro resultantes, añadió que un viaje a México me brindaría la oportunidad de practicar el español.

El silencio de Dolores podía deberse a una reacción de celos, pero el mío se debía a pura y simple sorpresa. Mi padre no había dado muestra alguna de estar orgulloso de mí y me había demostrado muy poco afecto. No me había llevado a ver a sus amigos ni a enseñarme los pocos puntos de interés de la California meridional. Era increíble que yo fuera a participar en algo tan exótico como un viaje a México. En fin —me apresuré a razonar—, me lo merezco. Al fin y al cabo, era su hija y mis vacaciones desmerecían mucho de la idea que me había hecho de ellas. Si yo hubiera dicho que me habría gustado que Dolores nos acompañase, podríamos habernos librado de un despliegue de violencia y casi de una tragedia, pero mi mentalidad juvenil solo pensaba en sí misma y mi imaginación se estremecía con la perspectiva de ver sombreros de ala muy ancha, rancheros, tortillas y a Pancho Villa. Pasamos una noche tranquila: Dolores remendando su perfecta ropa interior y yo haciendo como que leía una novela. Papá escuchaba la radio con una copa en la mano y contemplaba un espectáculo que era —ahora lo sé— lastimoso.

Por la mañana, partimos a la aventura en el extranjero. Los caminos de tierra de México satisficieron todo mi anhelo de exotismo. Solo a unas millas de las lisas autopistas de California y de sus —para mí— altos edificios, íbamos traqueteando por calles de grava que podían haber competido en tosquedad con los peores senderos de Arkansas y el paisaje presentaba chozas de adobe o cabañas con techo de chapa ondulada. Había perros flacos y sucios que merodeaban por entre las casas y niños que jugaban, inocentemente desnudos o casi, con neumáticos desechados. La mitad de la población se parecía a Tyrone Power y Dolores del Río y la otra mitad a Akim Tamiroff y Katina Paxinou, solo que tal vez un poco más gruesos y mayores.

Cuando cruzamos la ciudad fronteriza y nos dirigimos hacia el interior, Papá no me dio ninguna explicación. Aunque me sorprendió, no quise ceder a la curiosidad haciéndole preguntas. Al cabo de unas millas, nos detuvo un guardia de uniforme. Se saludaron con familiaridad y Papá salió del coche. Buscó en la bolsa de la portezuela y sacó una botella de licor, que llevó a la garita del guardia. Estuvieron hablando y riendo durante más de media hora, mientras yo permanecía sentada en el coche e intentaba traducir los sonidos que me llegaban amortiguados. Por fin salieron y se dirigieron al coche. Papá llevaba aún la botella, pero le faltaba la mitad del contenido. Preguntó al guardia si le habría gustado casarse conmigo. Hablaban en un español más inconexo que el de mi versión escolar, pero lo entendí. Mi padre añadió el aliciente de que solo tenía quince años. El guardia se inclinó al instante y me acarició la mejilla. Supongo que antes habría pensado que no solo era fea, sino también vieja, y ahora la idea de que probablemente estuviera intacta le atrajo. Dijo a Papá que se casaría conmigo y tendríamos «muchos niños». A mi padre, esa promesa le pareció la cosa más divertida que había oído desde que habíamos salido de casa. (Se había reído a carcajadas, cuando Dolores no había respondido a mi despedida, y, mientras nos alejábamos, yo le expliqué que no me había oído.) El guardia no se sintió disuadido por mis intentos de apartarme de sus sobonas manos y, si Papá no hubiera abierto la puerta y hubiese entrado, me habría pasado al asiento del conductor. Después de muchos «adiós», «bonitas», y «espositas», Papá arrancó el coche y nos pusimos en camino de nuevo por el sombrío panorama.

Los carteles me informaron de que nos dirigíamos a Ensenada. Durante aquellas millas por la carretera, llena de curvas y pegada a la abrupta montaña, temí que no regresaría nunca a los Estados Unidos, la civilización, el inglés y las calles anchas. Él iba echando sorbos a la botella y cantando trozos de canciones mexicanas, mientras ascendíamos por la tortuosa carretera de montaña. Al final, nuestro destino resultó no ser la ciudad de Ensenada, sino un punto a cinco millas de los límites de la ciudad. Nos detuvimos en el patio de tierra de una «cantina», donde niños medio desnudos perseguían en círculos a gallinas de aspecto torvo. El ruido del coche hizo salir a unas mujeres a la puerta del destartalado edificio, pero no distrajo a los mugrientos niños ni a las flacuchas aves de su monótona actividad.

Una mujer dijo con voz cantarina: «Bailey, Bailey», y de repente una claque de mujeres se apiñó en la puerta y fue saliendo al patio. Papá me dijo que me apeara y fuimos al encuentro de las mujeres. Explicó rápido que yo era su hija, lo que a todo el mundo parecía graciosísimo. Entramos en una habitación larga con una barra de bar en un extremo. Había mesas, desequilibradas por la irregularidad del entarimado. El techo me llamó la atención. Banderolas de papel de todos los colores posibles ondeaban en el aire casi estático y, mientras yo las miraba, cayeron algunas al suelo. Nadie pareció notarlo o, en caso de que sí, no les importaba —era evidente— que se les estuviera cayendo el cielo. En la barra había algunos hombres sentados en taburetes, que saludaron a mi padre con la desenvoltura de la familiaridad. Fue presentándome y a cada una de las personas les dijo mi nombre y mi edad. La expresión de cumplido aprendida en el instituto —«¿Cómo está usted?»— fue acogida como si se tratara de las palabras más encantadoras imaginables. La gente me daba palmaditas en la espalda,

chocaba la mano a Papá y hablaba en un español entrecortado que yo no podía seguir. Bailey era el protago-
nista del momento y, al verlo animarse con las espontá-
neas muestras de afecto, advertí una nueva faceta de ese
hombre. Desapareció su sonrisa burlona y dejó de hablar con el tono afectado (habría sido difícil encajar los
«humm» en ese español tan rápido).

Parecía difícil de creer que fuera una persona solitaria,
que no cesaba de buscar en las botellas, bajo las faldas
de las mujeres, en las tareas de la iglesia y en títulos de
empleos distinguidos su «rinconcito personal», perdido
antes de nacer y desde entonces no recuperado. Me resultó evidente entonces que siempre se había sentido
desarraigado en Stamps y más aún entre la familia
Johnson, tan lenta de movimientos y de ideas. Qué en-
loquecedor era haber nacido con aspiraciones de grandeza en un campo de algodón.

En el bar mexicano, tenía un aspecto de relajación que
yo no le había visto nunca. Ante aquellos campesinos
mexicanos no había necesidad de simular. Así, tal como
era, ya les impresionaba bastante. Era americano. Era
negro. Hablaba español con soltura. Tenía dinero y
podía beber tequila con los mejores de ellos. También
gustaba a las mujeres. Era alto, guapo y generoso.

Se trataba de una fiesta. Alguien metió monedas en el
rockola y se sirvieron bebidas a todos los clientes. A mí
me dieron una Coca-Cola caliente. De la máquina de discos salió música a borbotones, con agudas voces de
tenor que fluctuaban y después se mantenían en un solo
tono una y otra vez para los apasionados rancheros. Los
hombres bailaban, al principio solos y después en parejas, y a veces una mujer se incorporaba al rito del zapa-

teado. Me pidieron que bailara. Vacilé, porque no estaba segura de poder seguir los pasos, pero Papá me hizo una señal de aprobación con la cabeza y me animó a probar. Antes de que quisiera darme cuenta, llevaba por lo menos una hora pasándomelo bomba. Un joven me había enseñado a pegar una banderola en el techo. Primero, había que masticar el azúcar del chicle mexicano hasta agotarlo y después el cantinero daba unas hojas de papel al aspirante, que escribía un proverbio o un comentario sentimental en ellas. Se sacaba el chicle de la boca y lo pegaba en la punta de la banderola. Después de elegir una zona menos densamente cubierta del techo, apuntaba a ese punto y, al tiempo que tiraba, lanzaba un grito espeluznante que no habría estado fuera de lugar en un rodeo de doma de potros. Después de algunos fallos de puntería y de garganta, vencí mi reserva y solté mis amígdalas con un alarido digno de Zapata. Me sentía feliz, Papá estaba orgulloso de mí y mis nuevos amigos eran agradables. Una mujer trajo «chicharrones» en un periódico grasiento. Comí las cortezas de cerdo fritas, bailé, grité y bebí aquella Coca-Cola tan dulzona y pegajosa, con la actitud más cercana al abandono que había experimentado en mi vida. A medida que iban uniéndose otros jaraneros a la fiesta, me presentaban como «la niña de Bailey» y ya estaba aceptada. El sol de la tarde no lograba iluminar la sala a través de la única ventana y los cuerpos apiñados, los aromas y los sonidos se combinaban para ofrecernos un atardecer aromático y artificial. Me di cuenta de que llevaba un rato sin ver a mi padre. «¿Dónde está mi padre?», pregunté a mi pareja de baile. Lanzó una risotada, me dio un abrazo tan opresivo como el de un oso y no me contestó. Cuando acabó el baile, me abrí paso lo más discretamente posible entre la gente agolpada. Fui presa de un ataque de pánico que casi me asfixió. Papá no estaba en la sala. ¿Habría hecho un trato con el guardia en el paso? No me habría extrañado en él. Me habían puesto alcohol en la bebida. Esa certeza hizo que se me aflojaran las rodillas y viera borrosas a las parejas que bailaban. Papá se había ido. Probablemente estuviera a medio camino de casa con el dinero obtenido por mi venta en el bolsillo. Tenía que llegar a la puerta, que parecía a millas y montañas de distancia. La gente me paraba diciéndome: «¿Adónde vas?». Mi respuesta era algo tan tieso y ambiguo como «Yo voy por ventilarme.»* No era de extrañar que tuviese tanto éxito.

El Hudson de Papá, visto a través de la puerta abierta, seguía en su solitario esplendor. Al fin y al cabo, no me había abandonado. Eso significaba, naturalmente, que no me habían drogado. Me sentí mejor al instante. Nadie me siguió al patio, donde el sol del atardecer había suavizado la severidad del mediodía. Decidí sentarme en el coche y esperarlo, pues no podía haber ido muy lejos. Sabía que estaba con una mujer y cuanto más lo pensaba más fácil me resultaba imaginar a cuál de las alegres «señoritas» se había llevado. Había habido una mujercita muy aseada y de labios muy rojos que se le había pegado, muy ávida, cuando llegamos. En el momento yo no había pensado en eso, simplemente se me había quedado grabada su fruición. En el coche, al reflexionar sobre ello, volví a representarme la escena. Había sido la

* En español (imperfecto) en el original. *(N. del T.)*

primera que había corrido hacia él y entonces fue cuando él dijo rápido: «Esta es mi hija» y «Habla español». Si Dolores se hubiera enterado, se habría acurrucado bajo su manta de afectación y se habría muerto discretamente. La idea de su mortificación me hizo compañía un largo rato, pero los sonidos de la música, la risa y los gritos de Cisco Kid interrumpieron mis agradables ensueños vengativos. Al fin y al cabo, estaba obscureciendo y Papá debía de estar inencontrable para mí en una de aquellas cabañitas de detrás. Fui sintiéndome invadida poco a poco por una combinación de incomodidad y temor, al pensar en la posibilidad de pasar toda la noche sentada y sola en el coche. Era un miedo remotamente relacionado con el pánico anterior. No fui totalmente presa del terror, pero este fue avanzando en mi cabeza como una parálisis tediosa. Podía subir las ventanillas y cerrar el coche. Podía tumbarme en el suelo del coche y volverme pequeña e invisible. ¡Imposible! Intenté restañar la corriente de miedo. ¿Por qué temía a los mexicanos? Al fin y al cabo, habían sido amables conmigo y seguro que mi padre no permitiría que su hija fuera maltratada. ¿No lo permitiría? ¿O sí? ¿Cómo podía dejarme en aquel bar destartalado y largarse con la mujer? ¿Le preocupaba lo que me sucediera? Ni un comino: al comprenderlo, abrí las compuertas a la histeria. Una vez que empezaron a salir las lágrimas, no hubo forma de retenerlas. Iba a morir, al fin y al cabo, en un patio de tierra mexicano. La extraordinaria persona que yo era, la inteligencia que Dios y yo habíamos creado juntos, iba a abandonar esta vida sin reconocimiento ni contribución. ¡Qué despiadadas eran las Parcas y qué indefensa estaba esta pobre chica negra!

Vislumbré su sombra en la tiniebla casi total y estaba a punto de saltar y correr hacia él, cuando advertí que la mujercita que había visto antes y un hombre lo iban ayudando a caminar. Iba tambaleándose y bamboleándose, pero los otros lo llevaban bien sujeto y lo guiaban hacia la puerta de la «cantina». Si llegaba a entrar, podíamos no marcharnos nunca. Salí del coche y fui hacia ellos. Pregunté a Papá si no le gustaría montar al coche y descansar un poco. Se concentró lo suficiente para reconocerme y respondió que eso era exactamente lo que deseaba; estaba un poco cansado y quería descansar antes de que nos pusiéramos en marcha hacia su casa. Expresó a sus amigos sus deseos en español y ellos lo condujeron hacia el coche. Cuando abrí la puerta delantera, dijo que no, que iba a echarse un ratito en el asiento trasero. Lo metimos en el coche e intentamos colocarle sus largas piernas en una postura cómoda. Cuando aún estábamos colocándolo, empezó a roncar. Parecía el comienzo de un sueño profundo y largo y el aviso de que, a fin de cuentas, íbamos a pasar la noche en el coche, en México.

Mientras la pareja se reía y se dirigía a mí farfullando en un español incomprensible, pensé a toda velocidad. Nunca había conducido un coche, pero me había fijado detenidamente y mi madre era conocida como la mejor conductora de San Francisco. Al menos, así lo declaraba *ella*. Yo era de lo más inteligente y tenía buena coordinación física. Podía conducir, desde luego. Si idiotas y lunáticos conducían coches, ¿por qué no la despierta Marguerite Johnson? Pedí al mexicano que diera la vuelta al coche, una vez más en mi exquisito español del instituto, y tardé unos quince minutos en hacerme entender. El hombre debió de preguntarme si sabía conducir, pero yo no conocía la palabra española correspondiente al verbo «conducir», por lo que no cesaba de repetir: «Sí, sí» y «gracias», hasta que él montó y dirigió el coche hacia la carretera. Con lo que hizo después demostró haber entendido la situación: dejó el motor en marcha. Puse el pie en el acelerador y el embrague, moví el cambio de marchas y levanté los dos pies. Con un estruendo de mal agüero, salimos saltando del patio.

Cuando entramos a sacudidas en el firme de la carretera, el coche casi se paró y volví a pisar con fuerza el pedal y el embrague. No avanzamos y hacíamos un ruido tremendo, pero el motor no se paró. Entonces entendí que, para avanzar, tenía que levantar los pies de los pedales y, si lo hacía abruptamente, el coche daría sacudidas como las de una persona con el baile de San Vito. Con esa comprensión completa del principio de la locomoción en automóvil, conduje, cuesta abajo y pegada a la montaña, hacia Calexico, a unas cincuenta millas de distancia. Resulta difícil entender por qué mi vívida imaginación y mi naturaleza asustadiza no me ofrecieron escenas de choques sangrientos en un «risco de México». Lo único que se me ocurre es que tenía los cinco sentidos puestos en la conducción del coche que daba tantos tirones.

Cuando se hizo totalmente de noche, toqueteé los botones, girando y tirando hasta que logré encontrar las luces. El coche aminoró la velocidad y, al centrarme en esa búsqueda, me olvidé de pisar los pedales y el motor emitió un gorgoteo, el coche cabeceó y el motor se detuvo. Un sonido acompañado de un bamboleo proce-

dente del asiento trasero me indicó que Papá había
caído del asiento (cosa que yo llevaba millas esperando
que sucediera). Eché el freno de mano y pensé detenidamente lo que habría de hacer a continuación. Era inútil
intentar preguntar a Papá. La caída al suelo no lo había
despertado y yo no iba a poder hacerlo. No era probable que pasara un coche: no había visto vehículos de
motor desde que nos habíamos cruzado con la garita del
guardia, unas horas antes. Era cuesta abajo, por lo que
pensé que con un poco de suerte podríamos bajar pendiente abajo hasta Calexico... o, al menos, hasta donde
estaba el guardia. No solté el freno hasta tener formulada una forma de dirigirme a él. Pararía el coche,
cuando llegáramos ante la garita, y adoptaría mis aires
de distinción. Le hablaría como a quien era: un campe-
sino. Le ordenaría que pusiese el coche en marcha y
después le daría veinticinco centavos o incluso un dólar
de propina del bolsillo de Papá, antes de seguir adelante.

Con mis planes perfectamente preparados, solté el
freno y empezamos a bajar la cuesta. También accioné
el embrague y el acelerador, con la esperanza de acelerar
nuestro descenso y, ¡oh, maravilla!, el motor se puso en
marcha otra vez. El Hudson bajó la cuesta como loco.
Se estaba rebelando, en su intento por desalojarme de
mi asiento, y habría saltado por sobre el borde de la
montaña, con la consiguiente destrucción de todos nosotros, si yo hubiese relajado el control un simple segundo. El peligro era estimulante. Era yo, Marguerite,
contra la oposición de los elementos. Al girar el volante
y forzar el acelerador hasta el suelo, estaba controlando
México, la fuerza, la soledad, la juventud inexperta, a

Bailey Johnson padre, la muerte, la inseguridad e incluso la gravedad.

Después de mil y una noches —me pareció— de peligro, el terreno comenzó a allanarse y empezamos a pasar por delante de luces dispersas a ambos lados de la carretera. Ocurriera lo que ocurriese después, yo ya había vencido. El coche empezó a aminorar la velocidad, como si estuviera domado y fuese a rendirse sin elegancia. Accioné con mayor fuerza y llegamos por fin ante la garita del guardia. Eché el freno de mano y nos detuvimos. No iba a hacer falta que hablara al guardia, porque el coche ya estaba en marcha, pero había de esperar hasta que él mirase al coche y me hiciera la señal de continuar. Estaba hablando con los ocupantes de un coche que miraba hacia la montaña recién conquistada por mí. La luz de la garita lo mostraba inclinado a partir de la cintura y con el torso completamente tragado por la boca de la ventana abierta. Yo mantuve el coche listo para salir al instante hacia nuestro próximo trecho de viaje. Cuando el guardia se irguió, vi que no era el mismo hombre que me había puesto violenta por la mañana. Ese descubrimiento me desconcertó, como es lógico, y, cuando hizo un saludo brusco y gritó «Pasa», solté el freno, pisé los pedales y los alcé demasiado bruscamente. El coche se me adelantó. Saltó no solo hacia adelante, sino también a la izquierda y, con unos tirones irritados, se lanzó contra el lateral del coche que estaba arrancando. Al ruido de las raspaduras de metal siguió al instante una andanada de exclamaciones en español procedentes de todas las direcciones. Una vez más no tuve —cosa curiosa— sensación de miedo. Me hice las siguientes preguntas por este orden: ¿estaría herida?

¿Habría resultado herido alguien? ¿Iría a la cárcel? ¿Qué dirían los mexicanos? Y, por último, ¿se habría despertado Papá? A la primera y la última pude darles respuesta inmediata. Animada por la adrenalina que había invadido mi cerebro cuando bajábamos la montaña, nunca me había sentido mejor y los ronquidos de mi padre interrumpían la cacofonía de las protestas de fuera. Salí del coche con la intención de preguntar por los «policías», pero el guardia se me adelantó. Dijo unas palabras, tan juntas como cuentas de un collar, pero una de ellas era «policías». Mientras los ocupantes del otro coche salían farfullando, intenté recuperar el control y dije en voz alta y demasiado amable: «Gracias, señor». La familia, ocho o más personas de todas las edades y los tamaños, se movía a mi alrededor, al tiempo que hablaba acaloradamente y me medía con la vista, como si fuera una estatua de un parque ciudadano y ellos una bandada de palomas. Uno dijo: «Joven». Intenté ver cuál de ellos era ese inteligente. A él o a ella me iba a dirigir, pero cambiaban de posición tan rápido, que me resultaba imposible distinguir a la persona. Entonces otro señaló: «Borracha». Hombre, desde luego, debía de oler como un tonel de tequila, ya que Papá había estado exhalando el licor en ruidosas exhalaciones y yo había mantenido las ventanas cerradas para protegerme del frío aire nocturno. Aun cuando hubiera podido, que no podía, no me iba a poner a explicárselo a esos extraños. A alguien se le ocurrió mirar dentro del coche y un grito nos interrumpió a todos. La gente —parecían ser centenares— se amontonó ante las ventanas y se oyeron más gritos. Pensé por un momento que algo terrible podía haber ocurrido. Tal vez en el momento del choque... También yo me abrí paso hasta la ventanilla para ver, pero entonces recordé los rítmicos ronquidos y me aparté tranquila. El guardia debía de haber pensado que tenía ante sí un crimen importante. Hacía movimientos y emitía sonidos, como diciendo: «Vigiladla» o «no le quitéis la vista de encima». La familia volvió hacia mí: esa vez no se me acercaron tanto, pero su actitud era más amenazadora y, cuando pude distinguir una pregunta coherente — «¿Quién es?» —, respondí seca y con la mayor indiferencia que pude: «Mi padre». Por ser un pueblo de estrechos lazos familiares y fiestas semanales, entendieron de repente la situación. Yo era una pobre niñita que cuidaba de su padre borracho, quien se había quedado hasta demasiado tarde en la feria. «Pobrecita.»

El guardia, el padre y uno o dos niños pequeños iniciaron la hercúlea tarea de despertar a Papá. Yo me quedé contemplándolos con expresión indiferente, mientras el resto de la gente se paseaba haciendo ochos en torno a mí y su automóvil, muy arañado. Los dos hombres lo sacudían y jalaban, mientras los niños daban saltos sobre el pecho de mi padre. Atribuyo el éxito de los intentos a la intervención de los niños. Bailey Johnson padre se despertó en español: «¿Qué tienes? ¿Qué pasa? ¿Qué quieres?». Cualquier otro habría preguntado: «¿Dónde estoy?». Evidentemente, se trataba de una experiencia mexicana común y corriente. Cuando vi que estaba bastante lúcido, me acerqué al coche, aparté con calma a la gente y dije desde el altivo nivel de quien había conseguido meter en cintura a un coche merodeador y salvar una montaña solapada: «Papá, ha habido un accidente». Me fue reconociendo gradualmente y pasó a ser el padre anterior a la fiesta mexicana.

«¿Un accidente, eh? Hum... ¿Quién ha tenido la culpa? ¿Tú, Marguerite? Humm... ¿Has sido tú?»

Habría sido fútil contarle cómo había yo dominado su coche y lo había conducido durante casi cincuenta y cinco millas. Ahora no esperaba, ni necesitaba siquiera, su aprobación.

«Sí, Papá, he chocado con un coche.»

Aún no se había sentado del todo, por lo que no podía saber dónde estábamos, pero, desde el suelo en que reposaba, como si esa posición fuese la más lógica, dijo: «En la guantera: los papeles del seguro. Cógelos y humm... dáselos a la policía y después vuelve».

El guardia metió la cabeza por la otra puerta, antes de que yo pudiese preparar una respuesta acerba, pero educada. Pidió a Papá que saliese del coche. Mi padre, que nunca perdía la calma, buscó en la guantera y sacó los papeles doblados y la botella a medias que unas horas antes había guardado en ella. Dedicó al guardia una de sus risas más políticas y bajó del coche por etapas. Una vez en el suelo, sobresalía como un gigante por encima de aquellas personas irritadas. Se hizo una rápida composición de lugar y después echó el brazo por el hombro al otro conductor, con amabilidad y sin la menor condescendencia, se inclinó para hablar con el guardia y los tres hombres se dirigieron a la garita. Al cabo de pocos minutos, estallaron risas en la choza y la crisis había acabado, pero también la diversión.

Papá estrechó las manos a todos los hombres, dio palmaditas a los niños y sonrió con gracia a las mujeres. Después, y sin echar un vistazo a los daños de los coches, se colocó con agilidad al volante. Me llamó para que montara y, como si media hora antes no hubiera estado borracho perdido, condujo impecablemente hacia casa. Dijo no estar enterado de que yo supiese conducir y me preguntó si me gustaba su coche. Yo estaba enojada porque se hubiera recuperado tan rápido y me sentía decepcionada porque no hubiese apreciado la grandeza de mi hazaña, conque respondí que sí a la afirmación y a la pregunta. Antes de que llegáramos a la frontera, bajó la ventanilla y el aire fresco, que se agradecía, resultaba demasiado frío. Me dijo que cogiera su chaqueta del asiento trasero y me la pusiese. Entramos en la ciudad sumidos en un silencio frío y distante.

31

Dolores estaba sentada —parecía— en el mismo sitio que la noche anterior. Su postura era tan similar, que resultaba difícil creer que se hubiese acostado, hubiera desayunado o incluso se hubiese atusado su firme peinado. Papá dijo en tono forzadamente alegre: «Hola, chiquilla», y se dirigió al baño. Yo la saludé: «Hola, Dolores» (hacía tiempo que habíamos abandonado la pretensión de una relación familiar). Ella respondió, breve pero educadamente, y ensartó su atención por el ojo de su aguja. Ahora estaba haciendo, prudente, unas cortinas muy monas para la cocina, que pronto opondrían resistencia al viento con la rigidez del almidón. Yo, como no tenía nada más que decir, me fui a mi cuarto. Al cabo de unos minutos, en la sala de estar sobrevino una discusión que me resultaba tan audible como si los tabiques fueran sábanas de muselina.

«Bailey, has dejado que tus hijos se interpongan entre nosotros.»

«Chiquilla, eres demasiado sensible. Los chicos... humm... mis chicos no pueden interponerse entre nosotros, a no ser que tú les dejes.»

«¿Cómo voy a impedirlo? —dijo ella llorando—. Lo están haciendo.»

Después dijo: «Has dejado tu chaqueta a tu hija».

«¿Qué querías? ¿Que la dejara morir congelada? ¿Es eso lo que te habría gustado, chiquilla?» Se echó a reír. «Te habría gustado, ¿verdad?»

«Bailey, de sobra sabes que yo quería apreciar a tus hijos, pero...» No tuvo valor para describirnos.

«¿Por qué demonios no dices lo que piensas? ¿Sabes lo que te digo? Que eres una presumida. Eso dijo Marguerite y tenía razón.»

Temblé al pensar cómo iba a aumentar esa revelación su iceberg de odio hacia mí.

«Marguerite puede irse al infierno, Bailey Johnson. Voy a casarme contigo, no con tus hijos.»

«Peor para ti, desgraciada. Me voy. Buenas noches.»

Se oyó un portazo. Dolores estuvo llorando quedamente e interrumpiendo los lastimosos gimoteos para sonarse, muy fina, la nariz con el pañuelo.

En mi habitación, pensé que mi padre era mezquino y cruel. Había estado disfrutando su vacación mexicana y, aun así, no era capaz de brindar un poco de amabilidad a la mujer que había esperado, paciente, mientras se ocupaba de sus tareas domésticas. No me cabía duda de que sabía que él había estado bebiendo y debía de haber advertido que, aunque habíamos estado fuera más de doce horas, no habíamos traído ni una tortilla a la casa.

Sentí lástima e incluso un poco de culpa. También yo me lo había pasado bien. Había estado comiendo chicharrones, mientras ella probablemente estuviera rezando para que volviese sano y salvo. Yo había derrotado a un coche y una montaña, mientras ella se hacía cábalas sobre la fidelidad de mi padre. Ese trato no era justo ni amable, conque decidí ir a consolarla. La idea de diseminar compasión indiscriminada o, para ser más exactos, brindársela a alguien que no me importaba, me extasió. Yo era básicamente buena. No me entendían ni me apreciaban siquiera, pero, aun así, era justa y más que justa: compasiva. Me situé en el centro de la sala, pero Dolores no levantó la vista en ningún momento. Metía el hilo por entre la tela floreada como si se estuviera cosiendo los rasgados extremos de su vida. Con mi voz de Florence Nightingale, dije: «Dolores, no quiero interponerme entre Papá y tú. Me gustaría que me creyeras». Listo, ya estaba hecho. Mi buena acción equilibraba el resto del día.

Sin levantar la cara, dijo: «¿Quién te ha dado vela en este entierro, Marguerite? Es una falta de educación ponerse a escuchar las conversaciones de otras personas».

No podía ser tan tonta como para pensar que aquellas paredes de papel estaban hechas de mármol. Dejé que una pizquita de descaro se trasluciera en mi voz: «En mi vida he escuchado indebidamente conversaciones de otros. Hasta a un sordo le habría resultado difícil no oír lo que decíais. Quería decirte que no tengo interés en interponerme entre mi padre y tú. Eso es todo».

Mi misión había sido un fracaso y un éxito. Ella se negaba a hacer las paces, pero yo había adoptado una actitud favorable y cristiana. Me volví para marcharme.

«No, eso no es todo.» Levantó la vista. Tenía la cara hinchada y los ojos enrojecidos. «¿Por qué no vuelves con tu madre? Si es que tienes una madre.» Lo dijo en tono tan bajo, que igual podría haberme dicho que cocinara una olla de arroz. ¿Que si tenía madre? Pues se iba a enterar.

«Claro que tengo madre y es infinitamente mejor que tú y, además, más guapa e inteligente y...»

«Y —añadió con voz tan afilada como una cuchilla de afeitar— una puta.» Tal vez si yo hubiera sido mayor o hubiese tenido a mi madre conmigo durante más tiempo o hubiera entendido más profundamente la frustración de Dolores, mi respuesta no habría sido tan violenta. Lo que sé es que esa horrible acusación no afectó tanto a mi amor filial cuanto al fundamento de mi nueva existencia. Si hubiera habido la menor posibilidad de verdad en aquella acusación, yo no habría podido vivir, seguir viviendo, con Mamá, cosa que tanto deseaba.

Me acerqué a Dolores, enfurecida por la amenaza. «Te has ganado una bofetada, bicho malo y tonto.» La avisé y la abofeteé. Saltó de la silla como una pulga y, antes de que yo pudiera retroceder de un brinco, ya me había estrechado. Su cabello me rozaba la barbilla y con los brazos me tenía rodeada la cintura —parecía— dos o tres veces. Tuve que empujarla por los hombros con toda mi fuerza para liberarme de su abrazo de pulpo. Ninguna de las dos emitió un sonido hasta que por fin volví a sentarla en el sofá de un empujón. Entonces se puso a dar gritos, la muy idiota. ¿Qué se esperaba, si llamaba puta a mi madre? Salí de la casa. Por la escalera sentí algo húmedo en el brazo y, al bajar la vista, descubrí que era sangre. Sus gritos seguían surcando el aire vespertino como cantos planos al rebotar en la superficie de un lago, pero yo estaba sangrando. Me miré detenidamente el brazo, pero no tenía ningún corte. Me llevé de nuevo el brazo a la cintura y, cuando lo aparté, estaba de nuevo cubierta de sangre. Tenía un corte. Antes de que pudiera entenderlo del todo o lo suficiente para reaccionar, Dolores abrió la puerta sin dejar de gritar y, al verme, en lugar de cerrarla de un portazo, corrió como una loca escaleras abajo. Le vi un martillo en la mano y, sin pararme a pensar si podría quitárselo, salí huyendo. Por segunda vez en el mismo día, el coche de Papá estaba en un patio y me ofrecía un refugio magnífico. Me metí en él, subí las ventanillas y cerré la puerta. Dolores dio vueltas en torno al coche gritando como un alma en pena y con la cara desfigurada por la furia.

Bailey padre y los vecinos a los que había ido a visitar respondieron ante los gritos y se apiñaron en torno a ella. Dijo a voces que yo me había lanzado sobre ella y había intentado matarla y que no se le ocurriera a Bailey volver a traerme a la casa. Sentada en el coche, yo sentía la sangre deslizárseme hasta las nalgas, mientras esas personas se calmaban y aplacaban su rabia. Mi padre me indicó por señas que abriera la ventanilla y, cuando lo hice, dijo que iba a llevar a Dolores dentro, pero que yo me quedara en el coche y que después volvería a ocuparse de mí.

Los acontecimientos del día se arracimaban sobre mí y me cortaban la respiración. Después de todas las victorias decisivas de aquel día, mi vida iba a acabar en una muerte pringosa. Si Papá se quedaba mucho rato en la casa, yo tenía demasiado miedo para acercarme a la puerta y pedirle que saliera y, además, mi formación femenina no me permitía dar dos pasos con sangre en el vestido. Como había temido o, mejor dicho, sabido siempre, las penalidades habían sido en vano. (El miedo a la futilidad ha sido el azote de toda mi vida.) La excitación, la aprensión, el alivio y la ira me habían dejado sin movilidad. Esperé a que el Hado, el que tira de las cuerdas, dictara mis movimientos.

Al cabo de pocos minutos, mi padre bajó la escalera, montó en el coche y cerró, irritado, de un portazo. Se sentó en un punto cubierto de sangre y yo no lo avisé. Debía de estar pensando qué hacer conmigo, cuando se sintió la humedad en los pantalones.

«¿Qué demonios es esto?» Se puso de costado y se pasó la mano por los pantalones. Al tenue reflejo de la luz del porche, su mano apareció roja. «¿Qué es esto, Marguerite?»

Dije con una frialdad de la que él debería haberse sentido orgulloso: «Tengo un corte».

«¿Cómo que tienes un corte?»

Solo duró un precioso minuto, pero por una vez logré ver a mi padre perplejo.

«Un corte.» Era tan delicioso. No me importaba estar desangrándome en los asientos de tela escocesa.

«¿Cuándo ha sido? ¿Quién te lo ha *efectuado*?»

Ni siquiera en un momento decisivo podía Papá usar una palabra tan vulgar como «hacer».

«Ha sido Dolores.»

La economía de palabras revelaba mi desprecio por todos ellos.

«¿Es grande?»

Debería haberle recordado que yo no era médico y, por tanto, no estaba preparada para hacer un examen completo, pero la insolencia habría reducido mi ventaja.

«No sé.»

Puso el coche en marcha con facilidad y comprendí,

llena de envidia, que, aunque yo había conducido su coche, no sabía conducir.

Pensaba que íbamos a un hospital de urgencias, por lo que me puse a hacer, serena, planes para mi muerte y mi testamento. Mientras fuera sumiéndome en la noche eterna del tiempo, diría al doctor: «El dedo en movimiento escribe y, tras haberlo hecho, sigue adelante...», y mi alma se escaparía con elegancia. Bailey recibiría mis libros, mis discos de Lester Young y mi amor desde el otro mundo. Cuando el coche se detuvo, me había entregado, con mi debilidad, al olvido.

Papá dijo: «Bueno, nena... humm... vamos».

Estábamos en un paso de carruajes de una casa extraña y, antes incluso de que yo me hubiese apeado, él ya estaba en la escalera de una casa estilo rancho, típica de la California del Sur. Sonó la campanilla y me hizo una señal desde lo alto de la escalera. Cuando se abrió la puerta, me indicó que me quedase fuera. Al fin y al cabo, estaba goteando y, según vi, la sala de estar estaba cubierta con una alfombra. Papá entró, pero no cerró la puerta del todo y, al cabo de unos minutos, una mujer me llamó con un susurro desde un lateral de la casa. La seguí a una sala de recreo y ella me preguntó dónde tenía la herida. Estaba serena y su preocupación parecía sincera. Me alcé la falda y las dos miramos la herida abierta en mi costado. Vimos —ella con alegría y yo con decepción— que los bordes habían empezado a coagularse. Lavó el desgarro con agua de hamamelis y lo cubrió con tiritas extralargas que dejó muy tirantes. Después fuimos a la sala de estar. Papá estrechó la mano al hombre con quien había estado hablando, dio las gracias a mi enfermera de emergencia y nos marchamos.

En el coche me explicó que ese matrimonio eran amigos suyos y había pedido a la esposa que me examinara. Según me contó, le había dicho que, si la laceración no era demasiado profunda, le agradecería que me la curase. De lo contrario, habría tenido que llevarme a un hospital. ¿Me imaginaba el escándalo, si la gente se enteraba de que su hija, la hija de Bailey Johnson, había recibido un corte de su amiga? Al fin y al cabo, era masón, «alce», dietético de la Marina y el primer diácono negro de la Iglesia Luterana. Si nuestra desgracia hubiera pasado a ser de dominio público, ningún negro de la ciudad habría podido caminar con la cabeza bien alta. Mientras la señora (nunca supe su nombre) me curaba la herida, él había telefoneado a otros amigos y habían quedado en que yo pasaría la noche con ellos. En otro remolque extraño de otro aparcamiento de casas-remolque, me recibieron y me dieron ropa para pasar la noche y una cama. Papá dijo que vendría a buscarme el día siguiente hacia el mediodía.

Me acosté y dormí como si mi deseo de muerte se hubiera hecho realidad. Por la mañana, ni los alrededores vacíos y desconocidos ni la tirantez en el costado me molestaron. Hice y tomé un gran desayuno y me senté a leer una revista elegante para esperar a Papá.

A los quince años, la vida me había enseñado indiscutiblemente que el abandono, llegado el momento, era tan honorable como la resistencia, sobre todo si no tenías otra opción.

Cuando llegó mi padre, con una chaqueta echada sobre el uniforme de algodón rayado de dietético de la Marina, me preguntó cómo me encontraba, me dio un dólar y medio y un beso y dijo que volvería a pasar a la caída de la tarde. Se rio como de costumbre. ¿Estaría nervioso?

Al quedarme sola, me imaginé a los propietarios encontrándose, a su vuelta, conmigo en la casa y me di cuenta de que ni siquiera recordaba su cara. ¿Cómo iba a poder soportar su desprecio o su lástima? Si yo desaparecía, Papá se sentiría aliviado y no digamos Dolores. Vacilé casi demasiado tiempo. ¿Qué iba a hacer? ¿Tendría valor para suicidarme? Si me lanzaba al mar, ¿no saldría toda hinchada como el ahogado que Bailey había visto en Stamps? Al pensar en mi hermano, vacilé. ¿Qué habría hecho él? Esperé un momento y luego otro y entonces él me ordenó que me marchara, pero no te mates. Siempre podrás hacerlo, si la situación se pone bastante fea.

Hice unos bocadillos de atún, llenos de pepinillos, me guardé unas cuantas tiritas en el bolsillo, conté el dinero (tenía tres dólares y pico, más algunas monedas mexicanas) y me marché. Cuando oí el portazo en la entrada, comprendí que la suerte estaba echada. No tenía llave y nada en el mundo me induciría a quedarme por allí hasta que los amigos de Papá volvieran y me dejasen, compasivos, volver a entrar.

Ahora que estaba libre, me puse a pensar en mi futuro. La solución evidente para mi desamparo me afectaba solo brevemente. Podía ir a casa de Mamá, pero no podía. Nunca lograría ocultarle la herida en el costado. Ella era demasiado perspicaz para no notar el bulto de las tiritas y mis gestos de protección de la herida y, si no lograba ocultar la herida, podíamos estar seguros de que viviríamos otra escena de violencia. Me acordé del pobre señor Freeman y, aun después de tantos años, la culpa que abrigaba mi corazón era una presencia mental que no me dejaba en paz.

32

Pasé el día vagando sin rumbo por las calles luminosas. Los ruidosos salones recreativos, con sus pandillas de marineros y niños, carcajadas y juegos de azar, resultaban tentadores, pero, después de entrar en uno de ellos, me resultó evidente que solo podía ganar más oportunidades y no dinero. Fui a la biblioteca y pasé parte del día leyendo ciencia-ficción y en su lavabo de mármol me cambié la venda.

En una calle plana, pasé por delante de un depósito de chatarra lleno de coches viejos abandonados. En cierto modo, aquellas carracas abandonadas eran tan repelentes, que decidí inspeccionarlas. Mientras avanzaba zigzagueando entre aquellos desechos, se me ocurrió una solución temporal. Buscaría un coche limpio o casi limpio y pasaría la noche en él. Con el optimismo de la ignorancia, pensé que la mañana habría de aportar una solución más agradable. Un gran coche gris, próximo a la valla, atrajo mi atención. Sus asientos no estaban desgarrados y, aunque no tenía ruedas ni llantas, estaba asentado y equilibrado sobre los guardabarros. La idea de dormir casi al aire libre contribuyó a mi sensación de libertad. Me sentía como una cometa suelta flotando en un viento suave y mi única ancla era mi voluntad. Tras elegir el coche, me metí en él y me comí los bocadillos de atún y después examiné el piso por si había agujeros. El miedo a que pudieran colarse ratas y comerme la nariz, mientras dormía (los periódicos habían hablado recientemente de algunos casos), era más alarmante que las sombras de aquellas carracas o la noche que estaba cayendo rápida. Sin embargo, el gris objeto de mi elección parecía a prueba de ratas y abandoné mi idea de dar otro paseo: decidí quedarme sentada y esperar a que llegara el sueño.

Mi coche era una isla y el depósito de chatarra un mar y estaba totalmente sola y muy calentita. La tierra firme estaba a la distancia de una decisión. Al hacerse de noche, se encendieron las farolas de la calle y las luces de los coches en movimiento con su penetrante escudriñar formaban los límites de mi mundo. Conté los faros, dije mis oraciones y me quedé dormida.

La luz de la mañana me despertó y me vi rodeada de un mundo extraño. Había resbalado del asiento y dormido toda la noche en una posición desgarbada. Al forcejear con mi cuerpo para erguirme, vi un *collage* de rostros negros, mexicanos y blancos ante las ventanillas. Se reían y movían la boca como si hablaran, pero sus sonidos no penetraban en mi refugio. Había una curiosidad tan evidente en sus facciones, que no se marcharían —comprendí— hasta que supiesen quién era yo, por lo que abrí la puerta y me dispuse a ofrecerles cualquier historia (incluso la verdad) para que me dejaran en paz.

Las ventanillas y mi adormilamiento les habían deformado las facciones. Yo había pensado que eran adultos y tal vez gigantes del país de Brobdingnag, al menos. Al encontrarme fuera, descubrí que solo había una persona más alta que yo y que yo solo era unos pocos años más joven que cualquiera de ellos. Me preguntaron cómo me llamaba, de dónde procedía y por qué había acabado en el depósito de chatarra. Aceptaron mi explicación de que era de San Francisco, me llamaba Marguerite, pero me llamaban Maya, y, sencillamente, no tenía dónde pasar la noche. El muchacho alto, que dijo llamarse Bootsie, me dio, generoso, la bienvenida y dijo que podía quedarme mientras observara su norma: dos personas de sexo opuesto no podían dormir juntas. De hecho, a no ser que lloviera, cada uno de ellos tenía su recinto privado para dormir. Como algunos de los coches tenían goteras, el mal tiempo los obligaba a formar parejas. No había robos, no por razones de moralidad, sino porque un delito atraería a la policía hasta el depósito y, como todos eran menores de edad, era probable que los enviaran a vivir con familias adoptivas o los llevasen ante un tribunal de menores. Todos trabajaban en algo. La mayoría de las chicas recogían botellas y, los fines de semana, trabajaban en tabernuchas. Los chicos cortaban el césped de casas, barrían salas de billar y hacían recados para tiendas pequeñas, propiedad de negros. Bootsie guardaba todo el dinero, que utilizaban en común.

Durante el mes que pasé en el depósito, aprendí a conducir (el hermano mayor de uno de los muchachos tenía un coche que funcionaba), decir tacos y bailar. Lee Arthur era el único chico que andaba con la pandilla, pero vivía en casa con su madre. La señora Arthur trabajaba por las noches, conque los viernes por la noche todas las chicas iban a su casa a bañarse. Hacíamos la colada en la lavandería automática, pero las prendas que necesitaban un planchado se llevaban a la casa de Lee y la tarea de planchar, como todo lo demás, se compartía.

Los sábados por la noche participábamos en el concurso de *jitterbug* en The Silver Slipper, supiésemos o no bailar. Los premios eran tentadores (veinticinco dólares para la primera pareja, diez para la segunda y cinco para la tercera), por lo que Bootsie dijo, con mucha lógica, que, si participábamos todos, teníamos más posibilidades. Mi pareja era Juan, el muchacho mexicano, y, aunque sabía bailar tan poco como yo, causábamos sensación en la pista. Él era muy bajo y tenía una mata de pelo liso y negro que hendía el aire en torno a su cabeza, cuando giraba sobre su eje, y yo era delgada, negra y alta como un árbol. El último fin de semana que pasé en el depósito, llegamos a ganar el segundo premio. El baile que ejecutamos era imposible de repetir ni describir, excepto diciendo que la pasión con que nos lanzábamos mutuamente por la pequeña pista de baile era similar al ahínco de que dan muestra los participantes en combates de lucha libre y de cuerpo a cuerpo.

Al cabo de un mes, mis procesos mentales habían cambiado tanto, que ni yo misma me reconocía apenas. La aceptación incondicional de mis compañeros había acabado con mi habitual inseguridad. ¡Qué extraño que fueran los niños sin hogar, el légamo del desvarío de la guerra, quienes me iniciaran en la fraternidad humana! Después de ir recogiendo botellas intactas y vendiéndolas con una chica blanca de Misuri, una mexicana de Los Ángeles y una negra de Oklahoma, nunca iba a volver a sentirme tan sólidamente fuera de los límites de la especie humana. La falta de críticas que revelaba nuestra tan particular comunidad me influyó e infundió un tono de tolerancia a mi vida.

Telefoneé a Mamá (su voz me recordó a otro mundo) y le pedí que me reclamara a casa. Cuando dijo que iba a enviar a Papá mi billete de avión, le expliqué que sería más fácil que lo enviara simplemente a la compañía aérea y yo iría a recogerlo. Con la elegancia y la naturalidad características de Mamá, cuando se le brindaba una oportunidad de ser magnánima, accedió.

La vida en libertad que habíamos llevado me hizo pensar que mis nuevos amigos no se mostrarían demasiado efusivos ante mi marcha. No me equivocaba. Después de recoger mi billete, anuncié como si tal cosa que me marchaba el día siguiente. Aceptaron mi revelación al menos con el mismo grado de indiferencia (solo que no era una pose) y todos me expresaron sus buenos deseos. No quise despedirme del depósito de chatarra ni de mi coche, por lo que pasé la última noche en un cine de sesión continua nocturna. Una chica, cuyos nombre y rostro se me han borrado con los años, me dio un anillo de «amistad eterna» y Juan me dio un pañuelo de encaje negro, por si alguna vez quería ir a la iglesia.

Llegué a San Francisco más delgada de lo habitual, bastante desgreñada y sin equipaje. Mamá me echó un vistazo y dijo: «¿Tan duro es el racionamiento en casa de tu padre? Más vale que tomes algo de comida para que cubra todos esos huesos». Puso manos a la obra y, al cabo de poco, ya estaba, como ella dijo, «marchando» y me vi sentada a una mesa con mantel y cuencos de comida, preparados expresamente para mí.

Volvía a estar en casa. Y mi madre era una mujer excelente. Dolores era una idiota y —lo más importante— una mentirosa.

33

Después del viaje al Sur, la casa parecía más pequeña y la lozanía del anterior encanto de San Francisco se había deslustrado en los bordes. Los adultos habían perdido la expresión de sabiduría en el rostro. Pensé que yo había enterrado algo de juventud a cambio de conocimiento, pero lo ganado superaba a lo perdido.

Bailey se había hecho mucho mayor también: mucho más que yo incluso. Durante aquel verano tan destructor de la juventud, había hecho amistad con un grupo de chicos, muy pirillas, de la calle. Su lenguaje había cambiado. No cesaba de soltar términos jergales en sus frases, como quien echa croquetas en una sartén. Puede que se alegrara de verme, pero no lo demostró demasiado. Cuando intenté contarle mis aventuras y desventuras, respondió con la más absoluta indiferencia, lo que me paralizó la lengua. Sus nuevos compañeros invadían el cuarto de estar y los pasillos, ataviados con el extravagante estilo de los aficionados al jazz: sombreros de ala ancha y largas cadenas serpenteantes colgadas del cinturón. Bebían ginebra de endrino en secreto y contaban chistes verdes. Aunque yo no tenía pesares, me dije con tristeza que el de crecer no era el proceso indoloro que se podía pensar.

En un aspecto, mi hermano y yo nos encontramos más próximos. Yo había adquirido la destreza para bailar en público. Todas las lecciones de Mamá, que bailaba con tanta facilidad, no habían dado fruto inmediato, pero con mi nueva seguridad, que tanto me había costado conseguir, podía entregarme a los ritmos y dejarles que me impulsaran hacia donde quisiesen.

Mamá nos dejaba ir a los bailes de las grandes orquestas de jazz en el abarrotado auditorio de la ciudad. Bailábamos el *jitterbug* con Count Basie, el *lindy* y el *big apple* con Cab Calloway y el *halftime Texas hop* con Duke Ellington. Al cabo de unos meses, el guapo de Bailey y su alta hermana eran famosos y conocidos como «los locos por el baile» (calificación exacta).

Aunque había arriesgado mi vida (no intencionalmente) en su defensa, la fama, el buen nombre y el prestigio en la comunidad de Mamá dejaron o casi de tener interés para mí. No era que la estimara menos, sino que me interesaba menos por todo y por todos. Con frecuencia pensaba en el tedio de la vida, una vez conocidas todas sus sorpresas. Al cabo de dos meses, había quedado hastiada.

Mamá y Bailey estaban enredados en la maraña edípica. Ninguno de los dos podía vivir sin —ni con— el otro; sin embargo, las imposiciones de la conciencia, la sociedad, la moralidad y el *ethos* dictaron una separación. Con una excusa trivial, Mamá ordenó a Bailey que se marchara de la casa. Con una excusa igualmente trivial, él obedeció. Bailey tenía dieciséis años, era bajo para su edad, listo para cualquier edad y amaba locamente a Mamá querida. Los héroes de esta eran sus amigos, barandas de organizaciones de timadores. Llevaban abrigos de Chesterfield de doscientos dólares, zapatos Busch de cincuenta dólares el par y sombreros Knox. Llevaban sus monogramas en las camisas y las uñas arregladas por manicura. ¿Cómo podía un muchacho de dieciséis años aspirar a competir con semejantes rivales, que lo eclipsaban? Hizo lo que debía hacer. Se consiguió una ajada prostituta blanca, un anillo con diamante en el meñique y una chaqueta de *tweed* Harris con mangas raglán. No era consciente de que sus nuevas posesiones eran el «ábrete, Sésamo» para la aceptación de Mamá querida y ella no tenía idea de que sus preferencias incitaran a su hijo a cometer semejantes excesos.

Yo oía y contemplaba, desde bastidores, la pavana de la tragedia avanzar inexorablemente hacia su culminación. Era imposible impedirlo, ni pensarlo siquiera. Más fácil habría sido preparar la interrupción de una salida del sol o de un huracán. Si bien Mamá era una mujer hermosa que exigía el tributo de obediencia a todos los hombres, también era madre, una madre «pero que muy buena», y no iba a permitir que un hijo suyo fuera explotado por una puta blanca y consumida, que quería chuparle la juventud y echarlo a perder para la vida adulta. Eso, ni hablar, ¡qué leche!

Bailey, por su parte, era su hijo, como ella su madre. No tenía intención de someterse ni siquiera a la mujer más hermosa del mundo. El hecho de que diese la casualidad de que fuera su madre no mermaba lo más mínimo su determinación.

¿Marcharse? Pues claro que sí, ¡qué leche! ¿Mañana? ¿Y por qué no hoy? ¿Hoy? ¿Y por qué no ahora mismo? Pero ninguno de los dos podía tomar la iniciativa hasta que se hubieran dado todos los pasos requeridos.

Durante las semanas de enconadas peleas, yo fui una observadora sin esperanza. No nos estaban permitidas las palabrotas y ni siquiera el sarcasmo evidente, pero Bailey hacía malabarismos con la lengua para soltar a Mamá gotas de alumbre. Ella lanzaba sus «viajes» (explosiones apasionadas que con toda seguridad arrancaban la piel del pecho al hombre más fuerte) y después lo lamentaba (solo ante mí) con actitud encantadora.

Yo había quedado al margen de sus luchas de poder/amor. Más correcto sería decir que, como ninguno de los dos necesitaba una claque, me dejaron olvidada en la barrera.

Yo era un poco como Suiza en la segunda guerra mundial. A mi alrededor estallaban los proyectiles, sufrían las personas y yo me sentía impotente dentro de los límites de la neutralidad impuesta: las esperanzas se disipaban. La confrontación, que trajo la calma, se produjo sin previo aviso una noche como cualquier otra. Eran más de las once, por lo que dejé la puerta entornada con la esperanza de oír a Mamá salir o el crujido de los pasos de Bailey al subir, sigiloso, la escalera.

Del tocadiscos del primer piso llegó la voz de Lonnie Johnson cantando «¿Recordarás mañana por la noche lo que has dicho esta noche?». Se oían tintineos de vasos y las voces llegaban confundidas en un susurro. En el piso de abajo, resplandecía una fiesta y Bailey había desafiado el toque de queda, fijado por Mamá a las once de la noche. Si volvía antes de medianoche, ella podría haberse contentado con azotarle la cara con el flagelo de sus palabras.

Dieron las doce y al instante pasaron y yo me erguí en la cama y extendí las cartas para el primero de muchos solitarios.

«¡Bailey!»

Las manillas de mi reloj formaban la desigual V de la una de la madrugada.

«¿Sí, Mamá querida?» En guardia. Dio a su voz una inflexión agridulce y acentuó la palabra «querida».

«Supongo que eres un hombre... Bajad esa música.» Esto último lo gritó a los que estaban de jarana.

«Soy tu hijo, Mamá querida.» Rápida réplica.

«¿Son las once, Bailey?» Esa era una finta encaminada a sorprender al contrincante con la guardia bajada.

«Son más de la una, Mamá querida.» Él había sido el primero en sacar y a partir de entonces los lances tendrían que ser directos.

«Clidell es el único hombre en esta casa y si tú te crees tan hombre...» Su voz se descargó como una navaja en un asentador.

«Me marcho ahora mismo, Mamá querida.» El tono deferente subrayó el contenido de su anuncio. Con un golpe incruento había atravesado la visera de ella.

Ahora a ella, completamente al descubierto, no le quedaba otro recurso que el de lanzarse de cabeza por el túnel de su ira.

«Pues venga: ¡echando leches de una puta vez!»

Y, mientras se oía el taconeo de ella por el linóleo del

pasillo, Bailey subió la escalera zapateando hasta su cuarto.

Cuando por fin llega la lluvia y limpia la atmósfera de su turbio ocre, nosotros, que no pudimos controlar ese fenómeno, nos sentimos aliviados. La sensación casi sobrenatural: ser testigo del fin del mundo da paso a cosas tangibles. Aun cuando las sensaciones posteriores no sean comunes, al menos no son misteriosas.

Bailey se marchaba de casa. A la una de la mañana, mi hermanito, que en mis días de soledad pasados en el infierno me había protegido de duendes, gnomos, geniecillos y diablos, se marchaba de casa.

Yo había sabido, desde el principio, el resultado inevitable y también que no me atrevía a fisgar en la mochila de su infelicidad, ni siquiera para ofrecerme a ayudarlo a cargar con ella.

Contra mi propio criterio, fui a su habitación y lo encontré metiendo su cuidada ropa en una funda de almohada. Su madurez me puso violenta. En su carita, contraída como un puño, no encontré vestigio alguno de mi hermano y cuando, no sabiendo qué decir, le pregunté si podía ayudarlo, respondió: «¡Déjame en paz ya, joder!».

Me apoyé en la jamba, para aportarle mi presencia física, pero no dije nada más.

«Quiere que me vaya, ¿no? Pues me voy a largar tan rápido de aquí, que van a saltar chispas. ¿Dice que es madre? ¡Sí, sí! ¡Y una leche! No va a verme el pelo más. Saldré adelante. Siempre saldré adelante.»

En un momento dado, advirtió que yo seguía en el umbral y su conciencia se abrió para recordar nuestra relación.

«Maya, si quieres marcharte ahora, vente. Yo me hago cargo de ti.»

No esperó a una respuesta, sino que con la misma rapidez volvió a hablarse a sí mismo. «Ella no me va a echar de menos y yo estoy más seguro que la leche de que no voy a echarla de menos. Al diablo ella y todos los demás.»

Había acabado de apretujar los zapatos sobre las camisas y los pantalones y, por último, metió un hato de calcetines. Volvió a acordarse de mí.

«Maya, puedes quedarte con mis libros.»

Mis lágrimas no eran por Bailey ni por Mamá ni por mí siquiera, sino por el desamparo de los mortales, que viven con el sufrimiento que entraña la vida. Para evitar aquel final amargo, habríamos debido volver a nacer todos y con el conocimiento de otras opciones y aun así...

Bailey cogió la atestada funda de almohada y se lanzó por delante de mí en pos de las escaleras. Después de que se oyera el portazo, los sonidos del tocadiscos del piso de abajo dominaron la casa y Nat King Cole aconsejó al mundo «corregir el rumbo y volar bien derechito»: como si pudiera, como si los seres humanos pudiesen elegir.

La mañana siguiente, Mamá tenía los ojos rojos y la cara hinchada, pero puso la sonrisa que significaba: «¡Todo pasa y todo queda!», y giraba en circulitos preparando el desayuno, haciendo lo que debía hacer y alegrando el rincón en que se encontrara. Nadie habló de la ausencia de Bailey, como si la situación fuera como debía ser y siempre había sido.

La casa humeaba con los pensamientos no expresados

y yo me veía obligada a irme a mi habitación para poder respirar. Estaba convencida de saber hacia dónde se había dirigido Bailey la noche anterior y me propuse buscarlo y ofrecerle mi apoyo. Por la tarde, fui a una casa con mirador tras cuyo cristal había el rótulo «Habitaciones» en letras verdes y anaranjadas. Una mujer de cualquier edad superior a treinta respondió a mi timbrazo y dijo que Bailey Johnson estaba al final de la escalera.

Tenía los ojos tan rojos como los de Mamá, pero su cara había relajado un poco la contracción de la noche anterior. De forma casi ceremoniosa, me invitó a pasar al cuarto, en el que había una cama limpia con colcha de felpilla, un sillón, una chimenea con una estufa de gas y una mesa.

Empezó a hablar para disimular la inhabitual situación en que nos encontrábamos.

«Es agradable este cuarto, ¿verdad? Ya sabes que ahora es muy difícil encontrar habitaciones, con la guerra y demás... Betty vive aquí (era la prostituta blanca) y me ha conseguido este sitio... Mira, Maya, es mejor así... Quiero decir, soy un hombre y tengo que ser independiente...»

Me puso furiosa que no lanzase imprecaciones ni denostara a las Parcas o a Mamá ni se hiciese, al menos, la víctima.

«En fin —empecé a decir—, si Mamá fuera una madre de verdad, no habría...»

Me interrumpió, alzando su negra manita, como para hacerme leer la palma. «Espera, Maya, ella tenía razón. En la vida de todo hombre hay un momento...»

«Bailey, tú tienes dieciséis años.»

«Cronológicamente, sí, pero me siento como si los hubiera cumplido hace mucho. En cualquier caso, llega un momento en que un hombre ha de salir de las faldas de su madre y afrontar la vida solo... Como he dicho a Mamá querida, he llegado...»

«¿Cuándo has hablado con Mamá?»

«Esta mañana, he dicho a Mamá querida...»

«¿La has telefoneado?»

«Sí. Y ha venido aquí. Hemos tenido una conversación muy fructífera —elegía las palabras con la precisión de un profesor de catequesis—. Lo entiende perfectamente. En la vida de todo hombre llega un momento en que debe partir del muelle de la seguridad hacia el mar azaroso... En cualquier caso, va a hablar con un amigo suyo de Oakland para meterme en la Southern Pacific. Maya, es solo un comienzo. Voy a empezar como camarero del vagón-restaurante y después interventor y, cuando sepa todo lo que hay que saber al respecto, ampliaré mis horizontes... El futuro es prometedor. El hombre negro no ha empezado siquiera a asaltar los frentes de batalla. Yo voy a por todas.»

Su cuarto olía a grasa de cocinar, a Lysol y a viejo, pero su rostro revelaba la sinceridad de sus palabras y no tuve valor ni habilidad para arrastrarlo hasta la fétida realidad de nuestras vida y época.

En la habitación contigua, las putas se acostaban las primeras y se levantaban las últimas. En el piso de abajo había un alboroto —que duraba veinticuatro horas al día— de gente cenando pollo y jugándose el dinero. Los marineros y los soldados camino de la guerra y de la perdición cuarteaban los cristales de las ventanas y rompían los cerrojos a lo largo de varias manzanas de calles con la esperanza de dejar su huella en un edificio o en el recuerdo de una víctima: una oportunidad que aprovechar. Bailey permanecía arropado por su decisión y anestesiado por la juventud. Si yo hubiera tenido alguna idea que proponerle, no habría podido penetrar su infausta armadura, y lo más lamentable era que no se me ocurría idea alguna que proponerle.

«Soy tu hermana y haré lo que pueda.»

«Maya, no te preocupes por mí. Eso es lo único que quiero que hagas. No te preocupes. Va a ser chipendi lerendi.»

Abandoné su habitación porque habíamos dicho todo lo que podíamos decir y solo por eso. Las palabras no pronunciadas presionaban brutalmente contra los pensamientos que no teníamos habilidad para expresar y atestaban el cuarto hasta provocar desasosiego.

34

Posteriormente, mi cuarto tenía la misma alegría que un calabozo y el atractivo de una tumba. Iba a resultarme imposible permanecer en él, pero marcharme tampoco me atraía. Después de lo de México y del mes que había pasado en el cementerio de coches, escapar de casa iba a resultar decepcionante y aburrido, pero la necesidad de cambio se abría paso como una excavadora por el centro de mi cabeza.

Ya lo tenía. La respuesta se me ocurrió tan repentina como una colisión. Me pondría a trabajar. Mamá no sería difícil de convencer; al fin y al cabo, yo iba un curso adelantada en la escuela y ella creía firmemente en la independencia personal. En realidad, le iba a gustar saber que yo tenía tanta iniciativa, heredada de su carácter. (Le gustaba decir que ella era la «chica para todo» de su casa.)

Una vez que había decidido conseguir un empleo, lo único que faltaba era descubrir qué clase de empleo era el que me convenía más. Mi orgullo intelectual me había hecho abstenerme de seleccionar en la escuela asignaturas como mecanografía, taquigrafía o secretariado, por lo que había que descartar un trabajo de oficina. Las fábricas de armamentos y los astilleros pedían partidas de nacimiento y la mía revelaría que tenía quince años y no podía trabajar, conque también había que descartar los empleos, bien pagados, en la industria de la defensa. En los tranvías, los hombres habían quedado substituidos por mujeres en los puestos de cobradores y conductores y la idea de ascender y descender las colinas de San Francisco con uniforme azul obscuro y un aparato de cambiar monedas a la cintura me gustó.

Mamá se mostró tan complaciente como yo había previsto. El mundo cambiaba tan rápido, se estaba haciendo tanto dinero, estaba muriendo tanta gente en Guam y Alemania, que multitudes de desconocidos se hacían amigos de la noche a la mañana. La vida tenía poco precio y la muerte era totalmente gratuita. ¿Cómo iba a tener tiempo Mamá para pensar en mi carrera académica?

A su pregunta de qué pensaba hacer, respondí que me buscaría un trabajo en los tranvías. Rechazó la propuesta así: «No aceptan a personas de color en los tranvías».

Me gustaría afirmar que sentí una furia inmediata, a la que siguió la noble determinación de acabar con la tradición discriminatoria, pero la verdad es que mi primera reacción fue de decepción. Me había imaginado a mí misma vestida con un bonito traje de sarga azul, la máquina de cambiar dinero colgada con garbo de la cintura y una alegre sonrisa para los pasajeros que contribuyera a alegrar su jornada laboral.

De la decepción fui ascendiendo gradualmente la escala emocional hasta la indignación arrogante y, por último, hasta ese estado de terquedad en que la inteligencia queda trabada como las mandíbulas de un bulldog enfurecido.

Iba a ir a trabajar en los tranvías y a llevar un traje de sarga azul. Mamá me dio su apoyo con una de sus habituales acotaciones breves: «¿Es eso lo que quieres hacer? Entonces con probar nada se pierde. Pon en ello todo tu ser. Como te he dicho muchas veces, "no puedo" y "no me importa" son de la misma familia y carecen de hogar».

Traducido, quería decir que no había nada que no pudiera hacer una persona y no debía haber nada por lo que un ser humano no sintiese interés. No podía haberme dado mejores ánimos.

En las oficinas de la Compañía de Ferrocarril de Market Street, la recepcionista pareció tan sorprendida de verme allí como yo de contemplar su destartalado interior y la tristeza del decorado. No sé por qué, había esperado encontrarme con superficies enceradas y suelos alfombrados. Si no me hubieran opuesto resistencia, podría haber decidido no trabajar para una empresa de aspecto tan pobretón, pero, estando así las cosas, expliqué que había acudido a buscar un empleo. Me preguntó si me enviaba una agencia y, cuando respondí que no, me dijo que solo aceptaban solicitantes enviados por agencias.

En los anuncios por palabras de los periódicos matutinos figuraban demandas de conductoras y cobradoras y se lo recordé. Me puso una expresión de absoluto asombro, que mi carácter receloso se negó a aceptar.

«Vengo a solicitar el empleo que figura en el *Chronicle* de esta mañana y quisiera hablar con su jefe de personal.» Mientras yo hablaba con tono altanero y miraba la sala como quien tiene un pozo de petróleo en su propio patio, tenía la sensación de que millones de alfileres al rojo me estaban pinchando en los sobacos. Ella vio una escapatoria y se lanzó derecha a ella.

«Ha salido. Ha salido y hoy no volverá. Podría usted llamar mañana y, si está, estoy segura de que podrá verlo.» Después giró su silla sobre sus herrumbrosos tornillos y pareció que después de eso podía retirarme.

«¿Podría decirme cómo se llama?»

Se volvió a medias, fingiendo sorpresa por encontrarme todavía allí.

«¿Cómo se llama... quién?»

«Su jefe de personal.»

Estábamos firmemente unidas en la hipocresía para representar la escena.

«¿El jefe de personal? Ah, sí, es el señor Cooper, pero no estoy segura de que lo encuentre aquí mañana. Está... pero, bueno, puede intentarlo.»

«Gracias.»

«No hay de qué.»

Y salí de la mohosa sala al vestíbulo, aún más mohoso. En la calle nos vi, a la recepcionista y a mí, dando fielmente pasos trillados de tan familiares, aunque nunca antes me había encontrado en ese tipo de situación y probablemente ella tampoco. Éramos como actores que, aun conociendo la obra de memoria, seguíamos teniendo la capacidad —como si fuese la primera vez— de llorar por las tragedias antiguas y reír espontáneamente ante las situaciones cómicas.

Aquel desdichado y breve encuentro nada tenía que ver conmigo, con mi más profundo yo, como tampoco con aquella ridícula oficinista. El incidente era un sueño recurrente fabricado años antes por blancos estúpidos y que eternamente volvía a aparecérsenos a todos nosotros. La secretaria y yo éramos como Hamlet y Laertes en la escena final, en la que, por el daño causado por un antepasado a otro, estábamos obligadas a batirnos en duelo hasta la muerte, y también porque la obra debía acabar en algún momento.

No me limité a perdonar a la secretaria: la acepté como compañera, como víctima que era también ella del mismo titiritero.

En el tranvía, metí el importe en la caja y la cobradora me miró con la habitual expresión de dureza y desprecio de los blancos. «Siga, por favor, siga hacia adelante.» Dio un golpecito en la máquina de cambiar dinero.

Su nasal acento sureño interrumpió mi meditación y examiné más a fondo mis pensamientos: todo mentiras, mentiras cómodas. La recepcionista no era inocente y yo tampoco. Toda la charada que habíamos representado en aquella destartalada sala de espera tenía que ver directamente conmigo, que era negra, y con ella, que era blanca.

No avancé, sino que permanecí en la plataforma ante la cobradora, con mirada iracunda. Mi mente gritó tan enérgicamente, que el anuncio hizo que mis venas se hincharan y mi boca se apretase hasta quedar como reducida a una ciruela.

IBA A OBTENER ESE EMPLEO. IBA A SER COBRADORA Y A COLGARME DE LA CINTURA TODA UNA MÁQUINA DE CAMBIAR DINERO. SEGURO.

Las tres semanas siguientes fueron un panal de determinación con aberturas para que los días entraran y salieran. Las organizaciones negras a las que recurrí en busca de apoyo me enviaron de unas a otras como una pelota en la pista de bádminton. ¿Por qué insistía en ese empleo determinado? Había ofertas de trabajo con el doble de sueldo que mendigaban, literalmente, solicitantes. Los funcionarios inferiores con los que conseguí audiencia me consideraban loca. Posiblemente lo estuviera.

El centro de San Francisco se volvió ajeno y frío y las calles que yo había amado con familiaridad personal eran callejuelas desconocidas que serpenteaban con mala intención. Los edificios antiguos, cuyas grises fachadas rococó alojaban mis recuerdos de la «fiebre del oro», Diamond Lil, Robert Service, Sutter y Jack London, se habían vuelto estructuras imponentes y maliciosamente unidas para mantenerme excluida. Mis visitas a la oficina de la empresa de tranvías tenían la frecuencia de las de un empleado. La lucha se amplió. Ya no estaba solo en conflicto con la Compañía de Ferrocarriles de Market Street, sino también con el vestíbulo de mármol del edificio que albergaba sus oficinas y con los ascensores y sus operadores.

Durante aquel periodo de tensión, Mamá y yo dimos los primeros pasos por el largo sendero hacia la admiración mutua propia de personas adultas. Nunca me pidió información y yo nunca le ofrecí detalles, pero todas las mañanas hacía el desayuno y me daba el dinero para el tranvía y para el almuerzo, como si me fuera al trabajo. Comprendía la perversidad de la vida, la de que en la lucha estriba la alegría. Le resultaba evidente que yo no iba en pos de la gloria y también que tenía que agotar todas las posibilidades antes de rendirme.

Una mañana, cuando salía de casa, me dijo: «La vida te va a dar exactamente lo que pongas en ella. Pon todo tu corazón en todo lo que hagas y reza; después puedes esperar». En otra ocasión, me recordó que «Dios ayuda a los que se ayudan». Tenía un acopio de aforismos que soltaba según lo requiriera la ocasión. Lo curioso es que, pese a lo poco que apreciaba yo los tópicos, su forma de pronunciarlos les atribuía algo nuevo y me hacía pensar al menos durante un tiempo. Más adelante, cuando me preguntaban cómo había conseguido mi empleo, nunca sabía decirlo exactamente. Lo único que sabía era que un día, tan cansinamente parecido a todos los anteriores, me senté en la oficina de la compañía del ferrocarril a esperar ostensiblemente a que me entrevistaran. La recepcionista me llamó a su escritorio y me entregó un manojo de papeles. Eran formularios de solicitud de empleo. Dijo que había que rellenarlos por triplicado. No tuve demasiado tiempo para preguntarme si había vencido o no, pues las preguntas reglamentarias me recordaron la necesidad de mentir con destreza. ¿Qué edad tenía? Enumerar mis empleos anteriores, comenzando por el último y acabando con el primero. ¿Cuánto ganaba y por qué lo había dejado? Dar el nombre de dos personas (no parientes) a quienes se pudiera consultar.

Sentada a una mesa lateral, tejí, en connivencia con mi cabeza, una maraña de medias verdades y mentiras totales. Puse cara inexpresiva (arte que dominaba desde antiguo) y escribí rápido la fábula de Marguerite Johnson, de diecinueve años de edad, antigua dama de compañía y conductora de la señora (blanca) Annie Henderson de Stamps (Arkansas).

Me hicieron análisis de sangre, exámenes de aptitud, pruebas de coordinación física y tests de Rorschach y después, un día dichoso, fui la primera negra a la que contrataron en los tranvías de San Francisco.

Mamá me dio el dinero para encargar el traje de sarga azul y aprendí a rellenar hojas de ruta, manejar la máquina de cambiar monedas y perforar billetes. El tiempo pasó como una exhalación y, por fin, un día iba balanceándome en la parte trasera del ruidoso tranvía, sonriendo con dulzura e instando a las personas a mi cargo a que «avanzaran hacia la parte delantera, por favor».

Durante todo un semestre, los tranvías y yo nos bamboleamos cuesta arriba y bajamos veloces cuesta abajo por las abruptas colinas de San Francisco. A medida que me abría paso tocando la campana por Market Street, con sus albergues de mala muerte para marineros sin hogar, y pasaba ante el apacible recogimiento del parque de Golden Gate y a lo largo de las viviendas cerradas y con aspecto de deshabitadas del distrito Sunset, dejé de sentir parte de la necesidad del absorbente y protector gueto negro.

Mis turnos laborales estaban repartidos de forma tan caprichosa como para pensar que mis superiores los habían elegido con mala intención. Cuando comenté mi sospecha a Mamá, me dijo: «No te preocupes por eso. Pides lo que quieres y pagas lo que obtienes y te voy a mostrar que, si vas precavida, no hay problema».

Se quedaba despierta para llevarme en el coche hasta las cocheras de los tranvías, a las cuatro y media de la mañana, o recogerme, cuando acababa justo antes del amanecer. Su conocimiento de los peligros de la vida la convenció de que, si bien yo iba a estar a salvo en los transportes públicos, ella «no (iba) a confiar su nena a un taxista».

Cuando comenzaron las clases de primavera, reanudé mi compromiso con la enseñanza propiamente dicha. Era mucho más sabia y mayor, mucho más independiente, con una cuenta en el banco y ropa que había comprado para mí... tanto, que estaba segura de haber aprendido y conseguido la fórmula mágica que me permitiría participar en la alegre vida de mis coetáneos.

Ni mucho menos. Al cabo de unas semanas, comprendí que mis compañeros y yo seguíamos caminos totalmente divergentes. Ellos se interesaban y apasionaban por el próximo partido de fútbol, pero yo había bajado una obscura y desconocida montaña mexicana conduciendo un coche. Ellos ponían gran interés en averiguar quién merecía ser el presidente de la asociación de estudiantes y cuándo les quitarían el aparato de ortodoncia de la dentadura, mientras que yo recordaba haber dormido durante un mes en un automóvil abandonado y haber hecho de cobradora de un tranvía a las tantas de la madrugada.

Sin quererlo, había pasado de ignorar que ignoraba a saber que sabía y la parte peor de mi saber era la de que no sabía qué sabía. Sabía que sabía muy poco, pero estaba segura de que las cosas que aún debía aprender no me las enseñarían en el Instituto George Washington.

Empecé a faltar a clase, a pasearme por el parque de Golden Gate o vagar a lo largo del brillante mostrador de los grandes almacenes Emporium. Cuando Mamá descubrió que estaba haciendo novillos, me dijo que, si un día no quería ir a la escuela, si no había exámenes y mi labor escolar no dejaba que desear, lo único que debía hacer era decírselo y podía quedarme en casa. No quería —añadió— que una mujer blanca la llamara para decirle algo sobre su hija que ella no sabía ni tampoco verse en la tesitura de mentir a una mujer blanca porque yo no fuera lo bastante mujer para hablar claro. Con eso se acabaron mis novillos, pero nada parecía aliviar las largas y sombrías horas en que se habían convertido las clases.

Quedarse solo en la cuerda floja de la ignorancia juvenil es experimentar la extrema belleza de la libertad total y la amenaza de la indecisión eterna. Pocos, si es que hay alguno, sobreviven a su adolescencia. La mayoría se someten a la vaga, pero criminal, presión de la conformidad adulta. Resulta más fácil morir y evitar los conflictos que mantener una lucha constante con las fuerzas superiores de la madurez.

Hasta época reciente, a todas las generaciones les resultaba más ventajoso reconocerse culpables ante la acusación de juventud e ignorancia, más fácil aceptar el castigo asignado por la generación mayor (que, a su vez, había confesado el mismo delito unos pocos años antes). La orden de hacerse adulto al instante era más soportable que el anónimo horror de la indecisión que era la juventud.

Las brillantes horas en que los jóvenes se rebelaban contra el sol en el ocaso tenían que ceder el paso a los periodos de veinticuatro horas llamados «días», que tenían nombre y número.

La mujer negra se ve atacada en la juventud por todas

esas fuerzas comunes de la naturaleza y, al tiempo, atrapada en el triple fuego cruzado del prejuicio masculino, el ilógico odio blanco y la falta de poder de los negros.

Con frecuencia se muestra asombro, desagrado e incluso beligerancia ante el hecho de que la mujer negra americana adulta desarrolle un temperamento fuerte. Raras veces se lo acepta como el resultado inevitable de la batalla ganada por los supervivientes, que merece respeto, si no aceptación entusiasta.

35

El pozo de la soledad fue mi introducción al lesbianismo y lo que imaginaba como pornografía. Durante meses ese libro fue un placer y una amenaza a un tiempo. Me permitió ver una parte del misterioso mundo de los perversos. Estimuló mi libido y yo me decía que era educativo, porque me informaba de las dificultades existentes en ese mundo secreto. Estaba segura de no conocer a perverso alguno. Naturalmente, descarté a los alegres sarasas que a veces se alojaban en nuestra casa y preparaban colosales cenas de ocho platos, mientras el sudor abría sendas por entre sus maquilladas caras. Como todo el mundo los aceptaba y, más en particular, ellos se aceptaban a sí mismos, yo sabía que su risa era real y que sus vidas eran comedias alegres, interrumpidas solo por los cambios de vestuario y los retoques en el maquillaje.

Pero las auténticas anómalas, las «amantes de las mujeres», cautivaban y, sin embargo, forzaban mi imaginación. Según ese libro, se veían repudiadas por sus familias, rechazadas por sus amigos y condenadas al ostracismo por todas las sociedades. Sufrían ese severo castigo por una condición física que no podían controlar.

Después de mi tercera lectura de *El pozo de la soledad*, empecé a sentir una profunda compasión por las pisoteadas lesbianas, víctimas de un malentendido. Pensaba que «lesbiana» era sinónimo de hermafrodita y, cuando no era presa del desconsuelo por su triste condición, me preguntaba cómo lograban desempeñar las funciones corporales más sencillas. ¿Tenían varios órganos entre los que elegir? Y, en caso afirmativo, ¿los alternaban o usaban los que les resultaban favoritos? O intentaba imaginar cómo hacían el amor dos hermafroditas y cuanto más cavilaba más confusa me encontraba. Me parecía que tener dos ejemplares de lo que todo el mundo tenía y cuatro en los casos en que la gente normal tenía dos debía de complicar las cosas hasta el punto de obligarlos a abandonar la idea de hacer el amor.

Durante aquella época de reflexión fue cuando advertí lo grave que se había vuelto mi voz. Zumbaba y retumbaba dos o tres tonos más baja que la de mis compañeros. Mis manos y mis pies también distaban mucho de ser femeninos y delicados. Examiné objetivamente mi cuerpo ante el espejo. Para ser una muchacha de dieciséis años, tenía unos pechos lamentablemente poco desarrollados. Ni siquiera el crítico más amable habría podido calificarlos sino de bultos de la piel. La línea que iba desde mi caja torácica hasta las rodillas era recta, sin la menor cresta que variara su dirección. Chicas más pequeñas que yo presumían de tener que afeitarse los sobacos, pero yo los tenía tan lisos como la cara. Además, en mi cuerpo se estaba produciendo un crecimiento misterioso para el que no encontraba explicación. Parecía totalmente inútil.

Entonces empecé a abrigar bajo las mantas la pregunta: ¿cómo empezaba el lesbianismo? ¿Cuáles eran sus síntomas? La biblioteca pública daba información —lamentablemente incompleta— sobre la lesbiana ya hecha, pero sobre el desarrollo de una lesbiana no había nada. Eso sí, descubrí que la diferencia entre hermafroditas y lesbianas era la de que aquellos lo eran «de nacimiento». Resultaba imposible determinar si las lesbianas se desarrollaban gradualmente o aparecían con una subitaneidad que las consternaba a ellas tanto como repelía a la sociedad.

Yo había mordisqueado en los libros insatisfactorios y en mi desabastecida cabeza sin encontrar un bocado de paz o comprensión y, entretanto, mi voz se negaba a permanecer en los registros altos en los que la graduaba conscientemente y tenía que comprarme los zapatos en la sección de las zapaterías dedicada a los «cómodos para señoras mayores».

Pregunté a Mamá.

Una noche en que Papá Clidell estaba en el club, me senté al borde de la cama de Mamá. Como de costumbre, se despertó completamente y de una vez. (Vivian Baxter nunca bosteza ni se estira: o está despierta o dormida.)

«Mamá, debo hablarte...» Iba a ser durísimo tener que preguntarle, pues, ¿no podía ser que con mi pregunta despertara sospechas sobre mi normalidad? La conocía lo suficiente para saber que, si yo cometía prácticamente cualquier delito y le decía la verdad, no solo no me repudiaría, sino que me daría su protección, pero supongamos que me estuviera desarrollando para volverme lesbiana, ¿cómo reaccionaría ella? Y, además, Bailey era otro motivo de preocupación.

«Pregunta y pásame un cigarrillo.» Su calma no me engañó ni un instante. Solía decir que su secreto para la vida era que «esper(aba) lo mejor y est(aba) preparada para lo peor, por lo que cualquier cosa entre medias no le result(aba) una sorpresa». Eso estaba muy bien para la mayoría de las cosas, pero si su única hija se estaba desarrollando para volverse...

Se hizo a un lado y dio palmaditas en la cama: «Ven, nena, métete en la cama. Te vas a congelar antes de haber hecho la pregunta».

De momento era mejor permanecer donde estaba.

«Mamá... mi monedero...»

«Ritie, ¿te refieres a tu vagina? No uses esos términos sureños. La palabra "vagina" no tiene nada de malo. Es una descripción clínica. Bueno, a ver, ¿qué le pasa?»

El humo se acumulaba bajo la lámpara de la mesilla y después flotaba en libertad por el cuarto. Me arrepentía profundamente de haber empezado a preguntarle nada.

«Bueno, ¿qué?... ¡A ver! ¿Tienes ladillas?»

Como no sabía lo que eran, me quedé perpleja. Pensé que podía tenerlas y negarlo no diría mucho a mi favor. Por otra parte, podría no tenerlas: ¿y si, al decir que sí, mentía?

«No sé, mamá.»

«¿Te pica? ¿Te pica la vagina?» Se recostó en un codo y aplastó el cigarrillo.

«No, mamá.»

«Entonces no tienes ladillas. Si las tuvieras, lo notarías pero bien.»

Ni sentía ni me alegraba no tenerlas, pero, para mis adentros, me propuse buscar «ladillas» en mi próxima visita a la biblioteca.

Me miró de cerca y solo una persona que conociera bien su cara podría haber advertido la relajación de los músculos e interpretarla como señal de preocupación.

«No tendrás una enfermedad venérea, ¿verdad?»

No me hizo la pregunta en serio, pero conociendo a Mamá, me escandalizó la idea. «Pero, bueno, mamá, claro que no. ¡Vaya una pregunta!»

Estaba lista para volverme a mi cuarto y luchar sola con mis preocupaciones.

«Siéntate, Ritie, y pásame otro cigarrillo.» Por un segundo, parecía como si estuviese pensando en echarse a reír. Eso lo habría decidido todo. Si se hubiera reído, yo nunca habría vuelto a decirle nada. Su risa me habría ayudado a aceptar mi aislamiento social y mi rareza humana, pero ni siquiera estaba sonriendo. Solo inhalando lentamente el humo y reteniéndolo en las mejillas hinchadas antes de exhalarlo.

«Mamá, me está creciendo algo en la vagina.» Listo, ya lo había soltado. Pronto sabría si iba a dejar de ser su hija o si me llevaría a un hospital para que me operaran.

«¿En qué parte de la vagina, Marguerite?»

¡Huy, huy! No cabía duda de que se trataba de un asunto feo. No dijo «Ritie» ni «Maya» ni «nena», sino «Marguerite».

«A ambos lados. Dentro.» No pude añadir que eran unos colgajos de piel carnosa que habían estado creciendo durante meses allí abajo. Eso tendría que sacármelo.

«Ritie, vete a buscarme ese gran diccionario *Webster's* y después tráeme una botella de cerveza.»

De repente, ya no era tan grave. Yo volvía a ser «Ritie» y se limitó a pedir cerveza. Si hubiese sido tan terrible como yo me temía, habría pedido whisky con agua. Le llevé el enorme diccionario que había comprado como regalo de cumpleaños para Papá Clidell y lo dejé sobre la cama. El peso hundió un lado del colchón y Mamá giró la lámpara de la mesilla para enfocarla en el libro.

Cuando volví de la cocina y le serví la cerveza, como nos había enseñado a servirla a Bailey y a mí, dio una palmada en la cama.

«Siéntate, nena. Lee esto.» Con los dedos guió mis ojos hasta «vulva». Empecé a leer. Dijo: «Léelo en voz alta».

Estaba todo muy claro y parecía normal. Se bebió la cerveza mientras yo leía y, cuando hube acabado, me lo explicó en términos comunes y corrientes. El alivio fundió los temores, que me bajaron licuados por la cara.

Mamá se levantó de un brinco y me rodeó con los brazos. «No hay motivo para preocuparse por eso, nena. Les ocurre a todas las mujeres. Es cosa de la naturaleza humana simplemente.»

Entonces no había problema para descargar mi apesadumbradísimo corazón. Me eché a llorar con la cabeza cubierta con un brazo. «Pensé que tal vez me estuviera volviendo lesbiana.»

Sus palmaditas en mi hombro se interrumpieron y se separó de mí.

«¿Lesbiana? ¿De dónde diablos has sacado esa idea?»

«Con esas cosas creciéndome en la... vagina y, además, tengo la voz demasiado grave y los pies grandes y no tengo caderas ni pechos ni nada y con las piernas tan flacas.»

Entonces sí que se rio. Inmediatamente supe que no se reía de mí o, mejor dicho, que se reía de mí, pero de algo en mí que le agradaba. La risa se apagó un poco al contacto con el humo, pero al final se abrió paso con claridad. Yo tuve que soltar una risita también, aunque no me hacía ninguna gracia, pero es que ver a alguien disfrutar con algo y no dar muestras de que entiendes su goce es una ruindad.

Cuando se le acabaron las ganas de reír, fue soltando carcajadas cada vez más flojas y se volvió hacia mí, al tiempo que se enjugaba los ojos.

«Hace mucho tiempo, hice planes para tener un hijo y una hija. Bailey es mi hijo y tú eres mi hija. El Señor de allá arriba no comete errores. Me dio a ti para que fueras mi hija y eso exactamente es lo que eres. Ahora vete a limpiarte la cara, tómate un vaso de leche y acuéstate.»

Hice lo que me dijo, pero pronto descubrí que mi nueva seguridad no era suficiente para cubrir el hueco dejado por mi antigua inquietud. Me resonaba en la cabeza como una moneda de diez centavos en una lata. La atesoré como una prenda preciosa, pero menos de dos semanas después perdió todo su valor.

Una de mis compañeras, cuya madre tenía habitaciones para ella y su hija en una residencia de señoras, había llegado después de que cerraran. Me telefoneó para preguntarme si podría dormir en mi casa. Mamá le dio permiso, siempre que mi amiga telefoneara a su madre desde casa.

Cuando llegó, me levanté de la cama y fuimos a la cocina del piso de arriba para hacer chocolate caliente. En mi habitación compartimos el cotilleo malintencionado sobre nuestras amigas, lanzamos risitas tontas a propósito de ciertos chicos y nos quejamos de la escuela y del tedio de la vida. Lo insólito de tener a alguien para dormir en mi cama (nunca había dormido con nadie excepto con mis abuelas) y la frívola risa en plena noche me hicieron olvidar las más elementales cortesías. Mi amiga hubo de recordarme que no tenía nada que ponerse para dormir. Le di uno de mis camisones y, sin curiosidad ni interés, la contemplé mientras se quitaba la ropa. En ninguna de las primeras fases de su desvestir tuve la menor conciencia de su cuerpo y después, de repente, en una ojeada de lo más breve, le vi los pechos. Me quedé pasmada.

Tenían la forma de los pechos falsos, de color carmelita claro, que venden en las tiendas de baratijas, pero eran reales. Hicieron cobrar vida a todos los cuadros de desnudos que había visto en los museos. En una palabra, eran hermosos. Un universo separaba lo que ella tenía de lo que tenía yo. Ella era una mujer.

Mi camisón era demasiado apretado y largo para ella y, cuando fue a reírse de su ridículo aspecto, me di cuenta de que el humor me había abandonado sin promesa de regreso.

Si hubiera sido mayor, podría haber pensado que lo que me había emocionado había sido un sentido estético de la belleza y el simple sentimiento de la envidia, pero esas posibilidades no se me ocurrieron, cuando las necesité. Lo único que sabía era que me había conmovido al contemplar los pechos de una mujer. De modo que todas las palabras serenas y despreocupadas de la explicación de Mamá unas semanas antes y los términos clínicos de Noah Webster en su diccionario no modificaban el hecho de que en mí había algo fundamentalmente raro.

De un salto mortal, me hundí en mi acogedor rinconcito del desconsuelo. Después de un completo autoexamen, a la luz de todo lo que había leído y oído sobre bolleras y marimachos, hube de reconocer que yo no tenía ninguno de los rasgos evidentes: no llevaba pantalones ni tenía hombros anchos ni me interesaban los deportes ni caminaba como un hombre ni quería siquiera tocar a una mujer. Quería ser una mujer, pero eso parecía un mundo al que me iba a estar negada la entrada eternamente.

Lo que necesitaba era un novio. Un novio aclararía mi posición ante el mundo y —cosa aún más importante— ante mí. Mi aceptación por un novio me guiaría hasta la ajena y exótica tierra de los ademanes afectados y la femineidad.

Entre mis compañeros no había posibilidades. Era comprensible que los chicos de mi edad y de mi grupo social se sintiesen cautivados por las chicas de piel de color pajizo o carmelita claro, con piernas velludas y suaves boquitas de piñón y a las que el cabello les «colgaba como las crines de los caballos». E incluso a esas chicas tan solicitadas se les pedía que «lo entregaran o se dejasen quitárselo». En una canción popular de aquella época se les recordaba: «Si no puedes sonreír y decir sí, no llores, por favor, ni digas no». Si de las guapas se esperaba que hiciesen el supremo sacrificio para «ser aceptadas», ¿qué podía hacer la que no era atractiva?

La que había pasado discretamente por la cíclica, pero inmutable, periferia de la vida debía estar lista para ser una «compinche» de día y tal vez de noche. Solo si las chicas hermosas estaban inaccesibles, se le pedía que fuera generosa.

Creo que la mayoría de las chicas feas son virtuosas porque carecen de oportunidades para no serlo. Se protegen con un aura de inaccesibilidad (que, al cabo de un tiempo, se convierte en realidad) en gran medida como táctica defensiva.

En mi caso particular, no podía ocultarme tras la pantalla de la virtud voluntaria. Me veía agobiada por dos fuerzas inexorables: la inquietante sospecha de que podía no ser una mujer normal y mi apetito sexual, que justo empezaba a despertar.

Decidí tomar el asunto en mis manos. (Frase poco feliz, pero apropiada.)

Más arriba de nuestra casa y en la misma acera vivían dos hermanos guapos. Eran, sin lugar a dudas, los dos mejores partidos del barrio. Si me iba a lanzar a la aventura de la sexualidad, no veía por qué no debía hacer el experimento con lo mejor que conocía. En realidad, no abrigaba la esperanza de cazar a ninguno de los dos hermanos como novio, pero pensé que, si podía pescar a uno temporalmente, tal vez pudiera convertir la relación en algo más duradero.

Preparé un plan para la seducción con la sorpresa como maniobra de apertura. Una tarde, cuando subía la cuesta presa de la imprecisa desazón de la juventud (sencillamente no había nada que hacer), el hermano que había elegido vino derecho a mi trampa.

«Hola, Marguerite.» Casi había pasado ya de largo.

Puse el plan en acción. «Eh.» Me lancé: «¿Te gustaría tener relaciones sexuales conmigo?». Todo iba saliendo conforme al plan. Se quedó con la boca tan abierta como un portalón. Yo llevaba ventaja, por lo que la aproveché.

«Llévame a algún sitio.»

Su respuesta careció de dignidad, pero, para ser justa con él, he de reconocer que le había dejado pocas posibilidades de mostrarse atento.

Me preguntó: «¿Quieres decir que me vas a ofrecer un polvo?».

Le aseguré que eso era exactamente. En el momento mismo en que se estaba produciendo esa escena, comprendí el desequilibrio de su escala de valores. Creía que yo iba a darle algo, cuando, en realidad, lo que me proponía era tomarle algo. Su apostura y popularidad lo habían vuelto tan engreído, que no le dejaban ver esa posibilidad.

Fuimos a la habitación amueblada que ocupaba uno de sus amigos, quien entendió la situación inmediatamente, cogió el abrigo y nos dejó solos. El seducido se apresuró a apagar la luz. Yo habría preferido dejarla encendida, pero no quería parecer más lanzada de lo que ya había sido: si es que podía serlo más.

Me sentía más emocionada que nerviosa y esperanzada en lugar de asustada. No había pensado en lo físico que sería un acto de seducción. Había esperado largos besos espirituales con la lengua y caricias tiernas, pero no había romanticismo en la rodilla que me abrió las piernas a la fuerza ni en el roce de una piel velluda sobre mi pecho.

El tiempo, sin la redención de la ternura compartida, pasó con laboriosos sobos, tirones, meneos y empujones.

No pronunciamos ni una palabra.

Mi compañero dio a entender que nuestra exigencia había llegado a su clímax levantándose bruscamente y mi preocupación principal fue la de llegar a casa lo antes posible. Puede que se sintiese utilizado o que su desinterés indicara que yo no era satisfactoria. Ninguna de las dos posibilidades me preocupó.

Fuera, en la calle, nos despedimos diciendo simplemente: «Vale, nos vemos».

Gracias al señor Freeman nueve años antes, no había tenido que soportar el dolor de la entrada y, en vista de la ausencia de compromiso romántico, ninguno de los dos tuvimos la sensación de que hubiera sucedido nada transcendental.

En casa, examiné el fracaso e intenté evaluar mi nueva situación. Me había tirado a un hombre. Un hombre se me había tirado. No solo no lo había disfrutado, sino que, además, seguía en tela de juicio mi normalidad.

¿Qué había sido del sentimiento propio de una noche de luna en la campiña? ¿Era yo tan anormal como para no poder compartir una sensación que inspiraba un torrente de rimas a los poetas, que hizo a Richard Arlen afrontar los yermos árticos y a Veronica Lake traicionar a todo el mundo libre?

No parecía haber explicación para mi dolencia particular, pero, por ser un producto (¿será «víctima» una palabra más apropiada?) de la educación negra sureña, llegué a la conclusión de que «con el tiempo lo entendería todo mejor». Me quedé dormida.

Tres semanas después, tras haber pensado muy poco en aquella noche extraña y extrañamente vacía, descubrí que estaba embarazada.

36

El mundo se había acabado y yo era la única persona que lo sabía. La gente caminaba por las calles, como si el pavimento no se hubiera hundido bajo sus pies. Fingían respirar, pese a que, como no había dejado yo de saber en todo momento, el aire había sido aspirado en una monstruosa inhalación de Dios mismo. Yo era la única que se asfixiaba en aquella pesadilla.

El pequeño placer que me brindó saber que, si podía tener un hijo, no era, evidentemente, lesbiana quedó arrinconado en el rincón más diminuto de mi mente por la presión masiva del miedo, la culpa y la autoaversión.

Durante siglos —parecía—, había aceptado mis apuros como víctima desventurada de los abusos del destino y las Furias, pero aquella vez había de reconocer que mi nueva catástrofe me la había buscado yo. ¿Cómo iba a culpar al inocente al que había inducido a hacerme el amor? Para ser profundamente falsa, una persona debe tener una de dos características: ser de una ambición carente de escrúpulos o ser de un egocentrismo redomado. Debe creer que, para conseguir sus fines, puede someter a personas y cosas a su voluntad o que es el centro no solo de su propio mundo, sino también de los mundos en que viven los demás. Mi personalidad carecía de esos dos elementos, por lo que a los dieciséis años cargué con el peso del embarazo sobre mis hombros, en los que debía recaer. Reconozco que me tambaleé bajo la carga.

Finalmente, envié una carta a Bailey, que estaba en el mar, en la marina mercante. Me contestó y me aconsejó que no hablara a Mamá de mi estado. Los dos sabíamos que se oponía violentamente al aborto y era muy probable que me ordenara abandonar la escuela. Bailey me decía que, si abandonaba la escuela antes de conseguir mi título de bachillerato, me resultaría casi imposible volver a ella.

Los tres primeros meses, mientras me adaptaba a la realidad del embarazo (la verdad es que no vinculé el embarazo con la posibilidad de tener un niño hasta unas semanas antes del parto), fueron un periodo confuso en el que los días parecían encontrarse justo por debajo del nivel del agua y nunca emerger del todo.

Por fortuna, Mamá estaba tan enredada en la maraña de su vida como el dibujo de un tejido en su trama. Como de costumbre, me observaba por el rabillo de su existencia. Consideraba que, mientras yo tuviera buena salud, fuese bien vestida y sonriese, no debía centrar su atención en mí. Como siempre, su mayor preocupación era la de entregarse a la vida a ella destinada y esperaba que sus hijos hiciesen lo mismo y... sin demasiado alboroto.

Ante su observación poco atenta, fui entrando en carnes y mi piel carmelita se volvió más suave y de poros más cerrados, como tortas fritas en una sartén sin aceite y, aun así, no sospechó nada. Unos años antes, yo me había fijado un código que seguía sin modificar. Yo no mentía. Se sabía que no mentía porque era demasiado orgullosa para soportar que me pillaran y me obligasen a reconocerme capaz de una acción que no merecía la calificación de olímpica. Mamá debió de llegar a la conclusión de que, como yo no era capaz de rebajarme para mentir de forma cabal, tampoco era capaz de engañar. Se dejó engañar.

Puse los cinco sentidos en fingir que era la inocente colegiala sin otra preocupación en que pensar que los exámenes trimestrales. Lo curioso es que, mientras desempeñaba ese papel, estuve a punto de hacer mía la esencia del carácter caprichoso de la adolescencia. Solo que había momentos en que físicamente no podía negarme a mí misma que algo muy importante se estaba produciendo en mi cuerpo.

Por las mañanas, nunca sabía si debería saltar del tranvía justo antes de que el cálido mar de la náusea me arrastrara, amenazador. En tierra firme, lejos del vehículo con movimientos de barco y de las manos envueltas en un manto de olor a desayunos recientes, recuperaba el equilibrio y esperaba al próximo tranvía.

La escuela recuperó su magia perdida. Por primera vez desde la época de Stamps, la información era apasionante por sí misma. Me sumía en grutas de datos y me deleitaba con las lógicas soluciones de las matemáticas.

Atribuí mis nuevas reacciones (si bien en aquella época no sabía que hubiera aprendido algo de ellas) a que, durante un periodo que debió de ser crítico, no me había visto arrastrada a la sima de la desesperanza. La vida se parecía a una cinta transportadora. Avanzaba sin móvil ni meta y mi única idea era la de permanecer de pie y mantener el secreto, al tiempo que el equilibrio.

Mediado el embarazo, Bailey vino a casa y me trajo un brazalete de plata de Sudamérica, *El ángel que nos mira* de Thomas Wolfe y un montón de nuevos chistes verdes.

Cuando estaba a punto de cumplirse mi sexto mes, Mamá se trasladó a Alaska. Iba a abrir una sala de fiestas y pensaba quedarse allí hasta que estuviera en marcha: tres o cuatro meses. Papá Clidell iba a ocuparse de mí, pero me dejó más o menos a mí albedrío y bajo la inconstante mirada de nuestras huéspedes.

Mamá abandonó la ciudad en plena alegre fiesta de despedida (al fin y al cabo, ¿cuántos negros había en Alaska?) y yo me sentí como una pérfida por permitirle marcharse sin informarle de que pronto iba a ser abuela.

Dos días después del de la Victoria, recibí mi título de bachillerato en los cursos de verano del Instituto de la Misión de San Francisco. Aquella noche, en el seno del hogar familiar, ahora querido, revelé mi terrible secreto e hice el gesto valeroso de dejar una nota sobre la cama de Papá Clidell. Decía así: «Queridos padres, lamento traer esta desgracia a la familia, pero estoy embarazada. Marguerite».

La confusión que se produjo cuando expliqué a mi padrastro que esperaba dar a luz al cabo de tres semanas, más o menos, recordó a una comedia de Molière: solo que no hizo gracia hasta unos años después. Papá Clidell dijo a Mamá que yo estaba «de tres semanas».

Mamá, considerándome una mujer por primera vez, dijo indignada: «Está de muchas, pero que muchas más». Los dos aceptaron que estaba más avanzada de lo que les había dicho la primera vez, pero consideraron casi imposible creer que hubiese llevado dentro de mí un niño durante ocho meses y una semana sin que se enteraran.

Mamá preguntó: «¿Quién es el chico?». Se lo dije. Lo recordaba vagamente.

«Quieres casarte con él?»

«No.»

«¿Quiere él casarse contigo?» El padre había dejado de hablarme durante mi cuarto mes de embarazo.

«No.»

«Bueno, pues ya está. No tiene sentido arruinar tres vidas.» En esas palabras no había condena alguna: ni patente ni sutil. Ella era Vivian Baxter Jackson: con la esperanza de lo mejor, preparada para lo peor e incapaz de sorprenderse por lo que no fuera ni una cosa ni la otra.

Papá Clidell me aseguró que no debía preocuparme, que «las mujeres ha(bían) estado quedándose embarazadas desde que Eva comió aquella manzana». Envió a una de sus camareras a comprar vestidos de maternidad para mí en I. Magnin's. Pasé las dos semanas siguientes yendo de acá para allá por la ciudad para asistir a las consultas médicas, recibir inyecciones y píldoras de vitaminas y comprar ropa para el niño y, excepto en los escasos momentos en que me encontraba sola, disfrutando con el inminente acontecimiento feliz.

Tras un parto breve y sin demasiado dolor (saqué la conclusión de que se había exagerado mucho el dolor del parto), nació mi hijo. Así como el agradecimiento se confundía en mi mente con el amor, así también la posesión se confundió con la maternidad. Tenía un niño. Era hermoso y mío: totalmente mío. Nadie lo había comprado para mí. Nadie me había ayudado a sobrellevar los meses tristes e infelices. Me habían ayudado para la concepción del niño, pero nadie podía negar que había tenido un embarazo inmaculado.

Era totalmente mío y me daba miedo tocarlo. Al llegar a casa del hospital, pasé horas sentada junto a su cuna de mimbre y absorta en su misteriosa perfección. Sus extremidades eran tan delicadas, que parecían inacabadas. Mamá lo manejaba con facilidad, con la despreocupada confianza de una enfermera, pero a mí me daba terror verme obligada a cambiarle los pañales. ¿Acaso no era famosa por mi torpeza? ¿Y si se me escapaba de las manos o le colocaba los dedos en ese punto de lo alto de la crisma en el que le palpitaba el pulso?

Una noche, Mamá se acercó a mi cama con mi niño de tres semanas. Levantó la colcha y dijo que me levantara y lo sostuviera mientras colocaba las sábanas impermeables en mi cama. Explicó que me lo iba a dejar para que durmiese conmigo.

En vano le rogué que no lo hiciera. Estaba segura de darme la vuelta y aplastarlo o romper aquellos frágiles huesos. No me hizo el menor caso y al cabo de unos minutos el precioso nene dorado estaba tumbado boca arriba en el centro de mi cama y sonriéndome.

Me tendí en el borde de la cama, muerta de miedo, y juré no dormir en toda la noche, pero el horario de comidas y de sueño a que me había habituado en el hospital y había mantenido bajo el dictatorial mandato de Mamá me venció. Me quedé dormida.

Sentí que me sacudían suavemente el hombro. Mamá susurró: «Maya, despierta, pero no te muevas».

Supe al instante que el despertarme tenía que ver con el niño. Me puse tensa. «Estoy despierta.»

Encendió la luz y dijo: «Mira al niño». Mi temor era tal, que no pude moverme para mirar al centro de la cama. Ella volvió a decir: «Mira al niño». No oí tristeza en su voz y eso me ayudó a romper las cadenas del terror. El niño ya no estaba en el centro de la cama. Al principio, pensé que se había movido, pero tras una investigación más detenida me di cuenta de que yo estaba tumbada boca abajo con el brazo doblado en ángulo recto. Bajo la tienda formada con la manta y sostenida por mi codo y mi antebrazo, el niño dormía pegado a mi costado.

Mamá susurró: «Mira, no tienes que pensar en hacer las cosas como Dios manda. Si tienes intención de hacerlas, las haces sin pensar».

Apagó la luz y yo acaricié suavemente el cuerpo de mi hijo y volví a dormirme.

«Cada niño que viene al mundo nos dice:
Dios aún espera del hombre.»
RABINDRANATH TAGORE

❃

978-84-16213-66-5